公共素质教育

大学生素质拓展训练

主　审　高　徐
主　编　田　广
副主编　朱桂华　张　松　郭朝廷
　　　　候生辉　刘世多　陈晓春

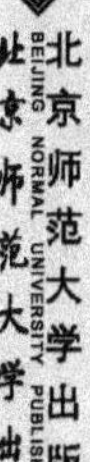

北京师范大学出版集团
BEIJING NORMAL UNIVERSITY PUBLISHING GROUP
北京师范大学出版社

图书在版编目（CIP）数据

大学生素质拓展训练／田广主编．—北京：北京师范大学出版社，2019.9（2023.7 重印）
ISBN 978-7-303-23971-9

Ⅰ．①大… Ⅱ．①田… Ⅲ．①大学生－素质教育－高等教育－教材 Ⅳ．① G640

中国版本图书馆 CIP 数据核字（2018）第 176264 号

教材意见反馈 gaozhifk@bnupg.com 010-58805079
营销中心电话 010-58802755 58800035

出版发行：北京师范大学出版社 www.bnup.com
北京市西城区新街口外大街 12-3 号
邮政编码：100088
印　　刷：北京虎彩文化传播有限公司
经　　销：全国新华书店
开　　本：787 mm×1092 mm 1/16
印　　张：18.5
字　　数：350 千字
版　　次：2019 年 9 月第 1 版
印　　次：2023 年 7 月第 2 次印刷
定　　价：45.00 元

策划编辑：林　子　陈　俊　　　责任编辑：马力敏　孟　浩
装帧设计：焦　丽　　　美术编辑：高　霞
责任校对：康　悦　　　责任印制：马　洁

本书编审委员会

主　审： 高　徐

成　员： 任永开　邹力佳　何祖星　江　涛　齐　心
林晓菊　林　丽　赵艳平　苏雪姣　赵　鑫
孙赫男　张　俊　周　凯　沈洪钧

编写委员会

主　编： 田　广

副主编： 朱桂华　张　松　郭朝廷　侯生辉　刘世多　陈晓春

成　员： 袁朝烨　汤志伟　尹天营　范云龙　周　灵　于　星
田　密　田　江　肖年乐　孙　彤　周亚君　卢福丽
彭丽英　樊　玲　牟　玥　常璐艳　郭　站　荆晓伟
向荷璇　于庆磊　沈　阳　孙　彤

前言

近年来，大学生因心理、价值观、行为等因素的影响，从西部落后地区高校到中东部发达地区高校，从农村生源学生到城市生源学生，出现了一些不良现象。这些现象的产生不是个案，也不是偶然，更不是某一所大学的教育缺失，折射出的是高等教育出现的“重技能、轻人文”“重理论、轻社会”“重学习、轻创新”，整个社会、家庭、学校、个人对大学生的全面教育没有引起足够重视的问题。当前，一些大学生的问题主要表现在以下几个方面：第一，心理方面，包括心理困惑、心理障碍和精神疾病三个方面的问题。第二，价值观方面，包括信仰缺失、价值焦虑、个人主义蔓延、拜金主义抬头和工具主义盛行等问题。第三，行为方面，包括行为表现有失诚信、课堂出勤与课堂表现不良、不文明的举止言行、不良网络使用和不良消费观念等问题。

素质拓展是一种体验式学习，强调“做中学”，是现代人和现代组织全新的学习方法，是拓展训练的延伸。它主要通过精心设计的拓展训练项目，激发个人的潜能，增强团队的活力、凝聚力和创造力，从而达到磨练意志、陶冶情操、完善人格、磨练团队的训练目的。高校开展素质拓展有助于培养大学生健康的心态和积极进取的人生态度，帮助大学生了解自身优点，正确看待自身缺点，提高自我认识能力；增强与人交往的欲望，锻炼与人沟通和交流的能力，学会理解和支持他人，养成换位思考的习惯；增强面对困难的勇气，培养创新思维、领导能力、组织能力等。“在活动中体验，在体验中学习，在学习中成长”，不仅在身体健康上能够给大学生提供帮助，而且在心理健康、情绪健康、社交健康、精神健康和职业健康方面也能给大学生提供全面的帮助，最终使大学生的身心获得全面发展。素质拓展在国外早已盛行，但直到20世纪90年代初才被引入我国，经过多年的发展，已得到全面推广。素质拓展早先进入机关、外资企业和其他现代化企业，目的是更好地管理团队，或是通过团队为企业创造更大的商业利润。显然，高校开展素质拓展与企业有着天壤之别，要遵循教育、学生、学校、教学、课程的规律。许多高校已把素质拓展纳入课堂，从而推动了素质拓展在高校的发展。我国幅员辽阔，因城乡、地区、学校、教育、资源等各方面的差异，高校素质拓展的开展水平参差不齐，大多是拿来主义，在实践运用中要么简单模仿企业的培训方式，要么贪大求全，不考虑学校自身的条件及哪些项目适合在高校开展，大学生需要什么，什么项目对大学生有用等。高校素质拓展需要有明确的指导思想、培养目标、课程计划、课时分配、教学进度、教学评分等，要不同于社会上的训练方式；高校素质拓展教材建设需要具有系统性、专业性、可行性等。

本教材图文并茂、通俗易懂、由浅入深，不仅适合作为高校教材，而且适合个体、企业选取相应的内容进行训练。本教材共分为两大部分：第一部分是理论篇，分为五章，从大学生素质拓展概况、课程、教学过程、场地与器材、安全问题方面进行了介绍；第二部分是实践篇，从具体项目操作入手，分为九章，有融冰类、活跃气氛类、沟通类、应对类、思维类、团队类、挑战类、激励类、感恩类 9 种项目。在众多项目中，选取操作简单、效果突出、特色经典的 97 个项目，以期通过以点带面，实现举一反三、触类旁通；每个类别中的具体项目，涉及项目概述、场地器材、学习目的、项目要求、安全事项、项目控制、回顾分享 7 个环节。主讲人应根据学校场地、教学资源、教师配备等选取适合本校的项目，根据实情进行调整，以期以最小的投入，获得最好的教学效果。

全书由田广担任主编，朱桂华、张松、郭朝廷、侯生辉、刘世多、陈晓春担任副主编。全书编写并借鉴参考了同行的大量成果，因编写人员能力有限，书中难免有不足之处，敬请批评指正。另外，还有很多文献的作者没有一一列出，编者一并表示感谢。最后，编者向全国同行，尤其是各位前辈的默默支持表示敬意，愿大家共同携手，“用生命去影响生命”，早日实现人才强国的伟大愿景。

编　者

2019 年 3 月

目录

理论篇　认识大学生素质拓展

实践篇 大学生素质拓展训练项目

理论篇

认识大学生素质拓展

第一章

大学生素质拓展概况

1. 了解素质拓展的起源与发展。
2. 理解大学生素质拓展的必要性和可行性。
3. 掌握大学生素质拓展的特点。

本章介绍了素质拓展的起源、发展及现代拓展训练，分析了开展大学生素质拓展的必要性和可行性。

第一节　素质拓展的起源与发展

一、素质拓展的起源

良好的团队精神和积极进取的人生态度，是现代人应有的基本素质，也是现代人人格特质的核心内涵。在现代社会，人类的智慧和技能只有在这种人格力量的驾驭下，才会迸发出耀眼的光芒，素质拓展应运而生。素质拓展对于个体来说是一种体验式学习，对于团体来说是一种有效的培训，它以体育活动为载体，以自然环境为训练场所。

素质拓展起源于户外体验式训练，通过设计富有思想性、挑战性和趣味性的户外活动，培养人们积极进取的人生态度和团队合作精神，是一种现代人和现代组织全新的学习方法和训练方式。风靡全球50余年的素质拓展，20世纪90年代初进入中国，短短几年不断发展，备受推崇，逐渐被列入国家机关、外企和其他现代化企业的培训日程。为什么“素质拓展”能有如此的魅力呢？

素质拓展随着社会的发展，已经深入社会的各行各业。各国文化的差异，促使人们对拓展的理解也发生很大变化。目前有多种理解：“户外运动”“体验教育”“外（拓）展训练”“团队动力学”“团队教育”“情景教育”等，但不管怎么改变，以提高心理素质为目的，利用环境，以项目为依托，通过做中学的本质没有发生变化。

素质拓展的概念源于1941年的英国，英文名为“Outward Bound”，是一个航海术语，直译是“出海的船”，意为投向外界未知的旅程，迎接挑战。它是船只出发前用于召唤船员上船的旗语，表明船出发的时刻到了，船员们看到后会很快回到船上整装待发。而现在素质拓展作为一种学习方式的名称，被越来越多的人接受，并被诠释为：一艘小船在暴风雨来临之际，离开安全的港湾，驶向波涛汹涌的大海，去迎接未知的挑战，在面临风险与困难的同时，也可能发现新的机遇。

另外，素质拓展也与一个事例有关：第二次世界大战期间，盟军在大西洋的物资供应线屡遭德国潜艇的袭击，大西洋上很多船只由于受到攻击而沉没，大批船员落水。由于海水冰冷，又远离大陆，在运输船被击沉后，只有极少数人在经历了长时间的磨难后得以生还。人们发现绝大多数生还者不是身体强健、反应机敏的年轻船员，而是年纪偏大的老水手。

经过一段时间的调查研究分析，救生专家们终于找到了原因：要在危难中生还，心理健康、意志坚强起着决定性的作用。那些老水手具有良好的心理素质，能够勇敢地面对危险，沉着分析处境，运用丰富的生活经验找到克服困难的办法。当灾难到来时，他们有着强烈的求生欲望，首先想到的是，我一定要活下去，我一定可以脱离苦海。而大量年轻水手，尽管身体强健，可当灾难来临之际，想到的是，这下完了，我不能活着回去了。他们看不到生还的希望，想不到求生的办法，丧失了活下去的信心，以为这就是生命的终点。精神的沮丧带来心理防线的全面崩溃，必死的念头拖垮了身体，从而导致脑力活动的终止和体能的迅速下降，很快就葬身海底了。

为此，德国库尔特·哈恩（Kurt Hahn）等人创办了色拉姆学校（Salem School），训练年轻海员在海上的生存能力和船触礁后的生存技巧，这是素质拓展最早的雏形。随着时间的推移，这种训练形式的内涵迅速扩大，技法越来越丰富。随后，哈恩将已在德国、英国各地成立的学校整合，创办了素质拓展学校（Outward Bound School）。第二次世界大战结束后，拓展的独特创意和训练方式逐渐被推广开来。1961年，乔希·迈纳（Josh Miner），一位曾为哈恩工作的培训师，将素质拓展介绍到美国，创办了科罗拉多素质拓展学校（Colorado Outward Bound School）。由此，素质拓展在世界各地蓬勃发展起来，训练对象由海员扩大到军人、学生、工商业人员等群体；训练目标也由单纯体能、生存技能的训练，扩展到心理训练、人格训练、管理训练等。

二、素质拓展的发展

真正将素质拓展推广开来的是美国马萨诸塞州一所高中的校长皮赫（Pieh）。皮赫将拓展训练的方法应用到学校教育中并进行探索，最终把拓展训练的方法与现存的学校制度结合起来，为教育开辟了新的领域。在当时的美国，有一些学校的教师开始对学生进行短期的探险教育，包括攀爬岩石、绳类活动等拓展训练活动的实践，大多以野外活动俱乐部的形式进行，有时也会作为日常教学的一部分来进行。但是，当时这些教育活动仅限于教师个人的尝试和教育实践，还没有被列入正规教学大纲。皮赫认为必须将拓展训练活动与高中课程紧密结合起来，并开始寻找它们的结合点和结合的方法。此后，皮赫获得了联邦教育局局长达三年的辅助经费。通过这些辅助经费，他聘请了许多拓展训练活动家作为专家，开始研究并制定新的课程大纲。以后越来越多的教师开始对此有兴趣并参加到这项活动中来，共同研究如何开展拓展训练的实践活动。由于教师、专门职员和学校管理人员与课程大纲的实施有着密切的关系，这些人员的广泛加入和支持，使新的大纲得以更顺利地实施。拓展训练实践活动的大纲出台后，得到了人们的良好评价，1974 年拓展训练计划被美国教育普及网络（NDN）评选为优秀教育大纲。

1974 年以来，美国高中课程大纲中一直沿用该计划的学校已达到 90%。1982 年，负责专门计划普及的工作人员从学校中独立出来，成立了非营利性的团体，开始拓展训练计划的普及工作。他们使普通教育系统以外的团体（大学、野外教育团体、企业研修团体等）对引入专门拓展训练计划的热情大大提高，使增加专门拓展训练计划的申请也急剧增加。1979 年，美国的拓展训练专门机构为普及拓展训练开设了拓展训练讲习班，培养学校的拓展训练专职人员和骨干。此后，又有 2000 余名心理指导者和养护教师受到了专门的训练。所以，1982 年以来，除了高中以外，发展专门拓展训练计划最快的是养护教育和心理治疗领域。私人疗养机构、预防违禁药物使用的机构、美国各州的青少年康复机构以及精神病医院也对专门拓展训练表现出了极大的关心。从此，拓展训练活动在社会上普及起来，拓展训练机构也如雨后春笋般发展起来。

三、高校素质拓展的现状

拓展训练不能仅仅理解为体育加娱乐，它更是对正规教育的一次全面提炼和综合补充。在美国，拓展训练被列入高中教学大纲，成为学生的必修课程，侧重于学生心理素质的培养，其理论系统完善，并强调实践环节。在欧洲，拓展训练是否被列入教学大纲，每个国家情况不一，但都较为注重理论和实践的结合，并把拓展训练扩展到企业和其他部门。在日本，拓展训练被称为“集体心理疗法”，主要用于个人心理调适、潜能激发以及团队精神的培养。1995 年，拓展训练才被引入我国。多年来，拓展训练在我国的发展相当迅速，欧美、日本等国家或地区的优势都被我们“拿来”使用。采众家之长，总结可以形成我国拓展训练的理论体系和训练方法，但目前我国拓展训练的发展却不平衡：重实践、轻理论的现象较为突出；拓展训练机构参差不齐；拓展训练收费无物价部门审定；培训师缺乏系统知识的培训，水平难以提高；培训师的资质没有国家权威部门的认证。但可喜的是，教育部和国家体育总局已经开始重视拓展训练，决定在学校公共体育课中加入拓展训练课程，有关地区的一些学校也已开始开设拓展训练课程。这是我国素质教育的尝试，反过来也必将促进拓展训练正常化、正规化的开展。

总体来看，经过多年的发展，拓展训练已经逐渐为人们所接受。如今拓展训练已进入国家机关、外资企业、其他现代化企业和各类学校的日常培训课程，成为人们假期活动的选择之一，也是喜爱挑战的人们利用闲暇时间挑战自我、锻炼自我、展现自我的重要形式。中国登山协会自 2004 年开始在拓展运动方面做了大量工作，针对拓展训练具有鲜明运动元素的特点，初步确定了全国比赛项目，制定了相应的竞赛规则，并于 2006 年举办了全国首届拓展运动展示大会，2008 年和 2009 年分别成功组织了全国山地运动会拓展比赛。

近年来，随着我国社会经济的发展，人们体育运动力度的加大，许多学校都把拓展运动纳入课堂，从而推动了拓展运动在学校的发展。2010 年 7 月，在吉林省吉林市北大湖举办的首届全国户外拓展大赛有 28 支代表队、近 200 名运动员参赛，是国内组织开展的规模最大的一次全国性拓展运动赛事。

第二节 大学生素质拓展的必要性和可行性

大学，是一种功能独特的文化机构，是与社会的经济和政治机构既相互关联又鼎足而立的传承、研究、融合和创新高深学术的高等学府。它不仅是人类文化发展到一定阶段的产物，而且在长期办学实践的基础上，经过历史的积淀、自身的努力和外部环境的影响，逐步形成了一种独特的大学文化。大学从产生到现在已有上千年的历史，主要是在德国、英国等国家最早发展起来的。中国现代大学起源于西方，现代西方大学又是从欧洲中世纪大学、英国大学、德国大学到美国大学这样逐渐演化过来的，无论哪一个时代的大学都是对以前大学的创造性继承。

近现代大学直接起源于 12、13 世纪的欧洲中世纪大学，古埃及、古印度、中国等都是高等教育的发源地，古希腊、古罗马、拜占庭及阿拉伯国家都建立了比较完善和发达的高等教育体制。虽然许多教育史家把上述地方的高等学府称之为大学，但严格地说，它们不是真正意义上的大学。1088 年，意大利建立了第一所正规大学——博洛尼亚大学，它是欧洲最著名的罗马法研究中心（也被称为“母大学”，是一所学生大学）。随后，欧洲各地相继出现了大学。巴黎大学是由巴黎圣母院的附属学校演变而来的，1200 年法国国王承认巴黎大学的学者具有合法的牧师资格，有司法豁免权（巴黎大学是第二所大学，是一所先生大学）。

现代大学开始于19世纪初，是指启蒙运动以后经过理性主义的改造，特别是以德国洪堡创办的柏林大学为代表的新型大学。一般认为，1809年，德国柏林大学的创立标志着现代意义上的大学的诞生。现代大学与中世纪大学的根本区别在于大学职能的转变。中世纪大学是传授已有知识的场所，将研究和发现知识排斥在大学之外，而现代大学则将科学研究作为自己的主要职能，将扩充人类的知识和培养科学工作者作为自己的主要任务，推崇“学术自由”和“教学与研究的统一”。柏林大学的精神推动了德国科学事业的发展，19世纪初到20世纪初，德国成为世界科学的中心。这一思想对世界高等教育也产生了深远影响，为近代大学的形成奠定了基础。

中国大学的起源是北洋大学堂。当年天津中西学堂改办为北洋大学堂，标志着中国近代第一所大学的诞生（也有一些学者认为创建于1879年的圣约翰大学是中国近代第一所大学）。1898年戊戌变法，京师大学堂成立，这是中国近代第一所公立大学。目前，有的大学在管理、教学、师生等方面的价值取向有所偏失。管理方面表现为：一是制度政治化。中国大学是学术单位和政府部门的结合体，大学政治化还表现为对高校要求毕业生的就业率；20世纪50年代，按照苏联的教育模式进行改革，办了很多专业性的院校，现在又学习西方大学的模式建设“大”而“全”的学校。二是管理企业化。依照市场经济的逻辑来管理大学，一些大学的管理越来越企业化，其特点是将培养的学生界定为“产品”，一切行为按“投入产出”的概念来进行。这种管理模式的特点是整齐划一，一切按“标准”进行考核。企业现在为了节约成本和提高利润把本应由企业完成的职业培训转嫁给了大学，一些大学由于实行了市场化，再加上按企业模式管理教育，已变成了职业训练所。大学跟着企业转，设置相关的专业，培养相应的学生，目的就是使学生毕业后能找到工作，这样就可以提高就业率，完成政府下达的指令性要求。教学方面表现为：一是教学机械化。以市场化、企业化为逻辑的大学教学也变得机械化，其特点是将“教学要素”转化为“生产要素”。教学计划的安排、教学方法的运用、学生的管理、考核标准的制定等无不体现出这种“刚性”的特点，形成一种教师是装配线上的“装配工”，学生是装配线上的“零配件”，管理人员是装配线上的“工头”的状况。二是专业市场化。大学的专业越来越多、越来越细、越来越按市场经济的需要来设置。师生方面表现为：一是教师浮躁化。一些教师进行科研、发表论文这些所谓“做学问”的目的是晋升职称，进而享受相应的待遇。二是学生功利化。主要表现在学习的东西是否对今后工作有用，而不是出于探索自然和社会现象；课堂学习的目的是考试，而不是将学到的知识变为一种思考能力。随着经济的飞速发展，各种影响因素交错复杂，制约着素质教育在大学的落实和开展，使大学生的综合素质得不到充分的挖掘和开发。虽然如此，但高校全面开设大学生素质拓展课程已完全具备条件。

一、大学生素质拓展的必要性

当今时代是经济全球化的时代，对人才素质提出了更高的要求，学校教育必须与时俱进，采用多元化的教育方式，以培养出符合时代要求的高素质人才。团队精神、忠诚度、创新能力和沟通表达能力是现代企业最看重的人才特质。因此，大学生要想成为符合时代要求的人才，不仅需要掌握专业的知识和技能，而且需要具有良好的团队精神和创新能力，甚至在很多情况下，这些意志和精神会更重要。而拓展训练在提升人格、磨练意志、增强责任感和团队精神等方面有着特殊的作用。如果能在体育课中开展拓展训练，不仅可以丰富体育课的内容，拓展体育课的空间，增强体育课的实用性、趣味性，而且对于增强学生的体能、培养健康的心理、塑造顽强的意志、培养合作意识和团队精神、增强社会适应能力等方面都具有重要意义。

（一）符合现代社会需要高素质人才的要求

在现代社会，一些大学生的自信心和克服困难的勇气不足，团队意识淡薄，加上社会竞争日益激烈，压力越来越大，他们心理障碍的比例有逐年上升的趋势。所以学校体育教学中心理健康教育的重要性日益凸显，而拓展训练在学校体育教学中的应用，能使大学生在应对挑战、解决问题的过程中，达到磨练意志、陶冶情操、完善人格、锤练团队的目的。这些良好的心理品质正是现代社会所需人才的综合素质。

（二）有利于改变传统教育的观念和方式

我国传统教育的一个弱点就是在教学过程中没有有意识地将教学内容延伸到精神的层面，不太注重学生心理、社会适应能力等的全面协调发展，只重视对学生进行知识的传授，并将此当作教学的最终目的。虽然学校已进行了一定程度的改革和创新，特别是随着素质教育理念的提出，选项体育课、俱乐部体育课、保健体育课等相继应运而生，取得了显著效果，但对大学生各种能力的提高方面成效不太显著。拓展训练将体育课堂教学与课外体育活动有机结合起来，使学校与社会、人与自然紧密联系，不仅突破了体育课程长期以来形成的一种封闭式格局，而且丰富和完善了我国学校体育课程体系，符合现代课程改革的发展趋势。

（三）对大学生心理健康教育起着积极的促进作用

现代社会对人的心理素质提出了更高要求。如果没有健康良好的心理素质，不仅难以胜任挑战性极强的工作，而且自身具备的知识和能力也会因心理原因而无法充分施展。心理健康教育的目的在于提高大学生的心理素质，培养他们坚韧不拔的意志品质，增强他们适应社会的能力。心理素质是人才素质的基础，心理素质的提升将有利于人才素质的全面提升。拓展训练就像一个充满真诚并富有挑战性的心理实验场，在培养人的心理健康素质方面显示出特有的价值。在训练的特定环境和氛围中，学生要不断克服自己的心理恐惧，提高自我调控能力，保持平和心态，挑战自己、战胜自己，从而塑造冷静、果断的意志品质。比如，“高空断桥”项目旨在培养学生的心理抗干扰能力。如果学生有一颗平常心，把高空这个干扰因素排除在脑海之外，就会轻而易举地完成这个项目。因此，拓展训练对心理素质的培养是传统教育的一个重要补充。

（四）有助于培养大学生的创造性思维和实践动手能力

当今社会，创新是知识经济的灵魂，创造力是衡量科技人才质量的重要标准。培养大学生的创造力和创新精神也是素质教育的重点。激发大学生的想象潜能，培养他们的创造力是拓展训练的重中之重。比如，“穿越电网”“毕业墙”等项目都是为培养大学生的创造性思维而设计的。活动中没有人教我们怎么做，没有在书本上学到过这样的知识，要完成这些任务只能靠自己，发挥自己的想象力，运用自己的创造力和实践动手能力。在这种特定的环境中，我们会发现自己的思维是那么具有创造性，想象力是那么丰富，动手能力是那么强。拓展训练给了我们一个培养创造性思维和实践动手能力的空间。

（五）有利于培养大学生的团队协作精神以及相互关爱、相互信任的优良品格

大学生通过参加拓展训练，能够在参与中体会到团队协作的魅力。同伴间的相互关爱和信任，对于培养大学生的优良品格具有重要意义。拓展训练能让团队中每个成员在共同的目标下一起体验成功与失败，享受快乐的同时体会辛酸，这种特有的氛围使得他们愿意敞开自己的心扉，建立起彼此间的相互信任、理解和关爱，理解在帮助别人的同时也是在帮助自己。

（六）有助于增强大学生的社会适应能力

当一些大学生处在多重压力的包围之中时，他们会表现出明显的不适应：学习上感到困惑、压抑；生活上娇气十足、自理能力差；人际交往中常常感到孤独、寂寞；在挫折和困难面前，表现出懦弱、退缩；在竞争激烈的社会中，感到无所适从，难以适应。因此，在深化教育改革、大力提倡素质教育的今天，增强大学生的社会适应能力是十分重要的。

二、大学生素质拓展的可行性

素质拓展糅合了高挑战及低挑战的元素，大学生和团队都可以通过危机感、领导、沟通、面对逆境使自身能力得到提升。拓展训练强调学生去感受学习，而不仅仅在课堂上听讲。相关研究表明，传统课堂式学习的吸收程度大约为25%，而要求学生参与实际操作的体验式学习的吸收程度高达75%，能更有效地将知识传授给学生。拓展训练是一种典型的体验式培训，具有一定的趣味性，易于被学生接受。但拓展训练的最终目的是让学生能够将培训活动中学到的知识技能加以实际应用。拓展训练需要专业培训师的指导，如果缺乏专业的指导，很难达到理想的效果。大学生通过参加拓展训练可以在如下方面获得显著的提高：认识自身潜能，增强自信心，改善自身形象；克服心理惰性，增强战胜困难的毅力；启发想象力和创造力，发展解决问题的能力；认识群体的作用，增强对集体的参与意识和责任感，改善人际关系，学会关心，更为融洽地与群体合作；学会欣赏、关注和爱护大自然等。正是具有这些作用，开展大学生素质拓展更具有可行性和紧迫性。

（一）拓展训练项目具有较强的安全保障

拓展训练把安全保障作为培训的第一重要责任，并时刻保持警觉，以专业的手段保证训练的每个细节都安全可靠。在训练期间，安全保障是首要工作，所有活动均要经过精心的设计与实验。活动的保护装备均要使用专业器材，活动由经验丰富的专业教师严格地依照安全程序监控活动的全过程。因此，将拓展训练引入课堂时，需要提前进行周密安排，组织合理，操作得当，及时消除安全隐患，杜绝不安全因素。控制不安全因素，可以使项目顺利开展，并消除学生的思想顾虑。因此，开展素质拓展的安全可以得到充分保证。

（二）拓展训练项目所需场地、器材比较简单，训练方式灵活多变

拓展训练项目所需场地比较简单，训练方式灵活多变，有利于在校园开展。一个篮球场、一块平坦的场地就可以进行训练，有些项目遇到雨天时也可以在室内进行。拓展训练大致需要绳子、眼罩、呼啦圈等日常生活中可见的器材。这些器材容易购买且便宜，有些可以自制。有些项目基本上不用器材，如增强团队的凝聚力和相互信任的卧式传递项目，就不需要器材。同时，同一个培训目标可以通过多个项目来实现。例如，“信任背摔”项目同样可以达到“高空断桥”项目的培训效果。拓展训练所用器材与其他体育器材相比，它简洁、功能强大，安全、节省场地空间，便于在各种场地上快速安装。同时，科学的组合也节省了器材使用的材料，降低了成本，便于推广。在学校开展拓展训练，将大大节省体育器材的开支。

（三）拓展训练项目的设计具有知识性和趣味性

拓展训练看似游戏活动，其实是为实现某些预期的结果而设计的；其目的是使学生在愉快的参与中学到书本上学不到的知识，感悟道理。同时，拓展训练又具有很好的趣味性，能在短时间内吸引学生，激发他们积极参与的热情，使他们在游戏中享受快乐，在快乐中得到感悟，在感悟中得到知识。

第三节 大学生素质拓展简介

一、大学生素质拓展的内容

素质拓展一般分为团队热身（破冰）、个人项目、团队项目、回顾总结四个模块。轻松愉悦的团队热身活动有助于学生相互了解，打破彼此之间的关系坚冰，让学生消除紧张感，融入集体，以舒适轻松的心情开始各项训练。在个人项目中，每项活动的设计都遵循“体能冒险最小、心理挑战最大”的原则，设计的项目“高空断桥”“空中单杠”等对学生的心理承受力有着极大的考验。在团队项目中，根据“改变学生的合作意识和增强学生集体的团队精神”的目标，通过“毕业墙”“信任背摔”等项目促进学生之间的信任、理解等，以增强学生集体的团队合作意识。在回顾总结中，学生要说出本次训练的感受和认识，提炼、整理训练中的感悟，以实现活动的最终目的。学生通过总结能够将训练的感悟收获转移到日常的工作和学习中，以便更好地利用训练的结果达成学习的最佳效果。

二、大学生素质拓展的研究对象

研究对象是大学生素质拓展的重要内容，也是做好大学生素质拓展的重要保障。大学生素质拓展的研究对象包括大学生、环境、团队、主讲人和主题。

（一）大学生

大学生是未来强国的主力军，因此大学生是素质拓展的核心组成部分。对于大学生来说，每一次学习都是独特的过程，而在学习过程中，会持有不同的态度和心理完成自我学习。当感受到外界信息冲击的时候，只有学生自己知道自己真正需要的是什么。因此，教师教授了什么不重要，重要的是学生接收到的是什么。作为学习的主体，大学生的身体、心理、情感、灵魂和状态等诸要素决定着其学习效果。无论哪一种形式的学习，都要以学生的接受能力为依据。人的个性化决定了其学习的个性化，人的生存轨迹虽然会因外界的改变而发生改变，但根本上是因自我的改变而发生改变的。从学习的反思性来看，每一个人都是直接地向自己学习，不断否定和改变着自我，由此改变了自己对自然、社会和他人的认识。这就是学习者的自我学习，是人生中最为重要的学习。

（二）环 境

大学生可以向环境学习，环境可以陶冶人的情操。一个人一旦进入一个特定的环境，他就可能被环境感染。比如，一个从来没见过大海的人，当他第一次面对大海，看到潮水涌动，蓝色的海与天相接的时候，他的心胸就会豁然开朗；一个没有见过草原的人，见到草原会感到心情非常舒畅；一个没见过戈壁滩的人，当他走到戈壁滩，看到一望无际的戈壁滩时，他就会感到荒凉。

（三）团 队

大学生也在向团队学习。管理学家斯蒂芬·P. 罗宾斯（Stephen P. Robbins）认为，团队就是由两个或者两个以上的相互作用、相互依赖的个体，为了特定目标而按照一定规则结合在一起的组织。团队的特点表现在：团队以目标为导向；团队以协作为基础；团队需要共同的规范和方法；团队成员在技术或技能上形成互补。

（四）主讲人

主讲人是指能够从事大学生素质拓展的课程设计、教学安排、项目分享等相关环节事宜的负责人。本教材中的主讲人可以是教师，也可以是培训师、讲师、教练或者大学生自己（特殊项目的操作需要取得专业资质或权威机构系统培训后方可执行，如“蹦极”项目）等，主讲人是一个相对宽泛的概念。

（五）主　题

素质拓展更需要大学生向主题学习。每个项目都会有主题。如果在项目开始的时候直接告诉学生课程目的是什么，就会得到较好的学习效果。比如，在“七巧板”项目中，教师在开始之前明确告诉学生这堂课的主题是沟通、领导力或执行力。明确目标之后，学生的思维就会跟着主题走，这样的学习效果会更好。

三、大学生素质拓展的特点

大学生素质拓展不同于企业或公司开展的素质拓展，需要在短短的几天内完成，其人员结构也不稳定。大学生素质拓展严格按照教育部等相关部门规定的课堂教学要求进行，对课程设置、课时数量、课堂人数、考核评价都有一套完整的要求，因此，我们需要认清大学生素质拓展的特点，具体内容如下。

（一）综合性

拓展训练项目以体能活动为引导，引发出认知活动、情感活动、意志活动和交往活动，有明确的操作过程，要求学生全身心地投入。

（二）挑战极限

拓展训练项目具有一定的难度，表现在心理考验上，需要学生向自己的能力极限挑战，跨越极限。

（三）集体中的个性

拓展训练实行分组活动，强调集体合作，力图使学生竭尽全力为集体争取荣誉，同时从集体中获得力量和信心，在集体中展示个性。

（四）高峰体验

在克服困难、顺利完成课程要求以后，学生能够体会到发自内心的胜利感和自豪感，获得人生难得的高峰体验。

（五）自我教育

教师只是在课前将课程的内容、目的、要求及安全注意事项向学生讲清楚，活动中一般不进行讲述，也不参与讨论，充分调动学生的主观能动性。

四、大学生素质拓展的分类

素质拓展发展至今，项目有上千个，且还在不断地创新发明中。只有清晰地认识项目的分类，才能就地取材，选择合适的、正确的项目进行教学。大学生素质拓展的分类可以有多种，具体分类如下。

（一）按照培训场地分类

按照培训场地的不同，素质拓展可以分为户外项目（包括水上项目和野外项目）和室内场地项目（如团队建设）两种。

（二）按照培训对象分类

按照培训对象的不同，素质拓展可以分为学生团体培训项目、管理培训项目、生产人员项目和客户项目四种。

（三）按照培训目的分类

按照培训目的的不同，素质拓展可以分为挖掘个人潜力项目（如心理项目、激励与沟通项目）和团队建设项目两种。

（四）按照培训风险分类

按照培训风险的不同，素质拓展可以分为高风险项目、中风险项目和低风险项目三种。

（五）按照培训方式分类

按照培训方式的不同，素质拓展可以分为全封闭军旅生活体验、全封闭野外特种环境训练、一般性野外生活体验和乡村生活体验四种。

（六）按照培训功能分类

按照培训功能的不同，素质拓展可以分为融冰类项目、活跃气氛类项目、沟通类项目、应对类项目、思维类项目、团队类项目、挑战类项目、激励类项目和感恩类项目。总体来看，项目的分类多种多样，以上的分类绝不限于此，只是按照某一属性进行划分以便于选用，分各类之间的作用和功能还会存在重叠交叉的情况。随着人们认识的加深，分类也会更加细致和全面。

五、大学生素质拓展的作用与意义

（一）大学生素质拓展的作用

素质拓展利用体验式的学习方式，将大部分的课程安排在户外，精心设置了一系列新颖、刺激的情境，让学生主动体会和解决问题。大学生在参与体验的过程中，心理会受到挑战，思想会得到启发，在特定的环境中去思考、去发现、去醒悟，对个人、团队进行重新认识和定位，启发想象力与创造力，提高克服困难的能力，增强团队意识，培养团队协作能力，提高自我意识，不断完善自我、走向成熟。

这种全新的训练方式通常包括充沛体能训练、成功心理训练、挑战自我训练、团队合作训练四大类型。大学生通过素质拓展可以在以下方面得到提高。

第一，认识自身潜能，相信自己，增强自信心，改善自身形象。

第二，克服心理惰性，启发想象力与创造力。素质拓展通过形式多样的情境对大学生进行磨练，引导他们以积极开拓的姿态去战胜困难，培养他们解决问题的能力。

第三，认识群体的作用，信任他人、投入团队、信赖团队，增进对集体的责任心，塑造团队活力，推动组织成长。

第四，真诚地交流、顺畅地沟通，改善人际关系，融洽地与群体合作。大学生通过个人发挥与自我展现，认识自身的特长、优点及潜质，学会在实际工作中与他人沟通、交流，更好地发挥各自的特长、潜质，学会相互合作、学习与借鉴。

（二）大学生素质拓展的意义

1. 个人心理训练

素质拓展是一个旨在提升大学生核心价值的训练过程，通过课程能够有效地发展大学生的潜能，提升和强化个人心理素质，帮助大学生形成高尚的人格；让大学生更深刻地体会个人与社会、学生与教师、同学与同学之间唇齿相依的关系，从而激发出团队更高昂的学习热情和拼搏创新的动力，使团队更具凝聚力。

2. 团队合作训练

素质拓展是一套塑造团队活力、推动组织成长的训练课程。它是专门配合新时代高校进行爱国主义、集体主义教育需要而设计的一套体验式模拟训练，是当今国内外许多高校所采纳的一种有效的训练模式；它的训练内容丰富生动，寓意深刻，以体验启发为教育手段。学生参与的训练将成为他们终生难忘的经历，从而让一系列活动中所蕴含的深刻道理和观念，牢牢地扎根在团队和每位学生的潜意识中，并且能在日后的工作合作中发挥应有的作用。通过素质拓展，学生将更为融洽地与团队合作，学习欣赏、关注和爱护自然。

3. 现实社会意义

如何实现团队的整体优势和优势互补？素质拓展整合了高挑战和低挑战的元素，使个人和团队在危机感、领导、沟通、面对逆境和辅导的培训中得到提升；强调学生去感受学习，而不仅仅在课堂上听讲。素质拓展这种形式既安全又有一定的趣味性，易于被学生接受。素质拓展如果缺乏专业的指导，很难达到理想的效果。大多数人认为，提高素质的手段，就是通过各种课堂式的培训来掌握新的知识和技能。其实，知识和技能作为可衡量的资本固然重要，而人的意志和精神作为一种无形的力量，往往更能起到决定性的作用。以体验、分享为教学形式的素质拓展的出现，打破了传统的培训模式，它并不灌输某种知识或训练某种技巧，而是设定一个特殊的环境，让学生直接参与整个教学过程。素质拓展吸收了国外先进的经验，在参与、训练中通过设计富有挑战性与思想性的活动，培养学生积极的生活态度与团队合作精神；能够充分调动学生的积极性，使其投入每个项目，体验、面对各种不同的环境和挑战，学会解决问题；通过看、听、行动、体验、分享交流与总结相结合的“立体式”课程，以小组讨论、角色模仿、团体互动等方式让学生切身感受、体会、领悟。

思考题

1. 简述素质拓展的起源。
2. 谈谈素质拓展的发展及高校素质拓展的现状。
3. 谈谈大学生素质拓展的特点。
4. 简述大学生素质拓展的作用与意义。

第二章

大学生素质拓展课程

1. 了解大学生素质拓展课程的制定原则。
2. 熟悉大学生素质拓展课程的教学计划。
3. 理解大学生素质拓展课程的教学大纲。
4. 掌握大学生素质拓展课程的考核与评价。

本章着重阐述大学生素质拓展课程的制定原则，介绍了大学生素质拓展课程的教学计划和大纲，并制定了系统而详细的考核和评价体系。

第一节　大学生素质拓展课程的制定原则

本节根据教育学、课程论的原理，遵循大学生的特征、素质拓展课程的教学规律形成大学生素质拓展课程的制定原则，对于取得课程成效和提高大学生综合素质有着指导意义。

一、符合大学生素质拓展培养目标的原则

大学生素质拓展课程要根据培养目标来确定，是实现大学生素质拓展计划的重要手段。比如，设置大学生融冰类项目、活跃气氛类项目、沟通类项目、应对类项目、思维类项目、团队类项目、挑战类项目、激励类项目和感恩类项目。

二、符合大学生身心发展的原则

根据大学生的心理、生理、行为等特征，开发出一些有利于发展和完善个人性格的课程，以提高他们的综合素质能力。比如，提高大学生沟通能力的“盲人方阵”“雷阵”“七巧板”“沟通巴比塔”等项目；激励学生克服自我否定的“魔王关”“压力木板”“巧立鸡蛋”等项目；学会感恩回馈团队、家人、社会的“坎坷人生路”“领袖风采”“生命云梯”等项目。也可以根据大学生的特征适当创编一些新项目。

三、符合大学生所学专业的原则

根据各个高校及其专业、地域等特点，制定专门的课程。比如，管理类专业的学生开展“孤岛求生”“盲人方阵”等项目以提高其管理、分工、组织、协调等能力；体育类专业的学生选取“极限举原木”“匍匐前进”等项目以提高其速度、力量、耐力、意志等能力。

四、符合不同性质高校的原则

各类高校对于学生的培养有着不同的要求。例如，地质类院校应多选择户外项目，以发展学生的野外生存能力；公安类院校应多选择挑战类项目以培养学生的勇敢、果断等品质；机电类院校应多选择动手能力比较强的项目以培养学生的动手能力。

五、符合资源条件优先的原则

各个高校有着自己的场地、设备和师资力量，应根据现有的资源开发出合适的项目。

六、符合统筹兼顾的原则

大学生素质拓展课程应适合每一位学生，使其能够积极参与、勇于拼搏、团结奋进、乐观勇敢，发扬“不抛弃、不放弃”的团队精神，同时进步，全面发展；发展学生的心理健康水平和社会适应能力。

七、符合项目适应性的原则

大学生素质拓展课程在视高校自身的设施、器材和师资情况而定的基础上，兼顾大学生的自身特点，适应大学生的价值观。比如，现在的素质拓展项目应根据学生的年龄特点进行设置和创新；应适应社会时事的发展，保持与时俱进的特点和标新立异的风格。

八、符合教学规律的原则

人对事物的认识不是一次完成的，而是逐步深化的。制定课程时既要注重课程的纵向联系，又要注重横向联系，要正确处理理论和实践、抽象和具体的关系；要循序渐进，由简到繁，由浅入深，循环往复，以有利于学生学习和巩固所学的知识和技能。比如，先采用游戏的方式让学生热身，然后采用团队组建的形式进行分组，再奔向主题活动。切忌直奔主题，所谓“欲速则不达”。

九、符合资源共享的原则

资源是指一国或一定地区内拥有的物力、财力、人力等各种物质要素的总称，分为自然资源和社会资源两大类。前者包括阳光、空气、水、土地、森林、草原、动物、矿藏等；后者包括人力资源、信息资源以及经过劳动创造的各种物质财富等。我国幅员辽阔、地貌类型复杂多样，各地区的政治、经济、文化的发展水平以及高校的数量、发展水平有所不同，要充分利用自然资源和社会资源。比如，“高空断桥”“空中单杠”等高空项目场地建设，需要较多的资金，而且安全员、教练员都需要经过专业的系统学习和取得相应资质，按照传统高校体育课程的授课方式，已无法完成此项目，需要借助社会力量开展。大学生素质拓展课程的开展，需要打破时间、空间、层级的壁垒，实现学校与学校、学校与企业、线上与线下的多种资源共享。

第二节 大学生素质拓展课程的教学计划

素质拓展课程的教学计划是根据《学校体育工作条例》《国家中长期教育改革和发展规划纲要（2010—2020年）》《关于强化学校体育促进学生身心健康全面发展的意见》《全国普通高等学校体育课程教学指导纲要》《高等学校体育工作基本标准》等文件的精神，结合相关文件及实际而制定的，是保证高校素质拓展教学正常顺利进行所必不可少的，也是拓展教学工作的主要依据。素质拓展课程的教学计划一般包括年度教学计划、学期教学计划、单元教学计划及课时教学计划。

一、年度教学计划

（一）年度教学计划的概念和意义

年度教学计划是以年级为单位，按照相关文件及高校的实际情况，针对大学生的特征而制定的，是将大纲规定的学年教学内容和课时数合理地分配到两个学期中，并确定学期的考核项目和标准教学计划。因此，年度教学计划为整个一年的教学计划指明了方向，以便对全年的教学工作实现科学管理，避免在某一阶段内出现内容偏多或偏少的现象。

（二）制订年度教学计划的要求

第一，认真学习、钻研教材内容和教学大纲。明确教学的指导思想；从全面增强学生的综合素质着手，合理安排教学内容，防止教学内容过于集中在某个学期。

第二，教材内容的安排要有针对性。深入了解和分析本校的实际情况，充分考虑学校的场地和器材配备、学生的年龄和性别特点以及季节的差异，在必要的情况下，可以适当地调整教学大纲。

第三，教材内容的安排要考虑系统性和可接受性。教材内容的安排要由易到难、由简到繁，并处理好教材内容的纵横关系；要考虑学生的学习负担和接受能力，每学期的分量应基本相等，教材内容的分量应与该项教材内容分配的课时数相符。

（三）制订年度教学计划的步骤与方法

第一，确定本年度的教学目标。在认真学习和钻研教学大纲的基础上，针对不同年级的特点，结合本校的实际情况确定本年度的素质拓展课程教学目标。

第二，确定本年度的教材内容和教学的总时数。教材内容的确定应根据教学大纲的要求，结合本校的实际情况（学生、主讲人、场地、器材及气候等）来考虑。教材内容确定后，要根据全年制定的教学计划要求，把教材内容合理地安排到两个学期中。全年教学时数应根据学校校历的周数来合理安排。一般高校全年教学时间是36周，其中1周为机动周，1周为考试周，素质拓展课程的教学可以安排32周。

第三，确定本年度的考核项目和标准。主要根据教学大纲的规定，并结合本校的实际情况来确定具体的考核内容。年度教学计划示例见表2-1。

表2-1　年度教学计划

领域	教学内容	教学时数	
出勤率和课堂表现	自觉参加素质拓展课程的学习，无旷课、早退、迟到现象	讲授	实践
基础知识	素质拓展课程的概述	2	
	素质拓展课程的基本理论	4	
	课程设计	2	
	场地安全	2	
实践能力	融冰类项目		8
	活跃气氛类项目		5
	沟通类项目		5
	应对类项目		10
	思维类项目		10
	团队类项目		10
	挑战类项目		5
	激励类项目		5
	感恩类项目		6
	其他		2
合计		10	66

二、学期教学计划

（一）学期教学计划的概念与意义

学期教学计划也称为学期教学进度。它是把全年教学计划中规定的一学期的各项教学内容按一定要求合理地分配到每节课的一种教学工作计划，是主讲人编写教案的主要依据。学期教学进度的安排在很大程度上直接影响到教学效果。所以，必须科学、周密地安排好教学进度。

（二）制订学期教学计划的要求

教学内容的安排要有利于学生身心的全面发展，所以要注意将不同项目、不同性质的教学内容互相搭配。

教学内容的安排要考虑学生的身体和心理承受能力。

教材内容的安排应注意系统性与连贯性，处理好教学内容的先后顺序。比如，团队组建应安排在拓展训练的最前面，感恩教育应安排在最后面。

教学内容的安排应考虑季节性。比如，感恩类项目应在空气流通、温度和湿度适宜的环境下进行；空中项目不要在气候寒冷和酷热的季节进行。

要确定各项教学内容的排列方式，包括连续排、间隔排以及连续和间隔结合排三种。教学内容的排列方式应根据教学内容的特点、季节气候、场地设备和学生的承受能力而定。

（三）制订学期教学计划的步骤和方法

第一，确定学期教学目标。在学年教学目标的基础上，根据本学期的教学内容与学生的实际情况确定本学期的教学目标。

第二，将全年教学计划中某个学期的教学内容和教学时数抄录到进度表的相应栏目内。

第三，根据全年教学计划所规定的本学期各项教学内容的时数，计算出各项内容在本学期出现的次数。

第四，根据制订学期教学计划的要求，将本学期的考核项目和重点教学内容，按照教学内容出现的课次，系统地安排到每次课中。为了保证教学重点，在制订教学计划时，应先安排好考核项目与重点教学（一般考核项目与重点教学是一致的）。

第五，根据制订学期教学计划的要求，将本学期的其他教学内容，按其出现的课次，系统地搭配并安排到每次课中。

学期教学计划初步制订后，应根据制订学期教学计划的要求，进行全面的检查与调整，从而使计划更切合实际。学期教学计划示例见表 2-2。

表 2-2　学期教学计划

领域	教学内容	教学时数	
出勤率和课堂表现	自觉参加素质拓展课程的学习，无旷课、早退、迟到现象	讲授	实践
基础知识	素质拓展课程的概述	1	
	素质拓展课程的基本理论	2	
	课程设计	1	
	场地安全	1	
实践能力	融冰类项目		4
	活跃气氛类项目		5
	沟通类项目		5
	应对类项目		5
	思维类项目		5
	团队类项目		4
	挑战类项目		3
考核			2
合计		5	33

三、单元教学计划

（一）单元教学计划的概念与意义

单元教学计划是把某个年级的某项主要教学内容，按照学期教学计划中确定的课次顺序，安排出每次课的目标、要求、重点、难点以及教与学的手段的教学计划。单元教学计划是学期教学计划的深化和具体化，确保了各主要教学内容有目的、有步骤、系统地开展，也是主讲人制订课时教学计划的直接依据。

（二）制订单元教学计划的要求

要认真钻研大纲、教材，把握该项教学内容中各章节之间的衔接与联系；把握该项教学内容的技术结构、教学内容的重点与难点以及要解决的主要问题。

要全面掌握学生的情况，分析学生有无病史（心脏病、高血压、脑血栓等）、身体素质、心理素质、运动素质、兴趣爱好等情况，使计划的安排有的放矢。

教学方法和手段的选择要具有针对性、实用性和趣味性，要充分利用学校的场地和器材。

单元教学计划中所确定的课次，必须与教学进度所规定的课次相符合，否则计划难以实现。

（三）制订单元教学计划的步骤与方法

在钻研教材、全面掌握学生情况的基础上，确定某项教学内容的目标、重点和要求；根据某项教学内容的目标、要求和课次，确定每次课的教学目标和要求；根据每次课的教学目标和要求，确定每次课的教学重点；根据每次课的教学目标、要求、重点，结合学生的特点和学校的教学条件，选择每次课的教与学的手段；根据全年教学计划，并结合本校的实际情况，确定考核方法。

四、课时教学计划

（一）课时教学计划的概念、种类与意义

课时教学计划是根据学期教学计划和单元教学计划，针对班级的具体情况而编写的每次课的具体执行计划，也是编写教案的直接依据。编写教案是主讲人的基本功，认真编写教案对于提高教学质量和教学工作都具有十分重要的意义。素质拓展课程的教案有两种类型，即实践课教案和理论课教案。

（二）编写教案的步骤、方法与要求

1. 编写实践课教案的步骤、方法与要求

第一，确定课时教学目标。确定课时教学目标是写好教案的首要问题。整节课的活动内容都是围绕着课时目标进行的。因此，编写教案时必须首先确定课时目标，保证目标的全面、明确、具体、切实可行。

第二，安排课程的内容，组织教法与学法。安排课程的内容和组织教法与学法时，一般首先考虑的是基本部分的内容，如果一节课安排两项以上的内容，则应先确定其先后次序，然后找出各项内容的重、难点和学习的方法。教法与学法，应根据本课的教学目标、教学内容、学生情况、场地器材等条件来安排。例如，采取什么分组教学形式，各项内容的主讲人应该如何完成，学生应该如何活动，如何运用教法和学法，如何组织学生进行操作等。充分利用场地器材，使学生尽快达到所设定的教学目标要求。一般是基本部分构思好了，再考虑准备部分和结束部分的安排，但在书写时还是要按照课程的顺序，把拓展师和学生活动分成两大栏，再按组织、教法与学法分门别类，以便让人一目了然。

第三，合理安排课程的各部分时间。各部分时间主要根据课程的结构及对实现课时目标的影响来确定。

第四，计划课程所需要的场地、器材和道具。根据教学内容和学校的场地器材等具体情况合理安排，特别是同时有多个班上课时，事先应与同课次的主讲人协商，妥善解决；尽可能充分利用场地、器材，以便让学生有更多的练习机会。

第五，课后小结。课后小结虽然是课后完成的，但它是一份完整的教案所不可缺少的一部分。

实践课教案的编写主要完成以上五个步骤，但在具体写法上可以依据主讲人的经验，以便于指导上课为准则。素质拓展课程教案示例见表 2-3。

表 2-3 素质拓展课程教案

课程名称：大学生素质拓展　　任课教师：　　　　第　次课　　时间：

<table>
<tr><td>课程内容</td><td colspan="3">1. 团队热身。
2. 拓展项目——“泰坦尼克号”（团队类）。
3. 分享总结。</td></tr>
<tr><td>课程目标</td><td colspan="3">1. 增进学生间的相互了解。
2. 培养学生的自我表达能力。
3. 增强学生的身体素质。
4. 培养学生的团队合作精神。</td></tr>
<tr><td>教学重点</td><td colspan="3">团队沟通</td></tr>
<tr><td>教学难点</td><td colspan="3">沟通技巧</td></tr>
<tr><td>课程结构</td><td>教学时间</td><td>教学内容</td><td>组织教法</td></tr>
<tr><td rowspan="4">准备部分</td><td>3′</td><td>一、课堂常规
1. 班长整队向教师报告人数。
2. 师生问好、检查服装。
3. 安排见习生。
4. 宣布本堂课的任务。</td><td>队形：
× × × × × × × × × × × × ×
× × × × × × × × × × × × ×
× × × × × × × × × × × × ×
× × × × × × × × × × × × ×
▲
要求：学生要精神饱满、注意力集中。</td></tr>
<tr><td>2′</td><td>二、准备活动
1. 热身跑。
绕 400m 场地跑 1 周。</td><td>队形：
×
×　▲
× × × × × × →
要求：学生队形整齐、步伐一致。</td></tr>
<tr><td>5′</td><td>2. 徒手操。
头部运动、扩胸运动、腹背运动、肩绕环、踢腿运动、膝绕环、前压腿、侧压腿。</td><td>队形：
× × × × × × × × ×
× × × × × × × × ×
× × × × × × × × ×
× × × × × × × × ×
▲
要求：学生要认真、积极，动作幅度要大，充分活动开各关节，听口令进行，动作整齐一致。</td></tr>
<tr><td>10′</td><td>3. 齐心协力。
参赛学生成一路纵队，前面学生抱住后面学生的右腿，后面学生左手搭在前面学生的肩上，比赛开始；学生单脚向前跳跃前进，排尾跳过终点线时为比赛结束，时间少者为胜。</td><td>要求：全班学生平均分成两队；队伍从哪断开必须从哪接好，不能提前跳。</td></tr>
</table>

续表

<table>
<tr><td>基本部分</td><td>50′</td><td>一、“泰坦尼克号”项目的目的
1. 一个人在紧急情况下，才能更好地发挥其潜在的创造力和主观能动性，下面的拓展项目将帮助我们练习在遇到困难时，如何做计划，如何合作以及如何有效地利用有限资源。
2. 通过相互鼓励、相互保护的活动，亲身体验相互信任、相互负责的团队精神。
二、项目开展的规则和程序
1. 给大家讲下面的一个故事：泰坦尼克号即将沉没，船上的乘客（学生）须在“泰坦尼克号”的音乐结束之前利用仅有的求生工具——七块浮砖，逃离到一个小岛上。
2. 指导学生布置拓展游戏场景：将 25m 的长绳在空地上摆成一个岛屿形状，在另一边，摆 4 个长凳，用另外的绳子作为起点。（绳子和板凳可以用其他物品代替跨栏。）
3. 给学生 5 分钟的时间进行讨论和试验。
4. 出发时，每个人必须从长凳的背上跨过（就如同从船上的船舷栏杆上跨过），踏上浮砖。在逃离过程中，学生身体的任何部分都不能与“海面”——地面接触。
5. 自离开“泰坦尼克号”起，在整个逃离的过程中，每块浮砖都要被踩住，否则教师会将此浮砖踢掉。
6. 所有人到达小岛之后，并且所有浮砖被拿到小岛上，项目才算完成。
7. 练习结束后以比赛形式检验练习成果。
应用：（1）创新思维拓展训练。
（2）应变能力的培养。
（3）团队合作精神的培养。
8. 学生分享。
9. 教师分享总结。</td><td>注意事项：
注意安全保护，学生要及时保护好同学，不要相互撞到和摔倒。
注意外界事物对学生的影响。
相关讨论：
你们组可以想出什么样的办法来达成目标？
小组是否确定出领导者？是根据什么确定的？撤离方案的形成是领导的决定还是小组讨论的结果？
你们的方案是否坚决贯彻到底了？中间发生了什么变化？为什么？
事后回顾当初的方案觉得是否可行？有更好的方案吗？为什么当时没有想到或者没有提出来？
小组是如何分配组员撤离的先后次序的？考虑到了什么因素？
总结：
1. 如何应付突如其来的紧急情况，反映了一个人头脑的清醒程度和他的应变能力；同时，如何利用有限的资源更大程度地达成目的，也是观察一个人的想象力和创造力的最好途径。
2. 在我们面临危险的时候，每个人都会有不同的想法，此时就需要出现一个领导者的角色，否则大家七嘴八舌，互相不服，最后只会使整个集体都受到损失。如何选择这个领导者是一个很关键的问题，此人一定要能够服众，让大家都听他的。</td></tr>
<tr><td>结束部分</td><td>10′</td><td>1. 介绍几种放松方法并集体放松。
2. 总结课的任务完成情况，布置课外练习。
3. 师生道别。</td><td>队形：
××××××××××××××
××××××××××××××
▲
要求：放松活动要充分。</td></tr>
<tr><td>场地器材</td><td colspan="3">田径场，25 m 长绳，垫子若干个。</td></tr>
<tr><td>课后小结</td><td colspan="3"></td></tr>
</table>

2. 编写理论课教案的步骤、方法与要求

理论课教案的内容主要包括：课时教学目标、教学重点和难点、教学内容及过程、课件设计、课后小结五个方面。

第一，确定课时教学目标。理论课的教学目标主要包括基本知识、技能目标和心理目标等方面。

第二，找准并弄清教学重点和难点。教学重点是指教学内容中实现教学目标的关键之处；教学难点是指学生在学习过程中普遍感到较难掌握的内容。在编写教案时，首先要根据教学目标的要求，确定本课的重点，然后再找出难点。只有解决了难点，才能更好地领会重点，进而较好地实现教学目标。

第三，精心设计与编写教学内容及过程。教案的思想观点、知识内容都应准确无误、针对性强，设计与编写时应注意有详有略、主次分明。有些内容可以在讲稿中出现，另外应选择稳当的教学方法，充分调动学生的学习积极性。只有师生配合，教学效果才能更好。

第四，课件设计。课件是课堂教学内容的高度概括，也是教学意图的体现。因此，课件必须精心设计、反复推敲，达到强化教学内容、加深学生印象、增强学习效果的作用。

第五，课后小结。课后小结的要求与实践课基本相同。

理论课教案的写法虽然各有不同，但大致还是相近的。理论课教案格式示例见表 2-4。

表 2-4　理论课教案格式

教师名称		班级	
授课日期		课时	
章节名称			
教学目标			
教学重点			
教学难点			
教学内容及过程			
补充、删除、更新			
教具			
课外作业			
课后小结			

以上四种教学计划，从制订顺序来讲，先年度，后学期，再单元，最后制订课时计划；从教学内容来讲，是逐步详尽、具体的。因此，这四种教学计划是科学安排整个教学计划不可分割的四个层次，是构成素质拓展训练计划文件的一个完整的统一体，是主讲人检查、总结、改进和提高素质拓展教学质量的依据。

第三节　大学生素质拓展课程的教学大纲

教学大纲是以编者所在单位制定的教学大纲为例，该大纲根据不同时期的需要将不断地进行修改。

一、大学生素质拓展课程的性质

大学生素质拓展课程是根据大学生的特征来研究与探讨素质拓展课程的规律，阐明了大学生素质拓展课程的基本知识与实践方法，是大学生必须经历的一门理论与实践相结合的必修课程。

二、大学生素质拓展课程的教学目的与任务

第一，教学过程中要贯彻教书育人的指导思想，不断加强学生的实践动手能力，加强专业思想和职业道德教育，培养学生的团队协作精神，提升学生的组织、决策、创业和领导等方面的能力。

第二，突出教学重点，使学生掌握素质拓展课程的基本知识、技能和方法，培养学生的实践能力，提高学生学习和工作的能力。

第三，结合体验式教学的特点，提高学生的综合素质。

三、大学生素质拓展课程的教学内容与课时分配

大学生素质拓展课程的教学内容与课时分配见表 2-5。

表 2-5　大学生素质拓展课程的教学内容与课时分配

领域	教学内容	课时
基础知识	自觉参加素质拓展课程的学习	
	素质拓展课程的概述	1
	素质拓展课程的基本理论	2
	课程设计	1
	场地安全	1
实践能力	融冰类项目	2
	活跃气氛类项目	2
	沟通类项目	2
	应对类项目	4
	思维类项目	5
	团队类项目	4
	挑战类项目	2
	激励类项目	2
	感恩类项目	2
考核		2
合计		32

四、大学生素质拓展课程的教学项目

项目是实现素质拓展的载体，选用的项目不同，课后的效果也会存在较大的差异。项目划分的标准很多。根据项目的空间可以划分为：高空项目、中空项目、场地项目、水上项目等。高空项目有“巨人梯”“高空断桥”“空中单杠”“飞夺泸定桥”“天使之手”“空中相依”“风雨彩虹”“软梯”“合力桥”“悬崖峭壁”“高空天平”“独木桥”“极限攀岩”等；中空项目有“毕业墙”“信任背摔”“穿越电网”“罐头鞋”“梅花桩”等；场地项目有“有轨电车”“移花接木”“穿越沼泽”“孤岛求生”“盲人方正”“礼让通行”“齐心协力”“地雷阵”等；水上项目有“吊索桥”“情侣桥”“水上漂”“溯溪”“搭板过河”“板桥”“缅甸桥”“溜索过河”“滚筒桥”“秋千桥”“云梯桥”“栈道桥”“索道桥”等。根据项目的功能可以划分为：融冰类项目、活跃气氛类项目、沟通类项目、应对类项目、思维类项目、团队类项目、挑战类项目、激励类项目、感恩类项目。需要说明的是，项目的划分没有优劣之分，每种划分均是角度不同，便于归类；没有哪一种分类能够囊括所有的类别，不同分类中存在交叉重叠的现象。目前，分类的方式较多，本书的教学项目根据项目的功能来划分的。

第四节　大学生素质拓展课程考核

一、大学生素质拓展课程考核的意义

大学生素质拓展课程考核，是指对学生素质拓展学习所取得的成绩进行检查和评定。通过考核，我们可以及时发现学生在学习态度和效果上存在的问题，以便于调动和激发学生的学习积极性。素质拓展课程的考核与评价要区别于其他课程，不但要评价个人对知识的掌握情况，而且还要考虑到他人的评价。

二、大学生素质拓展课程考核的结构

大学生素质拓展课程考核的结构包括四个部分：出勤率和课堂表现、素质拓展课程的基础知识、素质拓展的实践能力、心理适应能力。各部分所占比重参见表 2-6。

表 2-6　大学生素质拓展课程考核的指标及比重

考核指标	所占比重	得分
出勤率和课堂表现	20%	20 分
素质拓展课程的基础知识	30%	30 分
素质拓展的实践能力	30%	30 分
心理适应能力	20%	20 分

三、大学生素质拓展课程的考核办法

（一）出勤率和课堂表现

考核内容：出勤率、学习态度、课堂纪律和道德作风等。

考试方式与依据：上课进行考勤、登记，凡全学期无故旷课三次以上（含三次）者，不予评定本课程的成绩。病、事假过多者，可酌情减分，直至不予评定本课程的成绩。病假应有医生证明，事假须经批准。旷课、病事假累计超过全学期的总授课时数三分之一者，按不及格论处。

学生的课堂表现：由主讲人和同学共同评定。

（二）素质拓展课程的基础知识

考核内容：大纲中规定的素质拓展课程的基础知识的教学内容。

考核方式：笔试、课堂测试等方式。

（三）素质拓展的实践能力

素质拓展的实践能力包括参与度、组织能力、思维能力、领导能力、决策能力等，可以根据授课对象调整比重。

（四）心理适应能力

心理适应能力包括抗压、抗挫折、环境适应等心理相关的能力，可以根据授课对象调整比重。

四、大学生素质拓展课程的成绩计算方法

素质拓展课程的成绩考核应按全年教学进度分学期统筹安排。学年成绩 =（第一学期成绩 + 第二学期成绩）/2。

百分制与四级分制的换算方法：两者换算的标准是 85 分以上为优秀；75～84 分为良好；60～74 分为及格；59 分以下为不及格。

补考：因正当理由未参加考试者，可以对缺考和不及格的项目申请补考一次。补考应集中进行。过期不再补考，对于考试不及格者，将安排新学期或新年度的再学习。

思考题

1. 简述大学生素质拓展课程的制定原则。
2. 谈谈制订年度教学计划的要求。
3. 简述大学生素质拓展课程的教学项目的分类。
4. 简述大学生素质拓展课程考核结构的内容。

第三章

大学生素质拓展的教学过程

1. 了解大学生素质拓展教学的要素。
2. 熟悉大学生素质拓展教学的特点。
3. 理解大学生素质拓展教学的规律。
4. 掌握大学生素质拓展的教学过程。

本章介绍了大学生素质拓展教学的概念，总结了大学生素质拓展教学的特点，指出了从事大学生素质拓展教学的教育工作者需要遵循的规律，并归纳了大学生素质拓展教学的方法。

第一节 大学生素质拓展教学的认识

一、大学生素质拓展教学的概念

大学生素质拓展教学是在主讲人设定的一定的情境或特定的环境条件下，以身体活动为主要载体，以项目为主要活动形式，全面提高大学生综合素质的一种体验式教学。它与传统的教学相比，少了一些说教和灌输，多了一些体验和感悟。大学生素质拓展教学能激发大学生的个人潜能，培养他们乐观的心态和坚强的意志，提高沟通交流的主动性和技巧性，培养相互配合、相互支持的团队精神，增强合作意识，从而达到提高大学生综合素质的目的。

因此，大学生素质拓展教学已成为实现大学生学习经验、体验教育、形成正确的人生观和价值观等教育目标的一个重要途径，是大学生素质教育不可缺少的一部分。

二、大学生素质拓展教学的构成要素

从体育教学的理论和实践来看，大学生素质拓展教学主要包括四个基本要素：主讲人、学生、项目设置和教学环境。其中，主讲人和学生是影响教学过程的关键因素，项目设置和教学环境是师生交流的载体。在素质拓展教学过程中，主讲人通过讲解和示范引导学生完成教学；学生在主讲人的引导下通过教学激发潜能、培养意志品质、提高综合素质；系统的项目设置和良好的教学环境是使教学系统中人和物的要素得以有机运作的支撑。

三、大学生素质拓展教学的目标

大学生素质拓展教学的目标，是高校素质教育的目标，是素质拓展教学过程中师生预期达到的教学结果和标准，通常称为教学任务。一般把教学目标分为最终目标、行为目标和作业目标。教学的最终目标是主讲人为了达到教学的预期效果而设计出来的，具有假设性；行为目标和作业目标是一种度量目标，具有实践性。需要说明的是，我们通常所说的教学任务与现在所说的教学目标虽然都是同一个范畴，但是又有某些差别。

第一，教学任务是以主讲人为主体的，在素质拓展教学中主讲人通过特殊的教学手段和培训方式来完成素质拓展教学。教学目标则是在一定教学时间内，各种教学活动行为所要达到的预期效果，是以学生为主体的。

第二，教学任务是比较笼统的，分不出阶段和层次，最终的目的是通过教学达到某种教学效果。教学目标的描述采取了具体的行为方式，因而对教学过程的阶段、深度、层次有了明显的限定，所以素质拓展教学的不同阶段所要达到的教学目标有所不同。主讲人会针对素质拓展教学中产生的特殊问题提出新的教学目标。

第三，教学任务是主讲人对教学的期望，缺乏量和质的规定性，其结果难以评价。教学目标则将教学任务具体化和量化，使其可观察、可测量，可以作为评价的依据。

第四，教学任务是主讲人所掌握的内容。教学目标是师生都要明确和掌握的。学生可以根据教学目标进行自我学习和自我检测，有利于提高学习主动性和学习兴趣。

因此，我们认为在素质拓展教学中采用教学目标这个概念更具有实践意义。

四、大学生素质拓展教学的特点

（一）大学生素质拓展教学具有较强的安全性

素质拓展教学把安全保障作为培训的第一项重要责任。主讲人时刻保持警觉，以专业的手段保证每一个细节的绝对安全可靠。在授课期间，安全保障是首要工作，所有素质拓展教学活动均要经过精心的设计与实践。要提前周密安排有关安全问题，组织合理，操作得当，及时消除安全隐患，杜绝不安全行为，控制不安全因素，使项目顺利开展，消除学生的思想顾虑。

（二）大学生素质拓展教学的设计更具有知识性和趣味性

素质拓展看似游戏活动，其实是为达到某些预期的结果而设计的，其目的是使学生在愉快的参与中学到书本上学不到的知识和道理。同时，拓展课程又具有很好的趣味性，能在短时间内吸引学生主动参与到活动中来，使学生在游戏中享受快乐，在快乐中得到感悟，在感悟中获取知识。素质拓展教学适应了完善人格、提高素质和回归自然的需求。

（三）大学生素质拓展教学具有国际性

素质拓展最初是通过引进国际知名跨国公司和工商管理学院普遍采用的较为先进的体验式培训项目，推行户外、自然、参与、互动、体验、分享、整合的培训模式。大学生素质拓展将这种模式运用到教学中，使学生在学习拓展课程的同时达到挑战自我、整合团队、提高组织竞争力的培训目标。

（四）大学生素质拓展教学具有较强的实效性和自然性

素质拓展强调以学生为中心，以培训目标为导向，与大自然互动，遵循在自然中学习、在学习中改变的培训原则，把现场的感悟同实际生活的改变结合起来，学以致用，联系实际，促进个体和整体培训效果的最优化，不仅注重个人潜能的挖掘与激发，而且注重团队智慧的汇集与凝聚。

（五）大学生素质拓展教学具有人性化特点

素质拓展是身心的历练。它旨在追求人们心灵的感动和感悟，激发人性的善良本质，培养积极向上的人生态度和不怕困难、敢于挑战、承担责任、创新进取的工作态度，实现人与人、人与环境的有效互动。

（六）大学生素质拓展教学具有突破性和挑战性

素质拓展并非传统意义上的体育活动或游戏娱乐，更不是体能训练，而是对传统教育的一次全面提炼和综合补充，打破常规，寻求新意。素质拓展教学中所有的项目都具有一定的难度，是心理、体能、智力的极限挑战。学生通过素质拓展教学能够达到挑战自我、突破自我的目的。

第二节 大学生素质拓展教学的规律与方法

一、大学生素质拓展教学的规律

（一）学生身心发展规律

素质拓展教学的对象是学生，学生的身心发展在素质拓展教学中具有一定的规律。大学生不同于中学生、小学生。素质拓展教学中制定教学目标，安排教学内容，采用相应的教学组织形式、教学方法和措施等，都必须从大学生自身的特点出发，循序渐进，符合他们的接受能力和体质状况，因材施教，从而促进他们身心发展水平的不断提高。传授知识和技能不仅是学生健康成长的需要，更是素质拓展教学的客观要求。主讲人传授知识，对于学生的身心发展有着深远的影响。在素质拓展教学过程中，全身心投入的学生在获得的感悟和掌握的知识技能上要远远超过那些不投入的学生。

（二）认识形成规律

教学过程是学生认识人和事物的特殊过程。学生在学习和掌握素质拓展课程知识、技能的过程中，必须遵循认知活动的规律。在教学中，主讲人要引导学生将感知、思维、实践三个环节紧密结合起来。感知是认识人和事物的开始，是形成表象的基础；思维是形成理性认识，掌握和运用知识技能的关键；实践是巩固和运用知识的平台，是发展身心健康、培养良好思想道德品质和行为的必要途径。这反映了教学过程中学生认识人和事物的客观规律。

（三）学习集体形成与变化规律

学习集体形成与变化规律强调在素质拓展教学过程中，学生的学习主要是在集体合作、相互配合中进行的。因为素质拓展教学项目和活动大多数都是以集体形式呈现的，学生可以增强团队意识和集体主义观念，所以素质拓展教学过程中的集体性学习体现了拓展的特征和目标指向。因此，素质拓展教学要注重和突出集体性规律。

学习集体形成与变化规律要求主讲人在课程设计中选择集体性项目作为教学内容，采用分组的小群体教学组织形式，研究集体性学习的评价方法。只有遵循这些规律，主讲人才能更好地把集体教育和思想道德教育融入素质拓展教学过程，体现素质拓展教学特有的集体教育的价值。

（四）体验游戏乐趣规律

素质拓展教学以游戏为载体。学生在游戏中获得感悟和掌握知识、技能，不断地体验游戏的乐趣，这是学生对素质拓展教学产生浓厚兴趣的首要条件，也是学生增强思想道德教育的前提条件，更是素质拓展教学过程中主讲人自始至终应遵循的客观规律。在教学过程中，主讲人认清和遵循这些规律，有利于取得较好的教学效果，不断地研究和探讨素质拓展教学过程的规律，使教学过程更具有科学性和实效性。

二、大学生素质拓展教学的方法

（一）间接获取经验法

间接经验是指从书本或别人那里得来的知识。间接获取经验法包括讲授法、谈话法、讨论法三种，这类教学方法注重主讲人的讲与说，让学生通过语言的形式获取间接经验。

1. 讲授法

讲授法是主讲人运用口头语言向学生描述情景、叙述事实、解释概念、论证原理和阐明规律的一种教学方法。讲授法贯穿于整个素质拓展教学中。主讲人运用语言向学生描述活动的内容、注意事项和规则；学生通过主讲人的语言描述了解和熟悉流程，并且通过主讲人语言的引导完成素质拓展教学的内容。

2. 谈话法

谈话法是通过师生的交流沟通来传播和学习知识的一种教学方法。它的特点是主讲人引导学生运用已有的经验和知识来回答所提出的问题，让学生借以获得新的知识并巩固检查已获取的知识；主讲人通过观察发现没有投入的学生后，及时地与学生进行沟通，从而达到改变学生错误的意识和行为规范的目的。

3. 讨论法

讨论法是在主讲人的指导下学生围绕某一中心问题通过发表各自的意见和看法，共同研讨、相互启发、集思广益进行学习的一种方法。讨论法适用于素质拓展教学过程中的团队挑战项目。在遇到问题的时候，团队的力量往往大于个人。

（二）直接获取经验法

直接经验是指亲身参加变革现实的实践而获得的知识。直接获取经验法是主讲人组织学生直接接触实际事物并通过感知觉获得感性认识，领会所学知识的方法。直接获取经验法注重主讲人的引导和示范。最为常见的是演示法，是主讲人将事物或者事物的模型展示给学生观察，或者通过示范性的实验、现代化的教学手段使学生获得和更新知识的一种教学方法。演示法经常与讲授法、谈话法、讨论法等方法配合使用，往往出现在素质拓展教学或某一教学活动的初期。

（三）以实际训练形成技能的教学方法

这类教学方法是以形成学生的技能、行为习惯，培养学生解决问题的能力为主要目的的教学方法，包括练习法、游戏法和比赛法三种。

1. 练习法

练习法是在主讲人的指导下学生巩固知识和培养各种学习技能的基本方法。学生通过主讲人的讲解和示范，不断地练习和掌握其所传授的技能。这些技能一般出现在素质拓展教学的初期，学生通过练习来掌握和熟悉某一种技能。

2. 游戏法

游戏法是一种特殊的课堂活动和运动练习的方法。游戏是由一定的情节、形式、规则和结果组成的综合性活动。素质拓展教学以游戏为载体，使学生在游戏的过程中发掘潜能，掌握新技能，最终达到提升自身能力、提高心理素质、培养团队意识等目的。

3. 比赛法

比赛法是充分利用比赛的形式培养学生的积极健康心态的一种方法。主讲人可以充分利用比赛的形式，增强教学效果，增强团队的凝聚力和向心力，培养学生的个人意志和竞争意识，培养学生的抗压能力和积极健康的心态。

第三节 大学生素质拓展的教学过程

大学生素质拓展的教学过程包括五个部分，分别为前期准备、挑战体验、分享总结、提升心智和改变行为（见图 3-1），其核心部分是改变行为。这五部分形成了外环和内环。外环是前四个部分的循环，在每一次拓展实训结束后，主讲人都要总结经验以便更好地完善下一次实训，如此循环往复，不断提高。内环是核心部分，素质拓展教学的目的就是通过这种体验式学习，使学生的行为发生改变。

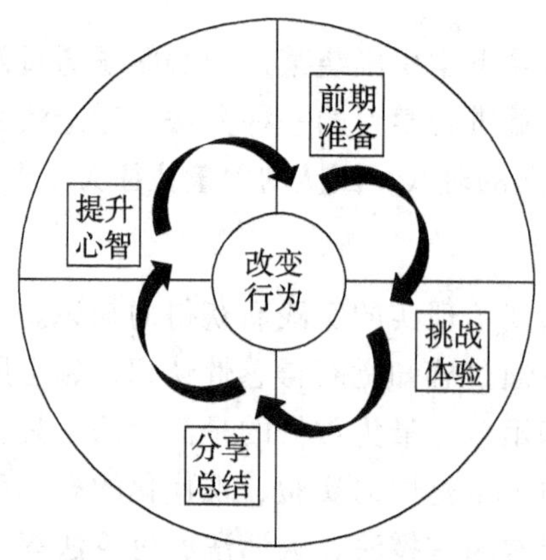

图 3-1　大学生素质拓展的教学过程

一、前期准备

任何一项活动或课程的开展都需要进行前期准备，对于素质拓展这种偏向户外体验的活动来说，前期准备是非常必要的。

（一）前期动员

高校开展素质拓展课程的目标人群是大学生。大学生在学习这门课程时，由于以前没有接触过类似的课程，第一反应会是一连串的好奇和疑问：“这门课到底是要做什么？”所以，主讲人的首要任务就是让学生在认知上对此课程有个基本的了解，这就是进行前期动员的目的。具体的动员内容包括：素质拓展课程的简单介绍、开展课程的目的和意义、具体时间和地点的安排、实训课程要求、安全教育以及学生成绩考核办法等（见图 3-2）。

图 3-2　前期动员

（二）学情分析

学情分析是对学生的基本情况（如学生人数、所在班级、专业、男女生比例、有无特殊情况等）进行调查和了解，以便按照人数、性别、专业、课程类型等进行分组。分组原则如下：第一，男女比例一致。每组都有男生、女生，切忌男生或女生全在一组，形成性别对立。第二，要避免相互熟悉的学生分在一组。第三，每组的人数不宜过多，也不宜过少。根据每班的情况，组数最好是偶数，如 2、4、6 组。第四，每组人数对称。如果在分组时发现人数为奇数时，可以根据讲授内容进行二次分配；如果组与组之间有竞争项目时，可以抽调多余的学生参与其他工作。第五，照顾特殊群体学生。如果有学生出现特殊情况不能参加某一次的课程时，可以安排其做助教或间歇，特别是肢体存在缺陷，以及女生经期间不好向主讲人提出申请时，主讲人要注意讲话的方式，以免造成不良后果。

（三）课程设置

21 世纪，高校的学生群体中独生子女居多。他们思想开放，崇尚个性发展，但是往往团队合作意识薄弱。因此，针对这一特征，实训课程的设置应多以团队合作项目为主，从起始的组队，到最后的分享总结，都是以团队形式进行的，从而增强学生对团队合作意识的领会和践行。

（四）场地布置

每个拓展训练项目都需要使用相应的器材和道具。因此，在进行活动之前，需要准备所需的器材和道具，并对活动场景进行布置，以保证项目能够正常进行。当然，最基本的条件是要有拓展实训场地，尽量选择自然环境优美、场地足够大且相对稳定的地方（见图 3-3）。

图 3-3 场地布置

二、挑战体验

前期准备工作完成后，我们就要进入场地进行真实的挑战体验。根据素质拓展教学的项目设置，学生分阶段进行挑战体验。

（一）基础项目

基础项目包括组建团队、“破冰”系列游戏，意在让学生打破隔阂，互相熟悉，融入团队。分组后，各组组建团队，包括起队名、选队长、创队歌和想口号等，以便在各项活动中带给队员归属感。队长的责任重大，起到领导、鼓励、调节队员情绪和团队气氛的重要作用。团队组建完毕后，各队员需要进一步互相熟悉和了解。由此设置一些“破冰”游戏，如“缩小包围圈”“一个也不能少”等游戏活动，让学生在轻松的游戏氛围中打破隔阂，以良好的状态进入挑战项目中（见图 3-4）。

图 3-4 基础项目（破冰游戏）

（二）提高项目

提高项目包括“动力火车”“穿越电网”“信任背摔”“雷区取水”等项目，意在让学生形成团队合作意识，主动提高团队合作意愿。“动力火车”（见图 3-5）和“穿越电网”

着重磨练学生的游戏技巧和抗挫折能力。当一次次接近胜利而由于某种原因不得不重新开始的时候，学生如何调整心理状态是此项目的意义所在。“信任背摔”是要考验学生对同伴的信任程度。学生毫无顾忌地背对地面倒下去后，在被接住的一瞬间，他们的心情是无比激动的。当然，所有的项目都要求学生具有良好的团队合作精神。

图 3-5　提高项目（动力火车）

（三）升华项目

升华项目包括“合力跳绳”“合力颠球”“不倒森林”（见图 3-6）等项目，以及“求生墙”这种高难度的挑战项目，意在进一步提高学生的团队合作意识，使学生能够明确自己在团队中的位置，积极和其他同学合作，高效地完成任务，并能深刻认识到团队荣誉的重要性。这些项目对团队合作的考验更加明确，学生需要齐心协力，而且以比赛的形式进行，更加强调每个人对团队荣誉的影响。“毕业墙”项目需要全体学生参加，不进行分组。学生站在高墙下面，从起初望而生畏，认为不可能完成，到最后很顺利地完成，站在高墙上面。这个心理落差使学生深刻认识到个体在团队中的渺小，相信团队遇到再大的困难也是可以完成的。

图 3-6 升华项目（不倒森林）

三、分享总结

每个项目完成之后，学生要分享彼此的体验和感受，总结各自存在的问题以及团队的成功与失败之处，促使下一个项目能够更好地完成。并且，在所有项目完成之后还要进行一次整体的总结，由主讲人引导学生完成。

（一）分享体验

每个项目，无论顺利完成还是经历多次失败之后才得以完成，都会使学生获得不同的体验和感受。学生可以把自己在项目中所处的位置和自己的心路历程说出来，还可以相互指出彼此存在的问题并给出解决方法（见图 3-7）。

图 3-7　学生分享活动心得

（二）总结经验

总结经验是在分享体验之后进行的总结，是体验的进一步提升。体验只限于表面的感受和体会，而经验是经过思想上的升华之后得出的结论。分享体验和总结经验可以交叉进行，在交流感受的同时对活动的成功或失败的原因进行分析，并总结成注意要点，可以为下一个项目的开展提供积极的指导和借鉴作用。

（三）主讲人引导

主讲人引导是指主讲人对学生活动中出现的问题和认知感受进行引导，利用符合拓展训练理论基础的理念进行科学的总结，使其理论更加严谨与体系化。这部分主要是在所有项目完成之后进行的。学生在分享总结过程中也许会出现偏差，这时候主讲人要正确地引导学生（见图 3-8）。

（四）巧用故事

主讲人的分享要摆脱传统的说教式，巧用故事。许多人生哲理故事能缓解团队成员的压力，带给大家更多的思考和感悟。主讲人要多准备一些励志小故事。它们虽然篇幅短小，但却可以深入浅出地诠释许多人生道理，为团队的成功指明方向，提供动力。

图 3-8　主讲人对活动进行引导

四、提升心智

素质拓展是一种体验式学习。学生在做中学，能更有效地从各方面提升自己的心智，在经过一轮训练之后能把前所未有的潜能挖掘出来，使自身的心理素质有所增强，团队合作意识有所提高。

（一）潜能挖掘

每个人都蕴藏着无限潜能。当一些稍有难度的项目摆在学生面前时，他们的第一反应大都是自己不可能完成。随着项目的进行，在必须完成的压力下，学生的潜能就会被挖掘出来，最后把看似不可能完成的任务顺利完成，其结果甚至连学生自己都觉得不可思议。

（二）心理素质提升

素质拓展可以提升学生面对困难时的自信心。学生在挑战高空项目或者团队挑战难度较大的项目后，通常会获得新鲜的、具有挑战性的且与日常生活方式不同的经历与体验。在面对这些从未经历过的活动时，学生将会产生心理压力和危机感，由此产生的心理体验必将带来特有的经验，从而提升自我意识，促进自身成长。

（三）团队合作意识培养

素质拓展的根本意义在于培养学生的团队合作意识。拓展项目基本上以团队形式开展，意在让学生从实际活动中认识到团队的无限可能，从而让学生在未来的学习、生活和工作中积极寻求团队合作，与他人共同完成任务。

五、改变行为

素质拓展能改变学生的态度，进而改变他们的行为。学生将素质拓展中的所感、所悟应用到以后的生活、工作中，能达成学习的最初目的。学生通过训练能够获得生存的技巧，改善日后的行为，更重要的是锻炼一种在危机时刻尽量保持镇定、永不放弃的心态。这对于遇到困难容易放弃或者采取极端手段解决问题的学生会有一定的帮助。

思考题

1. 简述大学生素质拓展教学的构成要素。
2. 简述大学生素质拓展教学的特点。
3. 简述大学生素质拓展教学的规律。
4. 简述大学生素质拓展教学的方法。
5. 谈谈大学生素质拓展的教学过程。

第四章

大学生素质拓展的场地与器材

1. 了解大学生素质拓展场地的建设。
2. 熟悉大学生素质拓展场地的维护。
3. 理解大学生素质拓展的器材使用。
4. 掌握大学生素质拓展的器材使用安全事项。

本章介绍了大学生素质拓展场地的设计、建设和维护要求，为大学生素质拓展场地的建设、使用和管理提供了借鉴；介绍了头盔、安全带、保护绳、锁具等保护器材的基本知识和使用要求及注意事项，为开展大学生素质拓展提供了帮助。

第一节 大学生素质拓展的场地

素质拓展在学校教育中表现为显性教育和隐性教育两个部分。素质拓展课程和相关的活动是显性教育部分，而与素质拓展有关的物质文化是隐性教育的重要组成部分，是学校开展素质拓展教育的物质基础。素质拓展场地是学校素质拓展教育最核心的内容。场地、器材的设置与管理是否符合学校的发展要求，直接影响着学校教育目标能否实现。

如今学校开设的素质拓展课程已经得到各级主管部门的极大关注和认可，是校园建设的一道风景线。开设以校园场地为主的素质拓展课程是一个明智选择，因为这能克服开设此类课程的风险和资金成本等诸多现实困难。分离出室内与室外、高空与地面、陆地与水上等项目，不会对学校选择开展此类课程的场地造成较大的阻碍。

素质拓展可以结合学校的地形，利用其他运动场地之间的空地，利用学校偏僻、闲置或边角的区域，设置一些美观大方、经济适用的拓展训练与游戏场地，这成为学校开展素质拓展的可行之路。比如，利用器材室修建一个 4m 高的“求生墙”；在场地边上架设两条钢缆以建造一个“相依为命”设施；在场地的角落修建一个“信任背摔”台等。这些看似简单又略显新奇的场地，和传统的体育设施相比，由于拥有寓意或诗意的名字，不再让学生觉得冷冰冰而不愿意接近，不自觉地想要在它们之间“玩耍”，使这些体育场地增添了许多人情味。

大学生素质拓展场地的建设主要有以下几类。

第一，以满足学校体育教学为主，由学校体育教学部门进行建设与管理，为选修素质拓展课程的学生和课程开展提供必要保障。

第二，为满足社会需要的培训活动服务，和社会培训机构一同合作建造素质拓展场地，学生以集中培训的形式偶尔参加活动。

第三，将场地建设在校园以外的风景优美的山水环境郊区，依靠学校师资从事培训活动，或供需要参加野外作业专业的学生学习使用。

我们要按照素质拓展作为体育课的课程理念和课程大纲，遵循场地建设中必须遵守的“设计合理、用料考究、施工细致、验收合格”的原则，同时遵循“科学安全、易使易用”的原则，对大学生素质拓展场地的建设、使用和管理进行设置。

一、大学生素质拓展场地的设计

学校开设素质拓展课程往往都从建设拓展场地开始。硬件设施的完善对于学校开展素质拓展课程极具价值。场地建设的成型对于吸引紧缺的相关人才和学校主讲人的培养都有帮助。但是，学校在没有主讲人的指导下就开始建设素质拓展场地会具有一定的风险，只有按照拓展培训的建议或场地建设单位的设计进行投资建设，才会避免在使用时出现不便甚至造成不必要的浪费。大学生素质拓展场地的建设，从设计之初就应当考虑它的功能是为授课服务，而不是要把承接校外的大型培训活动作为建设场地的主要目标。简单实用的空中项目器材、易于拆卸组装的空中项目器材、可以进行不断变化的地面项目器材，通过合理设置在场地中能营造出“具有灵性的环境”。学校建造空中设施时应控制规模，而以经典项目为主的场地设施，在少而精的基础上加入艺术化设计，可以丰富项目的文化内涵。

素质拓展空中项目的场地设施可以组合形成，也可以独立安装。独立训练架可以利用相对分散的小块空地，组合训练架需要一块相对开阔的平地。设计时需要考虑训练架的朝向、斜拉钢缆的角度与方向、训练架之间的互相支撑与影响、保护点的设置、保护钢缆的角度与连接方式、训练架的颜色等问题。比如，不要将空中单杠设计为单杠在起跳立柱的背面，避免保护者的眼睛受阳光直射而造成伤害；不要将训练架设计成黑色或红色，这会增加学生的心理压力，橙色、蓝色、绿色都是较为符合心理学的颜色。

常规拓展空中项目主要是单一的针对性项目，在设计时也可以将一些项目设计在一起。比如，将几个空中项目的部分环节有机结合在一起，在攀岩壁最初的几米处加一个天梯横木或几节软梯，然后攀到一定的高度后通过一段可用于移动的区域，最后转到一个小平台，完成空中单杠的动作，不失为一个极具价值的空中项目组合。

学校的环境往往都很优美，在设计时要考虑与周边景观的协调。如果条件允许，可以设计一些带有造型的场地，除了它的使用功能外，它还能成为一个景观。比如，将背摔台设计成一个竖起大拇指的拳头，能够给学生增加勇气，对于旁观者来说也可以获得欣赏的体验；将空中训练设施设置成帆船的形状，可以成为场地的背景，也可以提供活动的情境；利用仿生态设计，在树林中将器材合理掩映与点缀，自然增加了活动的乐趣（见图 4-1）。

图 4-1　学校内的攀树场地

二、大学生素质拓展场地的建设

大学生素质拓展场地的建设主要是确定场地的大小与环境改造。这对于有经验的体育场馆的建设与管理者来说，只要和主讲人从使用功效和活动要求上进行交流，建造合格的场地设施并不是一件难事。建造的重点是场地上的固定训练设施。如何使训练架在使用时更加安全和方便，项目操控时安全保护的设置与功能之间相得益彰，学生活动时符合人体的结构与生物力学特点，同时满足国家标准对于素质拓展场地的相关要求（见表 4-1），这是场地建设时需要考虑的事情。

场地建设需要的主要材料包括钢材和木料。钢材需要选择不同规格的国家标准材料，原则上钢架立柱的焊接数量不超过两根，横梁要求一根通体的材料连接两端。木材最好选用耐风化的原木，为了增加美观可以进行深加工，但必须表面打磨平整并做好防裂缝处理，如果条件允许，可以进行高压防腐处理。钢材表面进行防腐、防锈处理，需要选择质量有保证的辅助材料。

表 4-1　素质拓展场地的国家相关标准

代码	名称
GB 50007-2011	《建筑地基基础设计规范》
GB/T 8918-1996	《钢丝绳》
GB 4053.3-1993	《固定势工业防护栏杆安全技术条件》
GB 9668-1996	《体育馆卫生标准》
GB/T 10001.1-2000	《标志用公共信息图形符号》
GB 3838-2002	《地表水环境质量标准》
GB 3097-1997	《海水水质标准》
GB 50017-2017	《钢结构设计规范》
GB 50205-2001	《钢结构工程施工质量验收规范》

立柱上端应与横梁靠地连接；各立柱应与安装地面保持垂直，垂直度应符合国家标准；水平布置的面桩结构的承载力应大于 3000N/m²。上方保护点的构建承载力应大于 10000N；地面保护点的构建承载力应大于 5000N；承接跳跃冲击的悬挂件的承载力应大于 5000N；梯子的踏板和登高脚架的承载力应大于 2000N；其他攀爬支撑承建的承载力应大于 3000N；钢丝绳应符合国家标准的相关规定，其抗拉力应不小于 15000N。

此外，场地的摩擦系数、地面的缓冲材料、照明条件、库房以及广播通报设施，在建造中都应当有所体现。只有这样才能够应对各种各样的干扰因素，才能让我们在场地上很好地开展教学活动。

三、大学生素质拓展场地的维护

设立明确的安全告示与管理制度，设立严格的人员岗位责任制度，设立健全的设施设备维修制度是确保素质拓展场地正常使用的重要条件。用于保护的钢丝绳要定期检查维护，5 年以上或使用频率较高的训练设施要及时更换钢丝绳，否则将可能在受到较大的冲力或拉力时发生断裂。

此外，定期检修连接处的牢固性，包括保护钢丝绳的两端的 6 个卡头是否松动，以及斜拉线和螺丝连接部位是否松动。检查钢丝绳的使用状况和承受变形情况以及拉扣的稳定度；地基是否出现裂纹，细小裂纹较多的或裂纹超过 1cm 的应停止使用并及时检修；焊接处出现脱焊或出现大于 5mm 的裂纹时应停止使用并检修。每学期开学和放假前，或者单个项目使用人数超过 100 人次之后，主讲人或维修人员应对设备上方钢丝绳卡扣等进行检查，发现有松动应予以拧紧并记录备案。此外，发现木料开裂或出现毛刺，钢材油漆脱落或出现锈点等时要及时修理。建设安全、实用、美观的场地需要全方位的考虑，即场地不要过度使用而不检修，也不能长期搁置不用，这些都会有一定的事故隐患，及时地检修、维护是必不可少的。

第二节 大学生素质拓展的器材

器材的选择、采购、使用、保养与维护，对于素质拓展的正常开展非常重要。各种器材的质量和使用方法对于主讲人和学生的安全至关重要，对于学生完成活动、增长经历也有特殊价值。下面对一些常用器材进行介绍。

一、头　盔

不论参加场地拓展的高空项目，还是野外拓展中的攀爬与下降项目、水上项目或者绳索项目，我们都应该戴上头盔。值得一提的是，许多主讲人虽然十分注重学生对头盔的使用，但自己却常常忘记戴上头盔。主讲人戴头盔，在确保自身安全的同时，也是在向学生传递一种安全的理念。

（一）如何选择头盔

我们一般选择一些质量较好、功能简单的传统头盔，这类头盔具有款式经典、重量轻、舒适性和透气性好的特点。它们大多数都采用聚乙烯材料的外壳，内层采用尼龙材料，外壳与内层之间采用无铆钉连接，使总体舒适感增加（见图 4-2）。简单快速的颈部收紧系统，可以随时将头盔调到一个最舒适的松紧度。紧贴皮肤处采用速干、透气材料在两侧的通风孔，可以降低头盔内温度并帮助排汗。

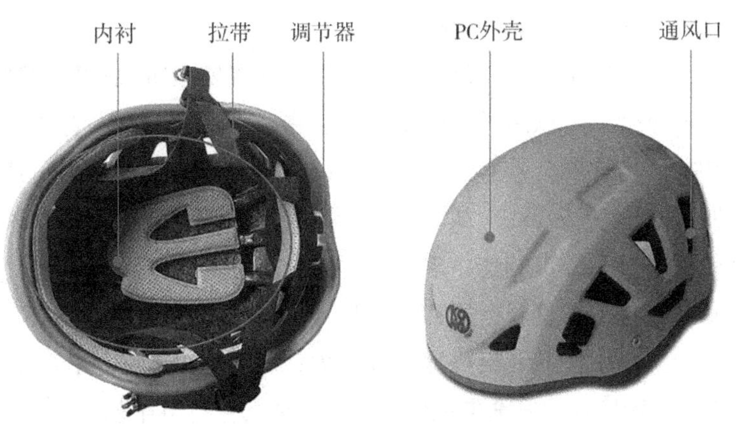

图 4-2　头盔内外结构图

（二）头盔使用时的注意事项

头盔不仅能够保护我们的头顶，而且会保护我们的眼睛与脸部，尤其是流线型较好的头盔，还会有一个前遮。在一些快速移动的项目中，树枝或绳索有可能会伤到脸部，流线型较好的头盔可以起到很好的保护作用。使用头盔时需要注意以下事项。

首先，尽量使用安全可调的头盔，包括头围与颈部的收紧装置。

其次，不要将头盔的前后戴反。头盔有前后之分，尤其是那种非流线型的半回头盔，如果戴反了，会让人觉得不舒服，而且很容易遮住自己的眼睛。

最后，将长发盘在头盔里，头发上的装饰物应该摘下。如果长发在头盔外飞舞，很有可能会和安全带或绳索缠绕在一起，尤其在类似“空中单杠”这样的项目中，全身式后挂安全带一定会给长发带来危险。头上佩戴的饰物应该摘下，有时候会和头盔里的震荡缓冲装置“纠缠”在一起，让自己陷入麻烦。

二、安全带

安全带是人与装备的连接枢纽。安全带一般包含如下设计：加厚加宽的腰部衬垫、腿环、保护环、装备环。有了这些设计后，无论下降、冲坠，还是挂在岩壁上进行其他操作，安全带都会更加舒适和安全。现在安全带也进行了细化：专门用于竞技攀登、大岩壁攀登或者专门用于登山的。

（一）安全带的设计

安全带有两种最基本的设计：全身式安全带和坐式安全带（见图 4-3）。全身式安全带受力时，其受力方向垂直于地面，竖直向上，可以将拉力均匀地分散到腿、胸、背，这是它的优点。它的缺点是如果冲坠过于猛烈，它会不断地转动，使攀爬者眩晕，而且有可能会使脖子受伤。全身式安全带因为价格昂贵、穿脱不方便等缺点已逐渐退出攀岩登山的舞台，而运用在工业或者拓展活动中。

现在坐式安全带的应用趋于广泛，因为它配上胸式安全带就可以达到全身式安全带的效果，而胸式安全带又可以用长扁带来代替。在登山的过程中，背包的两根背带可以发挥长扁带的功能。坐式安全带有两种设计：一种叫尿布式（从两腿间穿过最后与腰带连接），另一种叫斯瓦米（Swami）式。为了让两个腿环能够起作用，穿尿布式安全带时要从两腿间将带子提起和腰带相连，现在这种安全带逐渐从欧美市场消失。其原因包括四个方面：一是在岩壁上挂着时，这种安全带让人很不舒适；二是没有保护环，需要额外加铁锁；三是受力集中，不能很好地分散拉力；四是受力点分散，冲坠时，对腿和腰会产生伤害。现在这种样式的安全带也做了一些改良，专门用在登山中。

斯瓦米式是现在较为流行的安全带设计。购买安全带时，腰带设计应该是需要考虑的重要因素，毕竟上百次的冲坠对腰部会产生很大的拉力。一款好的斯瓦米式安全带，其腰带的背部大都为 8～11cm 宽，腰带的前部为 4～5cm 宽，这样能够给攀登或休息提供最大限度的舒适和安全。

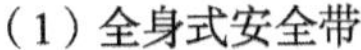

（1）全身式安全带

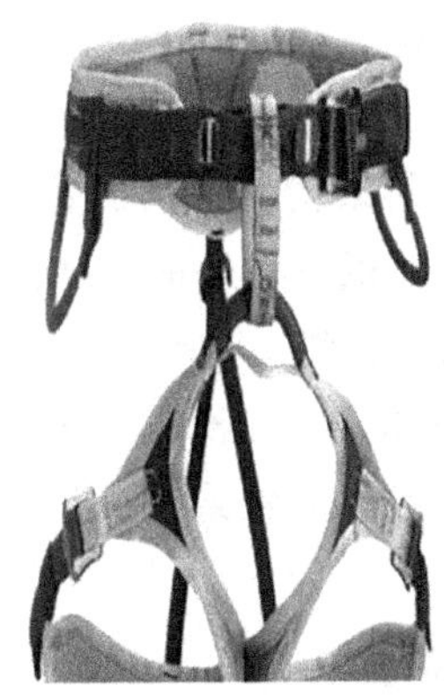

（2）坐式安全带

图 4-3　全身式和坐式安全带

（二）腿环的选择

腿环可以分为不可调节式、半调节式与完全调节式三种。安全带的背面与腿环都用一种带弹性的材料进行了连接。不可调节式腿环设计简洁、质量轻便。现在更多的人喜欢可调节式的腿环。半调节式腿环的调节范围在 8cm 左右，尽管穿戴时有些费劲，但是穿整齐后会感觉非常舒服，而且便于行动，适合绝大多数人。完全调节式腿环的调节范围大约在 15cm，所以一年中任何时间都能满足需要，而且不需要考虑穿着。好的可调节式腿环穿戴时是很舒适的，缺点是有一点重。无论选择哪一种款式，腿环的宽度在 6～8cm 是最舒适的，尤其对于体重较大者来说。宽度小于 5cm 的腿环在长时间的穿戴后，会让人感到不舒服。安全带的平均重量在 85～310g。

（三）安全带的材料与结构

大部分安全带的制造商都使用大约 3cm 宽的扁带做承重部分——用较宽的扁带来分散压力是一种廉价的做法，因为减少了制作工艺的流程，但是这会使腹部感觉非常不舒服。所以一些制造商在安全带后面使用宽的扁带，在前面使用较细的扁带。第一代有衬垫的安全带要么就是把一堆布缝入扁带里面，要么就是把泡沫塑料填入管状扁带。尽管这两种制造技术仍在使用，但是仅限用于制造最简单的安全带。目前，安全带制造工艺的标准就是用成型塑料，这就需要用布将泡沫塑料压在两面，用铸模进行切割，然后用电脑控制的缝纫机将这些东西缝合起来。这个制作方法使得安全带的四周非常密合。一些制造商会更改某几处泡沫塑料的厚度或者用热铸模的方法在泡沫塑料上做些气孔出来，让空气更好地流通。

绝大多数用碾压法做出的安全带，其塑料的稳定性在很大程度上影响着安全带的舒适性、耐久性和价格。从边缘上挤压安全带——软的部分不能均匀地分散压力并很快被损坏。好的安全带使用的是更硬和更加耐挤压的泡沫塑料。安全带上磨损最多的地方就是绳子通过的路径，即我们打结的那个环，这些地方通常会用材料加厚。好的安全带会使用很结实的布或者双层扁带。

安全带的外部，特别是腿环的底部，也很容易磨损。所以一些设计在外部使用杜邦面料或者飞行服面料来代替普通的背包用面料来延长安全带的使用寿命，而且这些质地平滑的材料会减少对裸露在外的大腿的摩擦。绝大多数碾压制成的安全带在制作完成后，还要在边缘镶上扁带组织，这会导致穿着更加不舒服。最好的解决方法就是在内部缝合，保证与皮肤接触的部分是光滑的。安全带的内衬应该是柔软而舒适的，即使是被汗水而浸湿。毛绒的衬底虽然非常柔软，但是这种材料在被汗浸湿后不容易很快干燥，而且容易结冰。

（四）安全带的穿着

如今市场上绝大多数安全带在穿着时，最后通过承重环时需要返扣。但是现在有一种扣环设计已经省略了这一步。这种设计的特点是无论穿安全带还是脱安全带，扣环永远是返扣的，只需要松开或者拉紧它。扣环大致有铝制和钢制两种，无论哪一种，只要通过了欧洲联盟（Conformity with European，CE）认证，质量就不会出问题。假设一个100kg的人冲坠20m，冲坠系数为1.5，那么分散到扣环的拉力也仅仅是7000N，而扣环的标准承重是10000N。

（五）安全带的保养

虽然时间的长短对于尼龙强度的影响很小，但是行业对安全带的使用年限还是有一定的评判标准的：如果使用频率中等，一般安全带的寿命是2～3年；如果使用频率较低，那么一般年限是5年。另外，安全带在一次严重的冲坠后必须舍弃，因为内部发生了破坏而外表看不出来。同时，严重的磨损、接合处裂开或者扣环破裂，甚至扁带组织褪色后，都应该更换安全带。那么是不是一条使用年限超过7年的安全带就没有用处了呢？答案是否定的，比如说顶绳攀登，因为没有冲坠，所以是可以使用的。酸性溶液会影响安全带的使用年限，因为它会极大地伤害尼龙，却不易被发现。所以不要将安全带长时间地放在汽车的后备箱内。很多关于安全带的事故都来自没有返扣，当然返扣的长度要超过8cm，这样才能最大限度地保证安全。要保证穿着安全带时不犯错误，最重要的方法就是不要在穿着安全带时进行交谈，另外无论任何时候都要进行互相检查。

三、保护绳

拓展绳索的作用是非常重要的。通常运用的绳索包括三种：全程保护学生的上升、通过、跳跃或下降的动力绳，如“空中单杠”用绳；固定在场地器械上的用于连接上升器或自动制动器，保护学生攀爬时上升或下降的静力绳，如“高空断桥”立柱连接上升器或自动制动器的用绳；用于双手抓握的不同粗细的麻绳，沿绳攀爬或摆动时使用，如“飞越急流”的秋千绳。

许多时候，绳索只是在出现意外时才会使用。比如，在“高空断桥”的项目中，在断桥上时，绳索只是起到意外失手的保护作用，有的时候我们可以想象绳索并不存在。

需要注意的是，无论我们有多大的“把握”，绳索是绝对不可以摘除的，我们不仅不能摘除，而且还要有更加安全的保障。

拓展常使用的保护绳和登山与攀岩活动中的用绳相同（见图 4-4）。所有的高空项目都会用到保护绳，拓展行业中所说的保护绳也就是攀登中的登山绳，也称为动力绳。我们对保护绳进行较细致的介绍，是为了最大限度地降低高空项目的风险性，使拓展具有更高的安全性（见表 4-2）。保护绳在拓展中是最重要的器材装备，上升、下降和跳跃等各项活动都需要保护绳的保护。铁锁、安全带等众多器材也只有和保护绳结合起来才能发挥作用。

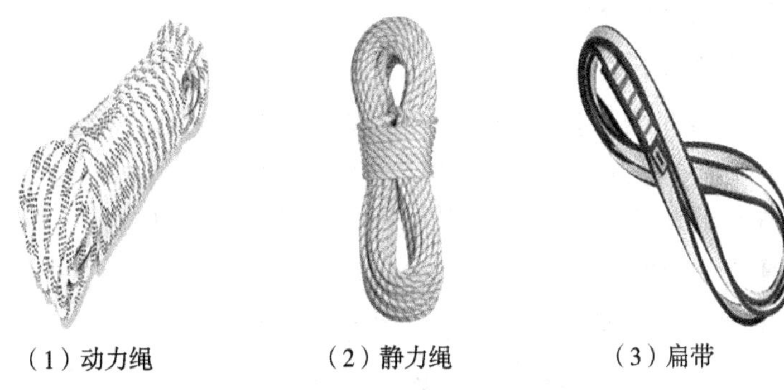

（1）动力绳　（2）静力绳　（3）扁带

图 4-4　动力绳、静力绳和扁带

表 4-2　保护绳的类型和作用

类型	作用
动力绳	动力绳因为有一定的延展性，故能有效地承受攀登者坠落时产生的冲击力，又不会对人体造成不必要的伤害
静力绳	下降专用，其延展性近似于 0，不能用于保护会产生冲坠的攀登
扁带	可以根据需要截成长短不一的绳套，用于器材之间的连接或固定空中作业者，其延展性近似于 0

保护绳的使用要点如下。

（一）认清动力绳与静力绳的区别

用来攀登和跳跃保护的活动绝对不能使用静力绳。用静力绳攀爬是对自己和别人的生命极其不负责任的表现。

（二）选择合适的长度

绳子的长度一般以 m 来计算。整条绳的长度一般是 50m、55m、60m、70m 四种规格，场地拓展高空项目的一般用绳在 25～30m，将整条绳从中间截成两段即可在拓展中使用。

（三）选择合适的直径

直径一般用 mm 表示。直径大的绳子的保险系数和耐用性较好，拓展最好选用 10.5mm 的绳子。

（四）保护绳的保养

绳子基本不用洗，如果污渍严重可以用清水或肥皂水清洗，平时还要注意保持干燥，避免长期暴晒。使用时不能踩在上面，最好不要让保护绳和沙石地面接触。用完后要整理收存，保持干净整齐，特别强调在保护绳附近不能抽烟与用火。

（五）使用要有规律

一般保护绳两端的 1m 处较柔软，易于打结，其他部分重在耐磨。如果是截成两段的绳子，最好每次都能分清中段与绳头。不同项目使用的绳子最好专用，这样可以按不同项目对绳子的使用程度进行合理评估。

（六）保护绳的顺畅使用

保护绳从学生经保护支点至保护者之间，不能扭曲，不能互相纠缠。保护绳在经过 8 字环后，有时会按照一个方向拧转。出现这种情况时需要在给学生更换连接点时让绳回转几圈，同时让保护者将绳从 8 字环和主锁中摘下并卸去拧转力。

（七）保护绳的更新换代

如果保护绳受过冲坠系数为 2 的冲坠，正常使用 3 年应该更换，即使很少使用，由于材料的老化，4 年也到了淘汰期。绳子在使用过 5000m 后要更换，包括用于上升、下降、跳跃等所有形式的绳子。假设在“巨人梯”项目中，上方保护点离绳端的距离为 9m，到达最高点后离绳端为 2m，即使略去学生完成上下反复尝试的过程，每一次攀升距离为 7m，下降距离为 7m，那么一条保护绳的使用范围应该在 350 人以内。由于上升阶段对绳子的拉力较小或者没有拉力，那么最多也不应超过 700 人。当然如果绳子受到较大的磨损，应该不再使用。除此以外，千万不要购买任何二手装备，不管锁具还是保护绳，更不要轻易借用装备，以免发生危险。

四、锁　具

在使用锁具前必须要仔细检查是否有裂痕。开口的开启、闭合要平顺，没有阻碍，在承受一个人的重量时，开口能够打开。锁具在使用一段时间之后，开口易粘住打不开，可能是开口或锁口有损伤的刻边，也可能是污物积在枢纽或弹簧处。损伤的刻边可以用锉刀小心磨掉。开口生锈、清除枢纽或弹簧处的污物时可以用煤油、溶剂或汽油等滴在枢纽弹簧的孔内，并开闭开口直到平顺为止，然后把铁锁放在沸水内煮，除去清洁油剂。如果打不开是开口弯曲造成的，锁具就不能再使用了。三种锁具如图 4-5 所示。锁具的类型、材料与作用如表 4-3 所示。

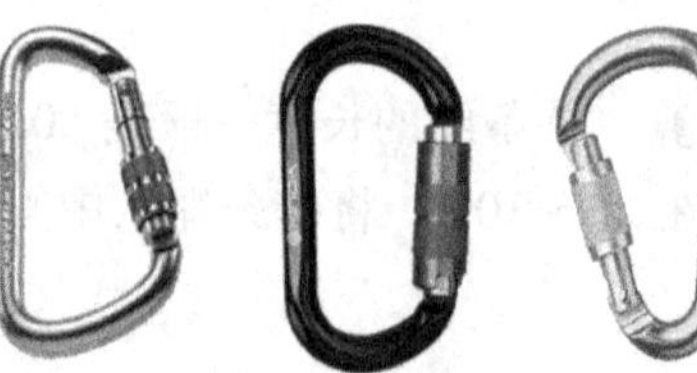

（1）D 型锁　（2）O 型锁　（3）改良 D 型锁

图 4-5　三种锁具

表 4-3　锁具的类型、材料与作用

类型	材料	作用
D 型锁	铝合金或钛合金	几乎全部负荷是由开口对面的长边承受，因此承受拉力大
O 型锁	钢	负荷由两边平均分担，缺点是承受拉力小，优点是摩擦力小
改良 D 型锁	铝合金或钛合金	体积小，腰果型，开口大，操作方便

在锁具的使用过程中，我们需要注意以下几点。

由于铝合金与钛合金的特殊材质，锁具如果从 1m 多的高空平落在坚硬的地面或快速撞击在硬物上，就必须放弃使用了，以防锁具内部产生裂痕，在受到强大拉力时断裂。

拓展训练与攀登不同。在穿半身式安全带时，锁具除了和自身摩擦外，一般不会与外物摩擦，因为多数锁门开口应朝向外侧，防止多次摩擦后丝扣会打开。

在高空跳跃项目中，由于冲击力较大，学生身上的保护点与保护绳之间必须用两把锁具，锁门方向相反，各连接一条保护绳。

连接支点和保护绳不能连接 3 个以上的锁具一起使用，因为这样的连接会使锁具纠缠并且扭开。

高空换锁时一定要先挂上锁，再摘下另一把锁，不论站在高台或者参训者抱住固定物，任何时候不可以出现保护点完全摘除的情况。

在选择锁具时，要了解不同种类的锁具承受负荷的拉力。锁具自身的重量和价格都不同，要根据实际需要来选择。例如，普通的登山和攀岩用的 D 型锁的重量一般为 50g 左右，而带保险丝扣的保护锁具的重量在 100g 左右，价格上差距也很大。除了使用 UIAA 字样的锁具外，建议使用同一个品牌的锁具和配套保护器材，因为不同品牌的产品有时并不匹配。

五、8 字环

8 字环是最普遍的保护器材（见图 4-6）。它经常用于拓展的高空项目，保护人员通过主绳的连接在下方保护学生的安全。学生在上升、跳跃、通过与下降时，能够感受到来自地面的保护。而保护中非常重要的一个器材就是制动装置，其中最常用的就是 8 字环。它的作用是利用主绳的摩擦力来确保同伴和自己下降时的安全。

8 字环在使用过程中简单易学。初学者可以避免一些失误。在拓展中，建议最好使用 8 字环。

图 4-6　8 字环

六、上升器与止坠器

上升器和止坠器都是在拓展高空项目中爬上高架时经常使用到的安全保护器材（见图 4-7），它们一般需要在高架上下两端固定连接的路绳上使用。上升器一般是手柄式上升器，在上升时用手推动就可以使其沿绳上升，遇到人员脱落下坠时起到阻止下坠的作用。上升器主要在主讲人摘挂保护装备时使用。由于使用不当会出安全隐患，一般不建议初学者使用上升器。

止坠器在攀爬保护时无须人工操作就可以沿路绳跟随攀爬者上下移动，无论在垂直还是斜拉的路绳上都可以很好地发挥作用。它最好在 10.5～13mm 的静力绳上使用。止坠器可以在瞬间制停下跌、下滑和不受控制的下落，好的止坠器可以在 30cm 的滑动距离内有效阻止下跌。许多时候，止坠器必须和原配 O 型锁和势能吸收器联合使用。

（1）上升器

（2）止坠器

图 4-7　上升器和止坠器

七、辅助器材

大学生素质拓展还会用到诸如背摔绳、眼罩等辅助器材，这些器材没有统一的规格，有些在市场上可以买到，有些需要自己动手做。本着对学生负责的态度，这些器材要能够让学生感到更舒服、更安全。比如，背摔绳最好选用柔软、防滑、结实的绒布或毛巾布缝制。在调查中，我们发现有人用塑料绳代替背摔绳，将学生的手腕勒出血印的现象，这是极不负责任的，大学生素质拓展应该杜绝这种情况。建议定制一次性使用眼罩，如果暂时无法做到，至少也应该在学生使用前清洗干净，或者垫上消毒后的纸巾，避免眼疾的传播。

器材的合理使用能够让素质拓展课程的情境更加真实，可以让学生在安全、可靠的环境中感受素质拓展课程的魅力，可以使素质拓展课程得到更好的发展，也可以将更多的、可利用的资源引入素质拓展课程，为素质拓展课程的开展做出贡献。

思考题

1. 简述大学生素质拓展场地的种类。

2. 谈谈大学生素质拓展场地的国家相关标准。

3. 简述大学生素质拓展场地的维护。

4. 谈谈如何选择头盔、安全带、保护绳、锁具、8字环、上升器与止坠器、辅助器材。

5. 简述头盔、安全带、保护绳、锁具、8字环、上升器与止坠器、辅助器材的作用和使用时的注意事项。

第五章

大学生素质拓展的安全问题

1. 了解大学生素质拓展的安全原则。
2. 熟悉大学生素质拓展的安全保障。
3. 理解大学生素质拓展的设施安全。
4. 掌握大学生素质拓展的安全保障体系。

本章介绍了大学生素质拓展的安全原则，重点介绍了安全保障的内容，并对素质拓展的设施安全提出了要求，同时明确了安全保障体系对于素质拓展课程开展的意义。

第一节 大学生素质拓展的安全原则

对于一个活动的领导者、组织者或者指导者来说，安全意识是非常重要的。由于学生大多是初次接触素质拓展课程，许多人的顾虑来自活动是否安全，即使组织方做出了承诺，但是安全的疑虑还是会伴随学生直到课程结束。当然，素质拓展的挑战性很大程度上就来自其风险性。例如，“空中单杠”“垂直速降”“高空断桥”等项目，的确会使人产生不良的心理感受。因此，对安全的注重和考量是非常重要的，甚至可以说是素质拓展课程的命脉。因为，一旦出现事故，其伤害程度较大，后果将会非常严重，也会给受伤者的身心造成不良的影响。

了解潜在的风险对于开展素质拓展会有积极的效果。在安全可以实现的范围内，有时仍需要采取随机应变的方法，通过依据实地的特点和条件来制订安全预案，从而避免危险出现时的慌乱，将不安全的可能性消除。

我们发现，对于像从事素质拓展这样具有一定危险性的培训师岗位，国家并没有强制性的资质要求，很多培训师仅是靠自己的经验来指导学生。如果培训师的经验不足而不能保障学生的安全时，那么危险就有可能会发生在每个人身上。我们希望有关部门应该加强对培训师这一行业的管理，同时对于拓展活动中可能存在的危险行为，一定要慎之又慎。

所以，素质拓展课程因其选择的场地、器材的特殊性、活动内容的未知性以及特有的心理挑战等，而具有一定的风险性。如何获得最大的安全保障，如何让学生在身体和心理上获得安全保障，是素质拓展课程更好地发展，甚至进入学校课程的至关重要的一环。大学生素质拓展的安全原则包括如下几个方面。

一、备份原则

任何需要的器材，都必须安置备份器材。例如，跳跃冲击性项目必须有两套独立的绳索与主锁保护；“空中单杠”项目中，在进行保护的时候，需要在单杠的前后方各打一个保护点，两条独立的保护绳各自连接一个主锁，主锁锁门一侧系在连接点上，确保其中的任何一个都能起到保护的作用。

除了器材的备份以外，保护手法也需要双重准备，以使其中的任何保护都足以确保项目实施过程中学生的安全。例如，在完成“信任背摔”项目时，每个环节上都要有双重保护。当学生站在背摔台上后，主讲人一定要将其带到正确的位置上，绑好背摔绳。学生后倒时，主讲人必须确认方向后才松背摔绳。倒下后首先需要队友的双臂接住，要确保学生安全落在队友的弓步上。因此，接人队员的队形和站姿的安排也非常重要。

二、行为原则

主讲人对项目进行中可能遇到的安全问题必须进行全程监控，杜绝任何安全隐患。例如，在完成“求生墙”项目时，主讲人与安全监护人员要全方位、多角度地监护整个过程，不合理动作一出现后就要及时叫停、随时提醒，不仅要关注上爬的学生，也要留意在墙上的学生。此外，高空项目中还要遵循换锁“先挂后摘”的原则和“互相保护”的原则。

三、复查原则

所有的安全保护器材要合理使用，检查完成后必须再复查一遍。操作中大部分保护器材要多次检查，消除操作失误的可能性。例如，我们在完成“高空断桥”项目时，在学生上去前，主讲人首先要自己检查，然后队长与队友再检查一遍；当上到断桥上时，主讲人再次检查安全带是否穿戴正确，安全头盔是否扣好等。

第二节 大学生素质拓展的安全保障

科学系统的课程设计、随时随地的安全意识、国际认证的器材装备、严格规范的操作方法、丰富实用的教学经验、灵活有效的安全预案是素质拓展课程的安全保障。所有参与的人员都必须认真对待，正视项目的特点及风险性，消除安全隐患，杜绝疏忽大意，这样就能够获得更大的安全保障。大学生素质拓展的安全保障的内容如下。

一、人员意识保障

（一）素质拓展课程的准备工作

第一，课程开始前需要明确学生的人数、性别、民族、病史等关键信息。

第二，要求学生说明自己是否有不适宜参加项目的疾病。

第三，要求学生检查随身携带的物品（衣物）是否符合拓展的要求。

第四，要求学生携带一些常规药品。

（二）素质拓展课程需要的安全知识

素质拓展中安全的概念为：在拓展的活动内外，所有参与者与其所处的环境能够受到保护，从而获得身体、心理与环境的正常状态。安全的概念是在“大安全观”指导下的概念，在素质拓展中，我们也应当按照“大安全观”对学生进行安全教育。

素质拓展中所指的安全不是仅指身体的安全，而是指全方位的安全，包括以下几个方面。

第一，身体安全，即保护自己的身体不受伤害。

第二，心理安全，即自己可接受的、伤害发生前的心理压力。

第三，行为安全，即不做违反道德、法律的活动。

第四，器材安全，即器材与活动道具的保护。

第五，环境安全，即环保习惯与意识的培养。

安全意识是素质拓展中非常重要的部分。将安全意识融入日常生活习惯，以此获得课程的附加价值，从意识深处认可素质拓展的安全操作规范是对素质拓展的尊重。

二、组织管理保障

第一，遵守课堂要求，这是保证学生正常参加素质拓展课程的先决条件。

第二，各队队长有义务和责任保证集体活动时每位学生及时准确地到达集合地点。

第三，学生不允许出现不合时宜的玩笑和打闹，有时这将会导致不必要的事故和危险。一旦主讲人要求停止某种行为或暂停项目时，学生要立刻服从。

第四，所有器材与高空器具未经允许不能移动及使用。

第五，学生不能擅自离队。出于团队协作、统一行动及保证个人安全的考虑，学生不允许随意远离队伍，更不允许聚众赌博等。如果有人掉队，必须全体等待，除非有特殊情况，经主讲人批准，专人负责管理相关人员。如无特殊情况出现迟到、早退等情况，须在其归队后，全队接受“惩罚”。

第六，严禁吸烟与用火。由于所有用于保护的绳索与安全带都属于易燃物，即使只是因为火星而形成的轻微损伤，都将给参加培训的学生带来安全上的隐患。因此，严禁用火，是出于对参训者人身安全的重视。

第七，严禁饮酒。因为素质拓展课程会有部分高空或有一定风险的项目，可能会引起人的激动、恐惧、兴奋及眩晕等，饮酒将会增加以上表现，从而使心脑血管的压力进一步增加，甚至会影响判断力、反应力以及分析和抵御风险的能力，这些都将会导致危险情况的出现。

第八，学生要注意保护环境，不要随意丢弃垃圾、踩踏场内的花草等。

三、操作保障

对于“空中单杠”“断桥”“缅甸桥”“天梯”“高空相依”等项目，为了避免被保护者坠落时受力太大，或保护者需要随着被保护者移动，要将保护器材直接固定在保护者身上。将绳索甲端系于攀登者的安全带上，甲端向上延伸通过上方保护点绕下，则成为乙端；将乙端绳索按 8 字形缠绕在 8 字环上，将 8 字环挂在保护者的安全带上。以右手为主要用力手，则左手握住从上方下来的绳索，右手握紧从 8 字环绕出来的绳索。保护者两腿前后分立，重心略向后，随着攀登者的逐渐向上运动，保护者要不断将绳索收回。收绳时，保护者需要注意以下五个方面：第一，左手根据攀登者的上升速度向下拉绳，右手同时将通过 8 字环绕出的绳端向上收紧，这时右手离 8 字环较远。第二，右手向下翻至右胯后部。第三，用左手抓住通过 8 字环绕出的右手前的绳索。第四，右手换到 8 字环与左手之间抓紧绳索。第五，恢复第一步姿势，如此反复操作。这称之为“法式五步保护法”。

需要注意的是，保护者必须始终有一只手抓紧从 8 字环绕出的绳端。当攀登者登顶后或需要放下时，保护者则将右手背于胯后紧贴躯干，手握力略松将绳逐渐放出。一旦攀登者失误脱落，保护者则在两脚站稳的基础上，重心后移，右手迅速用力抓紧绳子背于胯后，利用 8 字环的摩擦力使绳索停止滑动而将攀登者固定在空中，使其得到保护，然后再将其慢慢放下。以上保护技术，左利手者操作则正好相反。“空中单杠”项目因冲坠力较大，应有两人保护。

第三节　大学生素质拓展的设施安全

素质拓展的设施包括场地上的固定设施和可移动设施，也包括用于保护的设备和器材，此外有助于完成任务的辅助器材也属于设施的一部分。

一、大学生素质拓展的场地安全

大学生素质拓展的场地是学校体育课中特殊的一隅，绝大多数情况下属于特殊场地，因此也就平添了一些神秘的色彩。拓展场地的直接风险就是空中设施带来的隐患，这种隐患既包括设施本身，也包括设施的使用。为了更安全，我们需要在以下几个方面多加注意。

（一）场地的选址非常重要

学校在建设拓展高空设施时，要选择足以展开活动的区域进行设计，否则保护和活动操作会比较困难，这加大了安全监控的难度，必然会带来更大的安全隐患。

注意场地的抗干扰性。最好不要把场地建造在人员流动过于密集的地带，也不要总是将活动暴露在众目睽睽之下，外界的干扰对活动造成的影响远远超出我们的想象。

注意场地与自然环境的和谐。不要把通过类项目设施建在与经常出现大风方向的垂直方向上等。

选择一块可以建立多个项目组合在一起的地段。高架的组合和安全固定会对场地造成影响，如果可能尽量建造组合训练架。学校中的素质拓展课程很少出现多个高空项目同时开展的情况，组合设施增强稳固性的同时，可以节省场地的占地面积。将高架的安全斜拉钢缆通向场地的角落，一定不要把斜拉钢缆通向场地中间或者场地内经常走动的路上，避免出现绊倒或撞伤。

场地应尽量选择在可以独立封闭的区域，这对于防止非活动情况下的伤害事故具有重要意义。

（二）场地建设的细节决定安全

由于素质拓展课程没有统一的标准，场地作为课程的一部分也是各具特色，保证场地上训练架的坚固性和使用的方便性，建设场地时的细节是重要一环。国内的高空训练架主要有钢管焊接、圆木连接、钢架组接和活树“嫁接”几种，其中最常见的是钢管焊接。

如果是钢结构训练架，地基需要有足够的深度和宽度，这两者和训练架的高度有直接联系。地基深度不能少于训练架高度的十分之一，地基宽度不少于地基深度的三分之二；地基混凝土标号必须达到国家标准，内设钢爪式地铆和钢管，表面焊接钢板。

选择符合国家标准的材料，不论钢制还是木质的场地设施，都应保证材质合格。场地设施的做工要考究，尤其是在细小的连接点上更不能有半点马虎和投机取巧。

上方保护点的设置要符合安全原则，既要考虑学生的安全，也要保证主讲人操作的安全。我们可以在钢丝绳上设置保护点，也可以用绳套与主锁直接在钢梁上设置保护点。钢丝绳保护点的设置必须是独立双点双保护，两端最好是绕过立柱两周进行固定，不要直接连接在焊接的耳环上。

减少无人指导下的攀爬可能。在非训练时间，有人来到训练架下时，在好奇心的驱使下一定会有攀爬的欲望。因此，平时活动用的爬梯可以摘除。

（三）场地的维护与淘汰制度是获得安全的必要条件

场地修建后必须进行检查与维护。主讲人在每个学期的第一节课一定要仔细检查一个高空项目，最好在保护下进行多次尝试，确保活动中不会出现因训练架造成的意外。除此之外，每年都要进行连接点松紧检查和整体防锈处理。使用过于频繁和常年搁置不用的训练架的安全使用期为 10～15 年，绝大多数情况下不要超期使用。

近年来，出现了多起有惊无险的案例，解决部分场地老化问题提上日程。某基地附近的高架倒塌，就是地基松动造成的；某基地求生墙塌顶，除了在上面的人数过多之外，还与房屋经久未修有关；某基地“断桥”项目中，一位体重较大的学生在跳回来时，将桥面踩弯后和培训师一起吊在空中，是钢材老化、韧性降低造成的。因此，仅仅靠防范已经不足以解决问题，场地设施必须在一定时间内进行淘汰与整改，这是获得安全的必要条件。

二、大学生素质拓展的器材安全

素质拓展中大量使用各种保护器材与辅助器材。它们的使用主要是为了保护学生的安全、增强课程的真实性、更好地完成模拟情境训练。器材的选择与使用对于素质拓展起着至关重要的作用，尤其是保护器材的选择与使用，对于学生的身心安全有着不可替代的作用。

（一）必须从正规渠道购置符合标准的保护器材

器材必须从正规的户外用品销售商和信得过的代理商处购置，主要有保护绳、安全带、锁具、下降器、头盔等，要查证产品的产地、规格、生产日期和认证等，购买时必须索要产品使用介绍和销售发票。

不要轻易委托不熟悉或缺乏从业经验的人代购保护器材，也不要完全按照登山与攀岩的最高规格购置保护器械，毕竟素质拓展的使用性质和使用要求与两者略有差别。坚决抵制二手保护器材的买卖活动，不论在什么情况下，尽量不买别人使用过的保护器材。

（二）严格执行器材的淘汰要求

保护器材都有严格的淘汰要求，一定要遵章执行，可以参照器材标准进行更新换代。除此以外，不要轻易地借用保护器材，这绝对会增加发生事故的概率。

（三）辅助器材的安全使用必不可少

我们使用一些辅助器材来确保学生在非高空项目中的安全，包括求生墙下的海绵包、背摔中使用的绑手绳、电网或“法柜奇兵”下面的薄垫、防滑手套和护腿板等。这些器材可以防止学生活动中的非重大伤害。

在切断感觉类活动的训练中，我们会使用耳机、眼罩等辅助器材，这样可以更加真实地重现项目情境。这些道具的使用在增大难度的同时，也会加大活动的风险性。仔细说明道具的使用方法与要求、不断提醒注意事项，是道具使用时必须注意的。此外，眼罩使用后必须清洁消毒，绝对不允许将同一个眼罩连续使用多次，如果有条件可以使用一次性眼罩。

场地与器材的安全是素质拓展的基本保障。如果学校有多位主讲人教授素质拓展课程，主讲人应该互相通报安全隐患，共同解决器材使用时出现的安全隐患。不论课程设置多么严格，在没有安全保护的器材面前，我们都不能强行开展。寻找同层次的项目代替是最好的选择，在条件允许后再开展此活动是明智之举。

第四节 大学生素质拓展的安全保障体系

目前，国内户外安全装备有很多方面还需要完善，还没有权威性或者官方性的安装认证。国际上有三个关于安全方面的装备认证：国际登山组织联盟认证、欧洲联盟认证和欧洲标准认证。国际登山组织联盟（Union International Alpine Associations，UIAA），是国际间公认的能为攀岩器材制定标准的组织。UIAA 标识是指这项产品通过 UIAA 规定的测试，并达到 UIAA 所制定的标准。CE 是比 UIAA 更常见的标识，因为它的范围不限于攀岩器材。CE 表示本产品适合于依照它所设计的用途。欧洲标准（European Norms，EN）正逐渐为许多国家所接受，成为产品适用性的指南。在攀岩器材方面，EN 的大部分标准虽然是根据 UIAA 制定，但界定更严格，也更新。对于攀岩绳应如何构造以及在控制条件的情况下绳子应达到如何的表现水准，EN 都做了额外的要求。大学生素质拓展的安全保障体系需要注意以下几个重要环节。

一、国家标准的场地器材

在素质拓展教学过程中，高校如果只是为了满足正常的教学，那么只需要部分地面项目，但是要提高教学水平，进一步丰富教学资源，可以根据学校的实际需要合理开发拓展训练基地。为确保基地建设的安全性，必须从基地调研开始着手，到标书拟订、施工勘查、工程验收及售后服务的完整过程，尤其是基地的硬件设施要符合国家体育总局出台的《体育场所开放条件与技术要求》和 UIAA 等所规定的要求。比如，高空项目的立柱钢管要达到材料 Q235、直径 165mm、厚 4mm 的标准；横梁钢管要达到直径 114mm 的标准；钢丝绳是 10mm，并采用热镀锌；链条是 8mm，并采用热浸镀锌处理。

二、科学合理的课程设计

根据现有的课程资源和课程目标，结合季节特点和学生差异进行合理的素质拓展课程的内容设计，主讲人需要在授课之前做好前期的调查与分析。主讲人主要围绕学生的专业、年级、人数、性别等进行调查，然后进行合理的课程安排，准备和布置拓展场地的器材。在教学过程中，主讲人要严格以课程设计的方案为主线进行授课，不要因场地器材等因素而随意改变方案。

三、严格缜密的项目管理

素质拓展项目管理是指在特定的组织环境中，为有效实现项目的特定目标而进行的策划、组织、实施、协调、监控和评价等一系列活动的规律的统称。安全的项目管理是将素质拓展课程方案分成模块化进行管理的一种有效的手段，主要包括项目的准备阶段、实施阶段和总结阶段。项目的准备阶段又称为安全排查阶段，主要包括器材检测和安装、场地的布置、见习生的安排及有关安全事项提醒等；项目的实施阶段又称为安全防范阶段，主要包括安全知识讲解、安全操作规范、安全意识察觉等；项目的总结阶段主要包括场地器材维护、保养及报废等。

四、系统规范的评价体系

评价是人类所特有的一种认识活动，是人类对自身实践活动自觉的鉴定和反思的过程，其实质在于促使人类实践活动日趋完善，从而更加符合事物发展的客观规律。安全评价体系共分为五个评价项目，即基地文化、场地器材、项目操作、应急设施及其他。

五、经验丰富的培训师资

素质拓展教学是以学生为中心，以学为主，先行而后知的体验式教学。它是主讲人通过精心设计特定的场景，对学生进行思想政治教育、心理挑战、自信培养等体验式教学。主讲人在教学的过程中，不仅是知识的传授者，更是一名组织者、引导者和安全保护者。素质拓展教学基本上是利用包括高空项目、中空项目、野外生存及水上项目等在内的户外项目进行的，所以它对安全提出了很高的要求。这就需要主讲人在授课之前必须经过正规、系统的培训教育。目前，国内尚未对拓展师资培训机构进行统一管理。无论哪种培训机构，培训课程一定要涉及安全知识讲解、器材操作规范流程等有关内容。主讲人在授课的过程中不断总结和提炼，形成自身的丰富经验，从而为素质拓展教学的安全开展提供必要的保证。

六、完善配套的应急预案

应急预案是针对素质拓展教学过程中的意外突发事件而制订的实际操作方案，其目的是事先明确行之有效的、科学的应对措施、方法与途径。制订应急预案能够提高预防和应对安全事故的综合能力，也是素质拓展教学的一项管理工作。高校素质拓展机构应制定相关的突发事故应对办法等制度，并配备专业的医疗救护人员、医药求救物品和紧急交通工具。

七、有效的安全保险

素质拓展教学中有许多项目都属于高危项目。学生是否安全会受其心理素质、方法掌握程度以及器材自身的条件等方面因素的影响。安全保险是发生意外伤害的最后一个“保护伞”，因此在拓展培训之前购买意外伤害的保险是必不可少的。目前，保险公司关于拓展训练的保险条例还未出台，市场上针对拓展训练的需要，一般提供人身意外伤害险和意外医疗险。主讲人可以根据学生的需要购买所需的险种。特别需要注意的是，购买保险时一定要仔细阅读该保险的免责条款。

思考题

1. 简述大学生素质拓展的安全原则。
2. 谈谈大学生素质拓展安全保障的内容。
3. 简述素质拓展场地的选址应注意的事项。
4. 简述素质拓展的器材安全应注意的事项。
5. 谈谈大学生素质拓展的安全保障体系应注意的重要环节。

实践篇

大学生素质拓展训练项目

第六章

融冰类项目

1. 消除学生的恐惧感、孤独感，帮助学生尽快融入团队。
2. 帮助学生建立团队合作气氛。
3. 帮助学生放松心情，释放自我。
4. 让学生学会观察他人的态度、价值观和人格特质。

融冰类项目是通过一些团队类项目和学生身体接触来消除人与人、团队与团队之间的成见，寻找学生喜欢的共同点，如聊社会热门话题、探讨共同的兴趣爱好、互相谈谈未来的计划、分享生活点滴。学生通过项目发生思想、观点、价值观念的碰撞，尽快让陌生感转换为亲密感。团队的建设不仅是形在一起，而且是心在一起。本章融冰类项目共包括“系在一起”“急速60秒”“猜猜我是谁”等11个项目。每个项目从项目概述、场地器材、学习目的、项目要求、安全事项、项目控制和回顾分享7个环节做了详细介绍。

第一节 系在一起

一、项目概述

项目性质：团队热身 / 破解陌生感

项目难度：★★★

项目时间：45分钟

项目人数：如果时间允许的话，可以不限人数；通常情况是每个小组不超过24人

“系在一起”是团队建设前期为帮助学生尽快融入团队，解除团队陌生感的团队活动，属于融冰类项目。整个过程需要大家相互协调、沟通合作完成，是团队“同生死，共患难”的精华项目（见图6-1）。这个项目可以打破人际交往的坚冰，培养团队精神，使小组充满活力。

图6-1　系在一起

> 我军战士陷入敌人的包围圈。敌人毁坏了我军与外界联系的所有设备，对我军的枪支、弹药、食物、棉被等后续物资供给进行全面封锁。如果不能快速突破敌人的包围圈，后果将不堪设想。组织决定临时组成一个小分队向外界传递救援信息。于是，队长决定在夜晚穿越敌人的封锁线，在伸手不见五指的条件下，如果你是队长，如何让小分队安全穿越封锁线呢？

二、场地器材

空旷场地，其大小根据人数的多少来确定；6m左右的绳子1根，支架2根。

三、学习目的

①使学生小组充满活力。

②让学生动起来、笑起来。

③增强学生的团队精神。

④打破学生之间的陌生感。

四、项目要求

①当学生感到被拉扯得很难受的时候，可以暂时松开队友的手，但必须尽快调整好姿势，重新抓住队友的手。

②如果学生身体的柔韧性不好的话，主讲人可以适当降低要求，告诉他们在游戏的过程中只需要保持手的接触，不一定要紧握队友的手。

③项目改进时可以蒙上所有学生或一半的学生的眼睛。

五、安全事项

①活动应选择空旷、平整的场地，避免尖锐物体的冲撞，确保周围无潜在危险源。

②主讲人要检查学生穿戴的衣裤、耳环、项链、鞋子是否夸张，容易脱落的应摘除或更换。

③主讲人要询问学生的病史，对于有过骨折、扭伤等不适宜参加该项目的学生，应安排其间歇。

④学生在移动的过程中不能生拉硬拽，以免受伤。

六、项目控制

①主讲人要让学生围成一圈。

②主讲人要让学生都举起左手，将右手向圆心。等每位学生都摆好了这个姿势以后，主讲人让他们用自己的左手抓住同伴的右手，一旦抓住后就不能松开。

③主讲人让学生在不松手的情况下，把自己从“链子”中解开。解开后学生要站成一个圆圈，面向哪个方向不限。有时会出现这样的情况：学生把自己解开了，但是却形成了几个小圆圈，而不是保持原来的大圆圈。如果不希望发生这种情况，主讲人可以让学生做一个闭环测试。主讲人随意在圈中选出一个人，让他用自己的右手捏一下同伴的左手；左手被捏的人接着用自己的右手去捏下一个同伴的左手；这样继续下去，直到“捏手信号”返回到第一个人的左手上。如果捏手信号传不回来，学生就需要重新开始了。主讲人可以根据实际情况，决定是否需要进行闭环测试。

七、回顾分享

①你们遇到了什么困难？

②你们是如何克服这些困难的？

③每个人的任务是什么？

④如何将这个项目和我们的实际工作联系起来？

⑤当你们出现意见不一致时，是如何处理的？

⑥你们采用什么方式来选择最佳方案？

⑦你们经历了几次观点的冲突？

⑧你们如何解决存在的冲突，这对自己有什么启示？

⑨在当今社会，交通便捷、信息流通快，大家难免会遇到新环境和不同群体。那么，我们在一个新环境时，应该怎样快速地融入呢？首先是主动与人交流。当我们进入一个新环境时，要学会主动地和别人交流。其次是待人要真诚。真诚是人与人之间交往的基本原则，是开启人的心灵的钥匙。只有真诚地对待别人，别人才会真诚地对待我们，才会更加信任我们。我们和别人分享自己真实的想法，可以让别人对我们产生安全感，减少对我们的防范，拉近我们之间的距离。再次是学会微笑。微笑不只是一种表情，更是一种感情。当我们第一次试着对别人微笑时，对方也会回我们一个微笑，这是人际关系的交互原则。无论什么事情，当我们以微笑面对时，就会发现事情变得简单了。另外，我们还要学会少说话、多做事。除此之外，在我们进入一个新环境以前，无论面对什么

样的人，我们都要学会平等待人。如果我们是一个前辈的话，就更要明白这一点，只有平易近人，才会让别人更愿意接近我们。最后是尽快熟悉新环境。在进入一个新环境时，我们要学会尽快地熟悉关于新环境的一切，遇到不懂的地方要及时向熟悉的人请教，对新环境中的事务要尽快上手。

第二节 急速 60 秒

一、项目概述

项目性质： 团队热身 / 破解陌生感

项目难度： ★★★

项目时间： 50 分钟

项目人数： 每组的人数为 5～10 人，4～6 组为宜；组数不宜过多，人数可不作限制

图 6-2 急速 60 秒

"急速 60 秒"项目是在地上准备一个半径约为 1～1.5m 的圆，把 30 张数字牌以错乱的顺序围绕圆圈排列，然后在圆圈外数米处准备一条起跑线，让学生在 60 秒内对数字进行排序（见图 6-2）。该项目主要考验学生的速度与智慧，需要学生在尽量短的时间内把散落在绳子区域内的代表数字 1～30 的卡片按顺序拿出来。

> 歹徒向警方发出挑战，声称已经在某地第一高楼的主支柱上安装了定时炸弹。假如爆炸成功，高楼将会坍塌，众多无辜的生命会受到威胁。炸弹将在 30 分钟之后爆炸，而解除炸弹的唯一方法就是歹徒设定的游戏规则：必须在 60 秒内从一堆错乱的数字按键中按照自然数顺序从 1 按到 30。这显然是一个人没有办法完成的，警方必须派出一支非常有合作默契的团队，才能解除这次危机。

二、场地器材

空旷平整场地，直径为 4m 的绳圈若干个，写有 1～30 的数字信息卡片若干套，计时手表 1 个，白纸若干张，笔若干支。

三、学习目的

①培养学生的合作意识。

②培养团队处理突发事件的能力。

③培养学生快速在团队中进行沟通的能力。

④培养学生的团队合作精神与协调能力、团队管理和心态管理能力及以团队学习能力。

四、项目要求

①场地上要固定不动绳圈。绳圈内放着写有1～30的数字信息卡片，且卡片的正面朝下。

②每组有规定次数的进场机会，一般为5～8次。每次进场的时间为60秒。

③在60秒内，学生把圈内的数字信息卡片全部按照数字从小到大的顺序准确无误地交给绳圈旁的主讲人。

④绳圈内只能有一位学生可以碰数字信息卡片。

⑤同一时间内只允许一人进入区域。

⑥一旦学生出现违规（卡片的排列顺序错误，多人进区），本轮即失败，60秒结束后回到讨论区，准备下一轮。

⑦主讲人要安排专人计时，在最后5秒读数。

五、安全事项

①活动要选择平整、宽阔和安全的场地，不能有障碍物。如果在室内，光线要充足。

②主讲人要提醒学生在奔跑的过程中注意安全。

③主讲人要提醒学生注意摘取身体上的一些硬物。

④主讲人要控制起点线与终点线的距离。

⑤为达到公平、公正，主讲人要采取电子计时器材记录团队成绩。

六、项目控制

①活动开始前，讨论区和比赛区要保持一定的距离或隔开。

②多组学生在一起比赛时，需要保持距离。

③主讲人要对两种违规进行严格控制。

④60秒一到，主讲人要督促比赛区的小组回到讨论区。

⑤在每一轮，主讲人要酌情给3～5分的讨论时间。

⑥多数小组需要5～7轮才能完成活动任务。

⑦各组一起进行比赛时，主讲人可以适当增加活动时间。

⑧主讲人宣布完规则后，要求学生讨论。

七、回顾分享

①是否所有人都参与了计划的制订工作？参与度是否与个人的性格有关？计划对结

果是否重要？是否有效运用了资源？

②考虑到时间因素，有无应变计划？对环境变化是否做好准备？

③团队是否善于借鉴以往计划实施的经验？

④运用了怎样的沟通方式？有效的沟通方式有哪些？怎样改善沟通技巧并将其运用于实际工作？信息的发出和接收是清楚的吗？是直接的吗？

⑤你喜欢什么样的沟通方式？你的沟通方式是什么样的？

⑥团队给了你多少压力和动力？它们是如何起作用的？

⑦建立团队规则时是否尊重彼此？在自我辩护以前是否首先倾听别人的意见？

⑧怎样在一个团队里有效地表达自己的意见，又不触犯别人？首先，要摆事实讲道理，不要进行人身攻击，不要跑题。不触犯他人的关键在于不要直接说他人是错的。如果非要指出他人是错的，要礼貌地指出。或者我们可以用“苏格拉底式”的提问，从对方承认的假设开始，不断问一环接一环的问题，通过一个个问题引出对方想法中的不合理之处和矛盾，让对方认识到所面对问题的复杂性以及其想法的局限性。其次，要给对方发表自己意见的机会，认真倾听，肯定他们意见中合理的部分。我们注意语气、语速、语调、用词、形体姿态和面部表情，保持友好真诚的对话氛围，注意不制造敌对紧张的气氛。总体来说，运用技巧的前提是我们要对想阐述的问题有足够细致、清醒、全面和理性的思考与认识。

第三节 猜猜我是谁

一、项目概述

项目性质：团队热身 / 破解陌生感

项目难度：★★★

项目时间：45 分钟

项目人数：如果时间允许的话，可以不限人数；通常情况是每个小组不超过 25 人

“猜猜我是谁”是要锻炼学生的反应能力和记忆能力，有助于增强团队意识和凝聚力，使团队的整体能力快速提升，加强团队成员之间的相互了解，便于日后的合作与交流的项目（见图 6-3）。

图 6-3 猜猜我是谁

相关研究表明，研究人员首次计算出了人脑的记忆容量，发现人脑的记忆能力超过所有的电脑。那些预言电脑的记忆能力将超过人脑的人已经能够被证明是错误的。在团队中，能记住队员的名字，会有助于增强别人对自己的好感。如果我们融入新的团队，能在多久的时间内记住别人的名字呢？

二、场地器材

不透明的幕布 1 条，扩音器 1 个，无障碍物的场地。

三、学习目的

①使初步认识的学生再次加深彼此印象。

②促进学生之间感情的交流。

③考验学生在短时间内的记忆能力。

④培养学生记住新成员的能力。

四、项目要求

①主讲人可以增加幕布前被猜学生的人数。

②主讲人可以让学生将背部贴紧幕布，其他学生凭其轮廓猜出其姓名或绰号。

③活动可以在排球场上进行。学生以海滩球互相投掷时，需要叫出对方的姓名或绰号，全部叫完前不可重复。

④学生不能借助其他工具或同学的提示。

⑤活动可以分组轮流进行。

⑥根据人数的多少，主讲人可以调整难度。

五、安全事项

①选择的幕布必须保证不透明，以免让学生预先看出同伴而失去公平性和趣味性。

②学生在活动中要避免踩在幕布上跌到。

③主讲人应杜绝偷窥的情况发生。

④学生不可离训练员太近，以免操作幕布时产生撞击。

六、项目控制

①参与活动的学生排到两边。

②学生依序说出自己的姓名或绰号。

③训练员与助理训练员用幕布隔开两边的学生，让两边的学生分组蹲下。

④两边的学生各派一位代表到幕布前，隔着幕布面对面蹲下。训练员喊“1，2，3”，然后放下幕布。先说出对方的姓名或绰号的学生获胜。获胜者可以将对方俘虏至本组。

⑤两边的学生各派一位代表到幕布前背对背蹲下。训练员喊“1，2，3”，然后放下幕

布。靠组内成员的提示（不可说出姓名或绰号），先说出对方的姓名或绰号的学生获胜。获胜者可将对方俘虏至本组。

⑥活动进行到其中一组的人数少于 3 人时即可停止。

七、回顾分享

①如果继续玩下去谁会赢？谁会输？

②从这个项目中获得了什么？

③怎样记住别人的名字？

④当被别人记住自己的名字时，会有什么感受？

⑤当别人喊错自己的名字时，会有什么感受？

⑥如何记住别人的名字？

⑦记名字有什么技巧？

⑧最容易出现问题的是哪个环节？

⑨如何轻松地记住别人的名字？记住别人的名字是社交的第一步。能够迅速记住刚认识的朋友的名字会增加你们之间的感情。但对于一些人来说，记住名字是较为困难的。记住别人的名字的技巧如下：一是展示我们对别人的兴趣。与人见面时，我们要给别人塑造一个良好的自我形象。二是重复一遍别人的名字。我们可以重复一遍别人的名字来确认自己是否记住和发音正确。如果别人的名字比较难记，我们可以多重复几遍。三是多使用别人的名字。当我们与别人交谈时，尽量多使用别人的名字。四是将名字对上人。我们将记住的名字与别人的相貌相对应。五是使用相联系的词语。如果别人的名字和我们所知道的某些词语或者与我们朋友的名字有着相似之处，那么需要将这个相似点记下来。六是写下来。我们可以把别人的名字写下来，多翻几次笔记本，久而久之就将其印入脑海了。名字作为每个人特有的标识，是非常重要的。所以尝试记住别人的名字，不仅是对他们的尊重和重视，而且也能让别人对我们产生好的印象。

第四节 驿站传书

一、项目概述

项目性质：团队热身 / 破解陌生感

项目难度：★★★

项目时间：45～60 分钟

项目人数：每组为 10～20 人，可以分为 2～8 组

图 6-4 驿站传书

“驿站传书”是一个经典拓展项目，又称为“小游戏，大道理”，在规定的条件下，每一组在最短的时间内将主讲人给排头学生的数字传递到该组最后一位学生（见图 6-4）。项目中信息传递的准确性和时效性同样重要，往往很多学生一味求快，忽略了传递信息的准确性。

《礼记·中庸》提出:“凡事预则立，不预则废。言前定则不跲，事前定则不困，行前定则不疚，道前定则不穷。”在现代社会中，如果团队要保持持久的竞争力，如何践行“凡事预则立，不预则废”？

二、场地器材

笔若干支，写好数字的纸条若干个，白纸若干张，秒表 1 块。

三、学习目的

①引导学生注重沟通的方式和必要性。
②使学生突破思维定势，充分利用规则。
③使学生重视团队学习经验的分享。
④使学生重视信息的共享和及时反馈。
⑤在特定条件下，让学生做到有效沟通。
⑥提升学生的信息传递和信息反馈的能力。
⑦让学生体验双向沟通和深度沟通，提升对沟通方法的认识。

四、项目要求

①在椅子不动和人不能离开椅子时，学生不发出任何声音。
②学生的头不能向后转。
③每轮结束后，主讲人都可以增加规则。
④学生不能使用现代化的工具。
⑤学生不能传递任何工具。
⑥所有人不可以从椅子上转身或起身，保证椅子不移动。

五、安全事项

①学生不能使用尖锐的物品。若是有较为不当的传递方式，主讲人根据情况给予提醒，随时注意控制场面，大声提醒学生遵守规则。
②学生在传递的过程中不能重击头部和掐、捏等。
③活动不宜在夏天或自然条件恶劣的情况下进行。

④活动中，主讲人要不断提升难度，在每轮结束后留出足够的时间让学生分组讨论。针对每一轮的变化，主讲人应该注意积极或消极的人。场地控制和队伍分组要注意分工明确。

⑤主讲人可以给学生一个难度中等的数字。

⑥难以分辨的数字不要过多。

⑦主讲人可以给学生一个简单的意想不到的数字，以检验他们的应变能力。

六、项目控制

①主讲人要在保证准确的前提下以名次记分，得分分别为4分、3分、2分、1分。如果学生传输的结果错误，记零分；后两轮的得分加倍。

②每轮数字信息的难度逐渐加大，由最简单的两位数到分数、对数、开方、小数等。每轮各组的信息不同。最后一轮各组的信息相同。

七、回顾分享

①充分沟通对于团队实现目标有什么意义？

②如何认同和理解制度规则的建立与修正？

③如何实现有效沟通，并迅速形成有效决议？

④在行动过程中，你博弈的对手是谁？

⑤团队行动中领袖的作用体现在哪些方面？

⑥团队出现问题的环节在哪里？

⑦团队出现问题时，谁的抱怨最多？

⑧如何化解出现的矛盾？

⑨埋怨能不能解决问题？

⑩联系实际，当出现问题时，怎样面对？

⑪如何调节团队的内部矛盾？一个团队中难免会出现不和的现象。如果个体发生的冲突没有得到及时处理，那么可能会产生不可估量的影响，轻则团队成员的士气低落，效率低下，重则团队解散或发生群体冲突事件。作为团队中的一员，我们应该怎样去处理呢？一是诊断根本原因。我们要找出成员之间发生冲突的原因。不和的根源往往是观念、认识和性格等不一致产生的。此类问题如果不及时解决，就会随着时间的流逝而被放大，并孕育出敌意。二是别让自己孤立无助。如果某位成员对问题负有责任，就应该承认问题，并予以道歉。我们要通过深入讨论和对话来寻找改进现状的方法。如果不和发生在几个团队成员中，中间人不要偏向任何一方。三是缓和冲突。我们要清楚地表明，合作是强制性的。针对少部分成员的分歧，如果触犯团队规则，我们采用零忍耐策略。四是寻找共同点。冲突中的人们很容易发现不同点，这些不同点会加大分歧。这时面临的挑战是第三方成员要使各方将不同点放到一边，找到共同的价值取向。例如，两人都希望团队获得成功，这就是共同目标。我们要讲清楚，他们的不和正在损害这一价值主张，并

且坚持要他们停止冲突。五是坚持跟踪到底。让人们停止争吵，并不意味着他们已经在合作了。我们要继续监控这个状况，注意发出警报信号，如露出愤怒的表情、避免目光接触，或者以沉默相待。我们要肯定个人的贡献，同时要讲明大家必须合作。那些不尊重团队成员的人将会被团队驱逐出去。需要注意的是，不和与异议有别。不和之所以有害，是因为它会伤害个人，影响效率。异议如果能让人们重新审视一个想法或问题，那么就可能具有积极意义，因为它会促进对话。有时候，异议会改变人们的观点；可以让人们再次确认预期的行动方案。

第五节 童年趣事

一、项目概述

项目性质：团队热身 / 破解陌生感

项目难度：★★★

项目时间：15～30 分钟

项目人数：20～30 人

图 6-5 童年趣事

“童年趣事”项目是根据趣事内容，让学生找到对应的人签名，主要是唤醒学生沉睡的记忆，让学生产生创造性的设想，增进学生之间的了解（见图 6-5）。这个项目如何调动学生的积极性呢？关键是做好引导，让学生进行联想，这样就会让学生记起更多的童年往事。这种联想思维对学生来说是一种很重要的发散思维。

> 每个人都有自己的童年，童年的事情往往充满稚趣，使人回味无穷。把空心草一根插进一根的孔里，到最后就成了一根长长的吸管了；把月亮花一朵一朵用线串起来，就能够当花环戴在头上了；用一堆雪做成一只小白兔……说说你们的童年趣事吧。

二、场地器材

平整的场地，表格（列出小时候的行为）、小奖品若干个，笔若干支，存有儿童歌曲的播放器。

三、学习目的

①让学生在相互认识的同时，加深彼此的印象。

②用出人意料的结果，提示学生对日常的生活做反思。

③让学生在陌生环境中学会相互了解的方法。

四、项目要求

①主讲人要按照表格中的问题进行提问。
②主讲人宣布项目开始后发放表格。
③主讲人需要播放音乐，增加气氛。

五、安全事项

①活动可以在平整和宽阔的场地上进行。
②主讲人需要规定活动的范围。超过范围的学生需要接受相应的惩罚。
③主讲人把控好整个活动节奏。
④学生不能在规定区域内来回奔跑。

六、项目控制

①主讲人发给每位学生一张表格。
②主讲人告诉学生可以四处走动，去找符合表中描述的人，请他们签名，最多可签两个。
③为了使活动更加有趣，主讲人可以开展一个比赛。当表格有三行或三列全部签满人名的时候，学生将其交给主讲人。
④前三个完成任务的人有奖品，最后三个完成任务的人要表演节目。
⑤活动要限定时间。
⑥主讲人让前三名和后三名的学生上台，给前三名的发奖，让后三名的表演节目。
⑦主讲人对前三名与后三名的学生进行提问，如谁给他们签的“玩过家家”，谁给他们签的“打小报告”。
⑧主讲人给学生一次机会，让他们去找刚才给自己签名的人，听一听对方的童年趣事。
⑨如果时间充裕，主讲人可以让几个人分享自己听到的童年趣事。这会增加学生之间的亲近感，有利于记住对方。

七、回顾分享

①为什么没有记住为你签名的人？在项目中你想的是什么？
②我们如何在注重结果的同时，也可以享受过程的乐趣？
③为什么充满乐趣的事情，因为有了竞赛，我们就开始忽视别人，而只专注于自己的胜利？
④通过这个项目，你还有什么特别的收获吗？
项目开始前，主讲人要做好以下准备。

第一，事先准备一些儿童歌曲，在项目中播放，增加童趣的氛围。

第二，为了增加项目中的紧张气氛，主讲人在宣布完前三名有奖后，可以刻意用加重的语气说："最后三名可要给大家表演节目！"

第三，在这个项目中，项目意义的引申格外重要，主讲人应多在这里下功夫。

第六节 相互介绍

一、项目概述

项目性质： 团队热身 / 破解陌生感

项目难度： ★★★

项目时间： 15～30 分钟

项目人数： 每组为 10～20 人，可以分为 2～4 组

图 6-6 相互介绍

"相互介绍"项目旨在帮助学生打破沟通障碍，通过相互了解达到彼此熟悉（见图 6-6）。成员间相互认识是团队建设的基础，只有相互了解才能敞开心扉。在社交场合中，介绍与被介绍是很重要的一个方面，通过介绍，新的友谊形成了，新的同学相识了，彼此间的志趣了解了，学习上的接触也开始了。

> 介绍的场合和气氛应该是自然的、轻松愉快的和正式的，因为这是我们相互了解的一条正确途径。这条途径可以使那些害羞和怕与别人接触、相处的人摒除惧怕和不安的心理，从而变得自然和开朗，使初次相见的了解顺利地开展，避免因为一时的粗心或无知把气氛弄僵了。

二、场地器材

1 个音响、1 部手机。

三、学习目的

①打破人际交流的隔阂，使学生相互熟悉并迅速融入集体。

②培养学生适应新环境的能力、交际能力和语言能力。

四、项目要求

①活动可以在宽阔的场地或操场上进行。

②为加深学生之间的了解与信任，外圈的部分学生可与内圈的部分学生交换位置。

③分组时，主讲人可以根据一个班的人数情况，按照“1，2”报数分组。

④所有学生分成两组，手拉手围成两个同心圆，面对面站立，向各自对面的同学介绍自己。

五、安全事项

①音乐不需要放太大声。学生在旋转时需要听相邻同学移动的声音，以免撞在一起。

②在项目中，圆圈可以稍大一些，以免拥挤和发生踩踏事故。

③每组的人数不宜过多。

④各组应有一定的间隔。

六、项目控制

①学生按照“1，2”报数分成两个组。报数 1 的学生站外圈，报数 2 的学生站内圈，外圈、内圈的学生分别手拉手围成两个圈。

②待圆圈完成后，音乐响起时，全体学生围绕圆圈旋转。外圈与内圈的学生的旋转方向相反。

③每首歌结束时，学生停止转动，面对面的人彼此握手寒暄并相互自我介绍。

④旋转多次后，外圈和内圈的学生分别按照“1,2”重新报数。报数 1 的学生站外圈，报数 2 的学生站内圈，增加相互了解的接触面。

七、回顾分享

①在同伴介绍自己时，如何更好地倾听?

②是否遵守规则?

③完成的效果怎样?

④整场活动中学到了什么?

⑤自我介绍需要注意以下四个方面。一是字数。恰当的自我介绍需要多少时间呢?人们在说话的时候，可以在 1 分钟内说出 200～220 个字。自我介绍的时间不能过长。二是框架。自我介绍的二三法则为:“二”即开头和结尾。开头一定要有礼貌地说：大家好，我叫什么名字，来自哪里。结尾最好用一句名人名言来总结自己的个人特色和形象。“三”即用 3 个关键词来描述自己：爱好、职业和梦想。三是标签。由于家庭、年龄、经历、身份的不同，自我介绍必须贴上一个准确的标签。四是金句结尾。我们可以用自己喜欢的金句对自己的介绍进行总结。

第七节　人名接力

图 6-7　人名接力

一、项目概述

项目性质：团队热身 / 破解陌生感

项目难度：★★★

项目时间：20～30 分钟

项目人数：分组进行，每组 8～15 人

“人名接力”项目旨在使团队成员在最短时间内记住小组成员的名字（见图 6-7）。该项目能促进学生团队的建设，可以增强学生对别人的名字的记忆，让学生学会初次见面时记忆的技巧，并认识到尊重别人的名字的重要性。

能够快速、准确地叫出对方的名字，是增进人际关系最简捷有效的方法。在与陌生人交往的过程中，记住对方的名字不是一件容易的事，尤其是在人多的场合。心理学家说，短时间能重复 7 次就可以记住对方的名字。今天，我们就来看看谁记住的人多。

二、场地器材

笔若干支，纸若干张，1 个秒表，1 个哨子。

三、学习目的

①学生能够缓解自我介绍的尴尬，学会初次见面时记住名字的技巧。

②学生能够了解并认识到尊重他人名字和被尊重的重要性。

四、项目要求

①活动可以在操场、篮球场上进行。

②所有学生手拉手围成一个圈，进行人名接力。

③学生依次承接前面同学的名字，再介绍自己的名字。

④学生在介绍时声音要洪亮，不能停顿，语速适中。

五、安全事项

①活动场地要开阔，无外界干扰。

②主讲人要规定介绍的时间。

③在学生介绍时，主讲人要坚持自愿原则，不能强行让学生介绍敏感问题。

六、项目控制

①全体学生手拉手围成一个圆圈，进行人名接力。每位学生依次承接前面同学的名字，再介绍自己的名字。例如，从某一位学生开始，自我介绍名字、班级和爱好等；第二位学生要接第一位学生的名字：我是 ××× 后面的 ×××，同样介绍自己的名字、班级和爱好等。

②若有学生记不住名字，大家可以相互提醒。

③组数较多时可以使用纸笔进行记录。

七、回顾分享

①你是通过什么方法记住别人的名字的？

②对于后面的学生来说，记住别人的名字还是那么难吗？

③当你记住别人的名字的时候，是否也加强了彼此间的交流？

④你是否努力去记住别人的名字？

⑤你是否感觉自己的名字被别人记住是一件被尊重的事？

第八节 揉肩捶背

一、项目概述

项目性质：团队热身 / 破解陌生感

项目难度：★★★

项目时间：20～30 分钟

项目人数：20～30 人为一组。

“揉肩捶背”项目要求所有学生手拉手围成一个圈，相互坐在后面同学的腿上，为前面同学揉肩捶背（见图 6-8）。该项目旨在帮助学生学会关心、关爱他人的方式，克服交流障碍，学会相互信任，破除团队建设初期的自我设限。

图 6-8　揉肩捶背

合理的身体接触是亲密和信任的表达，能进一步增进亲密和信任，减少压力或应激带来的情绪反应。神经心理学的相关研究表明，身体接触会影响到脑内多巴胺等物质的分泌，这些物质对于我们的情绪和行为都有影响。

二、场地器材

平整场地，1 个哨子。

三、学习目的

①学生能够突破彼此之间交流的害羞屏障。

②学生能够学会关心、关爱他人，理解别人的同时也能感受到被理解。

③学生能够学会相互信任。

四、项目要求

①主讲人在分组时既可以随机组合，也可以按照原有的小组进行分组。

②活动可以在宽阔的场地或操场上进行。

③活动开始前，学生先做好准备活动，防止意外受伤。

④活动可以分多组进行。

⑤活动分组过程中，主讲人要注意男女搭配合理。

五、安全事项

①学生围成的圆圈不要太分散。学生尽量相互靠拢。

②活动场地应平整。

六、项目控制

①学生按照“1，2”报数分成两组。

②男、女生分开站立。学生面向圆心手拉手围成一个圆圈。

③围成圆圈后，全体学生朝同一个方向转 90°，相互之间有一个手臂的距离，然后向后坐在后面同学的腿上。

④待学生坐下后，主讲人发出指导语：大家是否都考虑到后面同学，所以不会用力坐下。这可以帮助学生发现彼此的关心。主讲人引导学生为前面关心自己的同学揉肩捶背以当作回报。

⑤ 5～7 分钟后，全体学生起立，相邻的学生相互握手道谢。

⑥两组学生按照“1，2”报数，报同一个数的学生互换位置站立。

七、回顾分享

①下达任务后，你是否愿意配合？你是如何从沟通中学会协同完成任务的？

②你是否信任后面同学？

③你是否感受到别人的关心？

④你是否排斥被人靠近？

⑤你是如何打破心理防线，允许别人靠近自己的？

⑥初次见面时，怎样拉近彼此间的距离？我们在生活、学习及以后的工作中会不断遇到陌生人，要增加彼此的信任和拉近双方的距离，需要做到如下几个方面。一是初次见面时注重仪表、仪态。第一次见面时，我们会给别人留下初步的印象。很多人往往对初步的印象很在意，如果穿着或者仪态表现得很随意，这种印象也许很长时间都抹不掉，直接影响着以后的交往和沟通。所以合适的着装和优雅的仪态是提升我们的气质的一个重要方面。比如，即使衣服很旧，也依然保持清洁；做事成熟稳重，不要毛手毛脚。二是谈论别人感兴趣的话题。我们要谈论对方认为有趣或有意义的话题，跟随对方的思想做出相应的回答，这是一种尊重和欣赏。即使自己不那么感兴趣，也要表现出非常关注和感兴趣。现实生活中往往会有这样的人：以自我为中心，认为探讨别人感兴趣的话题就是一味迎合，这样不仅失去了绅士风度，而且还会失去越来越多的朋友与可信任的人。三是坦诚相待。在交流中，为了拉近距离和得到对方的欣赏，有些人会夸夸其谈，这样会给人留下不好的印象，甚至被人讨厌。人与人之间的沟通贵在坦诚、真实，但是也要注意场合。四是注意沟通时的面部表情。在与人见面时，我们要面带微笑，做到真实、自然和随和，给人留下好的印象；在谈话时，要表现出适当的专注与倾听。五是选择见面的地点。如果是在家里见面，那么家里一定要保持清洁卫生，不必刻意装饰，但要显得温馨、自然；如果选择在外面见面，那么可以选择一些咖啡厅、茶馆等安静的、适于交谈的地方。这样会使双方的情绪愉快，方便交流。六是务必记住对方的名字。在交流时，我们互相介绍完后，一定要努力记住对方的名字，方便在接下来的谈话和下次见面时显得亲切，否则叫错对方的名字就会显得尴尬。七是做一个好听众。在见面时，我们尽量仔细倾听，听完别人说，自己再说出自己的想法。也有一种情况，对方不善言辞，这样我们就要适度调节气氛，找出对方感兴趣的话题。

第九节 数字抱团

一、项目概述

项目性质：团队热身 / 破解陌生感

项目难度：★★★

项目时间：15～20 分钟

项目人数：20～30 人为一组

“数字抱团”是较为经典的项目之一，颇具趣味性（见图 6-9）。主讲人报一个数字，学生按照数字迅速抱成团。主讲人也可以根据学生的知识水平将项目与其他学科相结合，如简单的数学运算或数字的英译等，这样不仅能提高学生的积极性，而且能锻炼学生的思维。

图 6-9 数字抱团

> 要缓解面对陌生团队的紧张心理，消除对陌生同学的未知恐惧至关重要。那么我们怎样才能战胜恐惧心理呢？

二、场地器材

1 个哨子，1 个音响等。

三、学习目的

①增强学生的注意力，发展其分析、判断和反应的能力。

②使学生熟悉团队成员。

③使学生克服面临新团队时的恐惧感。

四、项目要求

①根据学生的年龄和生理情况，男、女生可能会在项目中出现抵触情绪，同性别的学生高兴抱团，不同性别的学生宁愿受罚也不愿混合抱团。主讲人可以利用同心圆，即让男生站外圈，女生站内圈，男、女生朝相反的方向慢跑，从而解决该问题。

②主讲人可以设置几个数字。当主讲人说出这几个数字时，学生不能抱团，只能继续转圈。主讲人通过巧设不围团的数字，提高学生投入的热情和注意力。

③学生跑动的圈不能太小。

④学生绊倒时主讲人应立刻停止活动。

⑤男、女生的合作需要主讲人的有效引导。

五、安全事项

①围团前，学生跑得不可过快，以免发生冲撞。

②围团时，学生注意不要与他人相撞。

③活动开始前，学生要充分热身，提高注意力，防止意外受伤。

④主讲人要注重灵活变通，使活动摆脱枯燥和单调。

⑤活动可以在宽阔的场地或操场上进行。

六、项目控制

①学生围成一个圆圈，做逆时针的环形慢跑。

②当听到主讲人喊出某个数字时，学生应立即按该数字抱成一团。

③在鸣哨前，主讲人要倒数 3 秒，提示学生组团时间到，让学生立刻停止移动。

④学生围团后需要立即蹲下，表示围团成功以等待主讲人的检查。

七、回顾分享

①如何积极地与不太熟悉的人抱团？

②如何巧妙地成功抱团？

③怎样实现每次都有男、女生共同抱团？

第十节 缩小地图

一、项目概述

项目性质：团队热身 / 破解陌生感

项目难度：★★★

项目时间：15～20 分钟

项目人数：8～12 人为一组，可以分 3～5 组

“缩小地图”项目使所有学生想办法站在仅有一个版面的报纸上（见图 6-10）。各小组在每一轮胜利后将报纸缩小一半，缩到最小面积时，站得最多的一组获胜。该项目可以促使学生融入团队建设，帮助学生克服交流障碍，学会团结协作和相互信任。

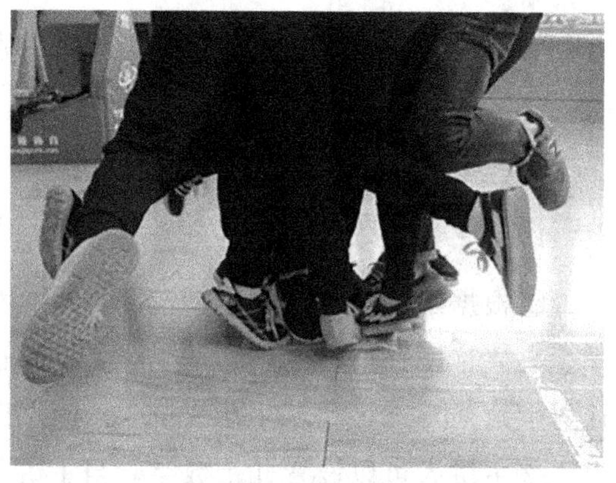

图 6-10　缩小地图

比尔·盖茨曾说：“我不是在为金钱工作，钱让我感到很累。工作中获得的成就感和体现出来的使命感才是我真正在意的。”一些人读书是为了赚钱，为了生活得更好。这没有错，这是生活的本来面目。可是生活仅仅是为了赚钱吗？那么，比尔·盖茨为什么还要工作？王健林、李嘉诚、马云等人为什么还要工作？因为他们工作不是为了金钱和财富，而是为了使命。

二、场地器材

计时器 1 个，哨子 1 个，报纸若干张，音响 1 个。

三、学习目的

①培养学生的团队协作精神和竞争意识。

②发展学生的钻、爬、抱、平衡等能力。

③消除学生之间的陌生感。

四、项目要求

①学生可以利用自身的身高、体重等优势来完成任务。

②活动选择在宽阔的场地或操场上进行。

③活动开始前，学生先做好拉伸活动，防止意外受伤。

④有扭伤、骨折等不宜参与该项目的学生应做保护员。

⑤发现有潜在危险动作时，主讲人应及时提醒学生。

⑥主讲人在分组时既可以随机组合，也可以按照原有的小组进行。前者可以加深学生之间的了解与信任，后者可以加强学生的团队精神和竞争意识。

五、安全事项

①主讲人需要提醒学生不要过度往上堆人，以免掉下来摔伤。

②体重较重的人，不宜作为上托人选。

③主讲人要提前讲清楚几种杜绝出现的情况。比如，上举的过程中，人不离手；下放的过程中，先放脚后跟，防止学生从上面摔下来等。

六、项目控制

①主讲人给各组发一张完整的报纸，提醒他们不能站到报纸的外面。

②主讲人先给各组 1 分钟的讨论时间。1 分钟后，各组进行抱团站立，维持 3 秒即算成功。获得成功的小组将地图缩小一半进行下一轮比赛。

③各组分开进行活动。在第一轮，第一组先开始，其余的学生当裁判。若有人踩到报纸，就算失败。

④各组在每一轮都有两次失败的机会。若两次后，各组都未能成功，就算失败。

⑤无论活动进行到哪一轮，最后剩下的一组就算赢。

⑥所有失败的小组为成功的小组鼓掌表示祝贺。

七、回顾分享

①是否在项目中充分配合？

②是否在项目中运用了自己的思考？

③小组是如何进行沟通合作的？

④当你的观点与同伴产生冲突时，你是如何解决的？

⑤每组选出一名代表说说成功或失败的原因。

⑥如何面对别人的抱怨？我们需要做到如下几个方面。第一，想想别人抱怨的问题是否真的存在。如果认为自己确实有些地方做得不够好，那么就虚心接受意见，一定要改正。第二，一个人总是抱怨别人，很可能是对自己不满意，但又难以直面自身的缺点。所以抱怨他人其实是潜意识中把问题转嫁给别人，以遮掩内心深处对自己的不满。抱怨的人有情绪是很正常的，因为自身的能力或要求无法满足自己，却又无法排解。听听别人的抱怨，或许能让自己有所领悟。我们可以试着去帮助抱怨的人解决问题。第三，有的人抱怨是想把不满情绪发泄出来。别人向我们抱怨会使自己容易受到负面情绪的影响，时间长了还会导致自己的精神状态出现问题。我们可以委婉地告诉他，这样的抱怨对我们自己不利。

第十一节 找同伴

一、项目概述

项目性质：团队热身 / 破解陌生感

项目难度：★★★

项目时间：15～20 分钟

项目人数：8～12 人为一组，可以分为 3～5 组

图 6-11　找同伴

“找同伴”项目是在操作前，主讲人首先根据学生的人数设计图案、拍成照片，然后把所有图案打乱，让学生自行领取图案，直到所有学生领完为止（见图 6-11）。在规定时间内，学生要把所有分散的图案组合成完整的图案。该项目可以用于团队建设，让学生根据所拼的图案设计队名和队徽等。

在交流工具便捷和发达的社会，相互联系的方式很多，于是我们争取加深情谊，使我们或享有平日里交谈相会的知己朋友；或享有同渡共处、相伴岁月的同事同学；或享有无微不至关怀的恋人密友；或享有无法缺失、默契的伙伴搭档；或享有祸难与共的兄弟姐妹。在新环境中，我们应该怎样融入新团体呢？

二、场地器材

拼图（12 块）若干套，创可贴若干个等。

三、学习目的

①帮助学生寻找自己的同伴。
②增进学生彼此熟悉的程度，增加团队凝聚力。
③发展学生的观察能力和沟通能力。

四、项目要求

①主讲人给每位学生发一块拼图。主讲人可以根据组数和每组的人数来确定可以拼在一起的拼图的块数。

②主讲人要保证学生根据自己得到的拼图来寻找同伴。

③每个图案是由若干块拼图组成的。学生找到自己的同伴，就围坐在一起，尽快拼成图案。

五、安全事项

①场地要平整和广阔。
②拼图不能过于锐利，以防划伤。
③若遇到下雨、暴晒等天气，活动不宜在室外进行。

六、项目控制

①主讲人根据学生的人数发拼图。
②活动任务完成后，主讲人可以让学生根据所拼的图案设计队名和队徽等。

七、回顾分享

①怎样以最快的速度找到同伴？
②设计队名和队徽时是否表达了自己的建议？
③在寻找同伴的过程中遇到了什么困难？
④怎样打开陌生同学的话匣？

⑤聊天时如何找到共同话题？我们需要做到如下几个方面。一是找准对方的兴趣点；二是可以找最近的热点话题；三是可以找彼此的学习经历方面的话题；四是可以聊旅游类、音乐类、运动类和家乡类的话题；五是可以聊一些让对方引以为傲的话题。

思考题

1. 简述融冰类项目的作用。
2. 阐述 3～5 个融冰类项目的整个结构。
3. 简述“系在一起”项目的要求及安全事项。
4. 改编 3～6 个融冰类项目的规则。
5. 创编一个融冰类项目。

第七章

活跃气氛类项目

1. 了解活跃气氛的重要性。
2. 帮助学生打破个人心理防线。
3. 掌握活跃气氛类项目的操作步骤。
4. 掌握活跃气氛在团队建设及未来生活中的运用策略。

团队建设初期，成员之间相互不认识，通过项目来打破文化、地域和认识等方面的差异是构建团队最快捷、经济和简便的方式。另外，项目也可以打破个人心理防线和构建最佳舒适区。因大学生的家庭、教育和经历等的差别，他们的心理素质参差不齐，都有各自的心理防线和承受能力，而心理素质的不同，表现出的行为也不同。活跃气氛类项目试图让学生在轻松、愉悦的环境中通过多次的接触和交流使自己得到接纳和宽容。本章活跃气氛类项目包括“我们的世界球”“一方有难，八方支援”“挑战 150”等 11 个项目。每个项目从项目概述、场地器材、学习目的、项目要求、安全事项、项目控制和回顾分享 7 个环节做了详细介绍。

第一节　我们的世界球

一、项目概述

项目性质：活跃气氛 / 团队分工 / 协作项目

图 7-1　我们的世界球

项目难度：★★★

项目时间：45～60 分钟

项目人数：每组 12～20 人为宜

“我们的世界球”项目就是让参与挑战的学生围成一个圆圈，发给学生事先做好的世界地图，在地图上标出不同国家，抠出部分国家的地图板块，形成大小不一的洞口，让乒乓球沿某一路线穿梭，不能掉进洞口（见图 7-1）。学生只能抓住地图的边缘，调整自身的位置，让乒乓球在地图上运动。该项目主要是锻炼学生的团队协作能力与执行力。

> “一带一路”旨在借用古代丝绸之路的历史符号，高举和平发展的旗帜，积极发展与沿线国家的经济合作伙伴关系，共同打造政治互信、经济融合、文化包容的利益共同体、命运共同体和责任共同体。

二、场地器材

巨幅世界地图，平整场地。

三、学习目的

①培养学生快速反应和协调的能力。

②培养学生换位思考的能力。

四、项目要求

①在乒乓球运动的过程中，学生不能用手抓，也不能让身体的其他部位接触球。

②活动开始前，学生保证双脚分开站立，不能移动；活动开始后，学生可以用口令与肢体配合，在保证自己不倒的前提下，让乒乓球在地图上移动。

③乒乓球从洞口掉出即失败。

④主讲人可以根据学生的情况酌情增加失败的次数。

⑤各组的练习时间为 10 分钟左右，练习完后统一比赛。

⑥人数较少时，活动可以分一组进行，在规定时间和允许失败的次数内通过即成功。

五、安全事项

①学生要严肃对待项目，不能嬉戏打闹，以免伤及同学。

②学生用力时要均匀，以免拉破地图。

③学生发现地图有破损时，及时上报。

④学生有不适合参加该项目的状况时，可以参见见习。

⑤学生移动时要保持步调的高度一致。

六、项目控制

①主讲人准备巨幅世界地图，让学生可以单手或双手握住地图的边缘。地图的大小可以根据学生的人数来确定。

②主讲人将参与项目的学生分组。

③每组的学生围成一个圆圈，每人至少握住一个边缘。

④活动开始前，全体学生站立，选好位置后不能换位置，也不能移动。

⑤学生的手不能离开地图。乒乓球要按规定路线走完，才算成功。

⑥学生可以讨论、练习。主讲人要提醒学生注意时间，做好记录。

⑦活动开始前，主讲人应准备多条路线。

七、回顾分享

①团队是一个整体，每个人都是团队的一部分。

②你的责任体现在什么地方？是不是仅仅抓住地图的边缘？

③你是否感受到了团队成员的默契？这种感觉是如何形成的？

④看似不可能完成的任务，通过团队的力量完成之后，你的内心感受是怎样的？

⑤主讲人鼓励学生找出失败的原因：心理缘故，害怕再次挑战失败的心理作祟；只想着自己，而非别人；不认真对待，导致失败；过于紧张；其他物理原因，如地面凹凸不平、地图设计问题、天气影响等。

⑥团队内部的目标是否一致？团结合作怎么样？

⑦领导的组织有哪些方法？可以分成几个步骤？

第二节　一方有难，八方支援

一、项目概述

项目性质： 活跃气氛 / 提升士气 / 协作项目

项目难度： ★★★

项目时间： 15～20 分钟

项目人数： 每组 12～20 人为宜，人越多越好

“一方有难，八方支援”是利用学生群体的自身资源来进行的一项团体项目（见图 7-2）。通过模拟突发事件，如交通事故、泥石流、水灾、火灾和地震等，一方可能是深处水深火热或者缺衣少食的灾难现场，大批“灾民”需要救助；八方是后方不怕牺牲、敢于奉献的支援团队。该项目主要考验学生团队的行动力、凝聚力和综合实力。

图 7-2　一方有难，八方支援

> 2008 年 5 月 12 日在我国发生的震惊世界的汶川地震，是中华人民共和国成立以来破坏力最大的地震，也是唐山大地震后伤亡最严重的一次地震。参与救援队伍也付出了惨重代价，许多故事可歌可泣。今天的汶川，“村村有公路，户户有住房，人人有保障”，取得这些成果离不开我们始终坚持的“一方有难，八方支援”。

二、场地器材

平整场地，音响 1 个，纸若干张，笔若干支。

三、学习目的

①活跃团队气氛，增强团队的凝聚力。

②培养学生的团队合作和协助精神。

③树立学生的团队竞争和挑战意识。

四、项目要求

①各组选出一位组长。

②活动开始前，主讲人安排 2～4 位监督人员，负责检查物品和记录结果。

③活动开始前，学生需要进行 2～3 次的预演。

④各组交上来的东西按要求送达，如不符合要求即被退回。

⑤活动需要分组进行。所有的东西必须迅速交到组长的手中，检查通过后，送到指定位置。

⑥最先为前方提供物资的小组获胜。

⑦主讲人要给予获胜组奖励，让最后完成任务的小组接受惩罚。惩罚采取表演节目和唱歌的形式。

五、安全事项

①主讲人清除场地内的障碍物，保持场地平整。

②基于竞争的需要，各组可以设置相关障碍。

③有伤病的学生不宜被安排为物品传送者。

④组与组要有间隔，以免学生发生碰撞。

六、项目控制

①当主讲人喊道“一方有难，八方支援”时，各组组长及组员需要齐喊“支援什么？”主讲人回答“需要……”各组组员听到后，马上在组内准备相关物品，送到组长的手中。组长将物品快速送达前线。

②活动分若干轮进行（以5～10轮为宜）。最终将物品送到终点的小组获得胜利。

③物品只能由组长运送，其他组员不能踏过起点线。学生若违反，主讲人可撤回一样物品。

④当主讲人宣布需要的物品后，组员根据时间寻找物品，以便让组长送到相应位置。

⑤每轮选取的物品不能重复。

⑥起点与终点的距离不能过长或过短。

七、回顾分享

①主讲人宣布需要的物品并说开始后，学生开始行动。这时是谁先担起重任的？

②学生在活动中尽情挥洒汗水，尽情释放心情；认识了团队，理解了认真，明白了全力以赴的意义。主讲人应给予学生什么样的评价？

③主讲人让学生谈谈各自的感受。

④你们都获得了什么样的启示？

⑤如今社会突发事件频频发生。当突发事件来临时，我们应该如何应对呢？

生活中，我们对突发事件的评估不足，可能会使造成的损失不可估量。当发生突发事件后，我们千万不要慌张，要冷静面对。我们要迅速分析是什么类型的突发事件，分析原因，并简单制订一个应急处理的计划：是维持社会的治安，是路见不平拔刀相助，还是自救或者逃生。一些人遇到突发事件后就六神无主了，所以保持一个镇定的心理是有效解决突发事件的前提。

处理突发事件时，我们要坚持以下几个原则：一是果断及时原则。一旦发生突发事件，我们要快速掌握情况，及时制定措施，果断应对处理。我们要区分不同的情况，抓住主要矛盾，因情施策，因人制宜，及时疏导化解矛盾，及时平息事态。现场的掌控和事态的平息是第一位的，我们要及时向权威部门汇报第一手信息。二是疏导教育原则。

对于发生的突发事件，我们要本着“宜顺不宜激、宜疏不宜堵、宜解不宜结、宜散不宜聚”的指导思想，综合运用法律、政策、经济、行政等手段和教育、协商、调解等方法加以处置，做到动之以情、晓之以理、明之以法。 三是责任管辖原则。应对处理突发事件时，我们必须坚持属地管理和分级负责的原则。在这些原则下，个人不要妄自尊大，妄加断言。四是依法办事原则。处置突发事件时我们必须依法办事，按政策办事。我们要知晓谁是处理突发事件的责任主体，以及个人在此过程中能发挥多大的作用。因此，我们必须依照国家法律法规办事，要做到有理有节，防止事态的扩大。五是预防为主原则。每一起突发事件的发生都有其自身的演变过程。这就要求个人在突发事件上必须坚持预防为主原则，提高预防意识，做到早发现、早控制和早解决。

第三节 挑战 150

一、项目概述

项目性质： 活跃气氛 / 团队分工 / 协作项目

项目难度： ★★★

项目时间： 40～80 分钟

项目人数： 每组为 12～20 人，可以多组参与

图 7-3　挑战 150

“挑战 150”是一个由多个单项目组合而成的项目，给团队提出了全面的挑战，同时也提供了更大的提升空间（见图 7-3）。该项目类似“魔鬼训练”的方式，又称为“生死 150 秒”或“魔鬼训练组合”。该项目通过相互配合增进学生之间的关系，帮助学生突破一些限制性观念，使学生获得融入团队合作的成就感。

> 在大家认为不可能的情况下，获得成功。短短 150 秒很快就过去，一项任务都很难完成，何况五项呢？我们不但能够完成，而且比想象的还要快，来体验一下团队的力量和挑战的刺激吧！

二、场地器材

跳绳 1 根，扁带 1 根，计时器 1 个，口哨 1 个等。

三、学习目的

①培养学生在多种任务下的统筹能力。

②培养学生精诚合作与同甘共苦的精神。

③培养学生适应陌生环境的能力。

④培养学生调整心态与竞技的能力。

四、项目要求

①主讲人可以依据活动情况调整难易程度。

②主讲人尽量保证各组人员的数量接近或一致。

③活动在 150 秒内未能完成时应该停止。

④小组与小组要有一定的间隔。

⑤组与组的活动要分开进行。

⑥组合项目可以根据实际情况更换为其他内容。

五、安全事项

①主讲人要注意“集体跳绳”与“不倒森林”项目的安全。

②活动场地有限时，主讲人要注意提醒轮换人员的跑动，避免发生碰撞。

③器材用完后，主讲人要提醒学生将其摆放到合适的位置，不要踩踏器材。

④活动中，主讲人要合理安排学生观摩。

⑤主讲人要安排不适合进行较大强度运动的学生参与见习或不参加部分项目。

⑥主讲人在挑战间隙安排学生休息。

六、项目控制

①主讲人向每组学生介绍项目的特点，让学生先练习后挑战。

②多组挑战时，学生要合理利用器材进行练习。组与组之间要合理解决项目的轮换问题。

③主讲人给予各组一定的练习时间。

④主讲人介绍各项目的规则。

“集体跳绳”：一个组的两个人摇大绳，其他人一起跳。在没有人绊到绳子的情况下，集体连续跳 10 次。

“珠行万里”：一位学生用一个直径 10cm 的胶筒接住另一位学生的乒乓球。学生不能借助外力，不能用手去接，只能用胶筒接。传递距离为 10m 左右。

“不倒森林”：学生围成一个圆圈，每人手持一根 60cm 的 PVC 管，并将其与地面垂直。在“管立人走”的状态下，学生顺时针走一圈即算成功。

“一圈到底”：学生依次穿过一个事先准备的圆圈，绕一周即可。

“动感节拍”：学生围成一个圆圈，双手拍旁边同学的肩膀一下，数一个数，拍两下肩膀，数两个数，以此类推拍到 9 和数到 9 即可。

七、回顾分享

①“集体跳绳”项目需要学生保持节奏的一致。团队行动的一致性是团队合作能力的重要表现。

②“珠行万里”项目需要学生在沟通、反馈、执行和信任等方面进行细致的合作练习。

③“不倒森林”项目告诉我们交接事情时，在努力接好新任务的同时也要在离开时给后来者留下方便。

④“一圈到底”项目看似简单却极难完成。个人利益的获取可能会造成团队的失衡，个人利益的放弃是团队获得整体平衡的一部分。

⑤“动感节拍”项目是简单练习后就可以掌握的项目，能起到鼓舞士气与缓解压力的作用。

⑥完成项目后你有什么特别想说的话？

⑦项目的排序是活动节省时间的关键吗？

⑧经验的总结是团队获得前进力量的源泉吗？

⑨合理安排人员对于完成活动重要吗？

第四节 无敌风火轮

一、项目概述

项目性质：活跃气氛 / 团队分工 / 协作项目

项目难度：★★★

项目时间：45～60 分钟

项目人数：每组为 12～20 人，人数越多，难度越大

“无敌风火轮”是团队成员充分发挥想象力制作出类似履带形状的大圆环，以此站在履带上通过一定的距离的项目（见图 7-4）。该项目主要是活跃团队气氛，让学生意识到团队需要组织、计划与协调；要求学生服从指挥、一丝不苟地工作，增进彼此的信任和理解。

图 7-4 无敌风火轮

> 2016 年，中国十大科技进展之一——全球最大单口径射电望远镜在贵州省落成启用。有着超级“天眼”之称的 500m 口径球面射电望远镜，于 2016 年 9 月 25 日在贵州省平塘县的喀斯特洼坑中落成，开始接收来自宇宙深处的电磁波，这标志着我国在科学前沿实现了重大原创的突破。该工程由我国天文学家南仁东于 1994 年提出构想，从预研到建成，研究团队耗时 22 年。众多独门绝技让其成为世界射电望远镜中的佼佼者，这也将为世界天文学的新发现提供重要机遇。我们试想一下，如果天眼团队各自为政、自说自话，能在世界范围内长时间保持领先水平吗？

二、场地器材

报纸干若张，胶带若干卷，剪刀若干把，口哨 1 个。

三、学习目的

①帮助学生认识自身潜能，增强自信心，克服心理惰性，磨练战胜困难的毅力，认识到团队的重要性。

②培养学生注重细节和一丝不苟的精神。

③培养学生组织、协调及配合的能力。

④培养学生群策群力的集体智慧和团队创造力。

四、项目要求

①各组学生的人数最好在 4 人以上，至少有 2 组以上的学生进行对抗比赛。

②风火轮的制作方法和标准由各组自行决定。

③风火轮制作完成以后，所有学生都要站进去，保证空间足够，且配合一致迈步走动。

④ 风火轮必须垂直于地面，报纸必须紧密相连，所有学生必须站在圈内。学生身体的任何部分不能接触地面，在前进的过程中要保证圆环不断裂。圆环一旦断裂则需要暂

时停止前进，原地修复后才能继续前行。

⑤拿到报纸等物品后，每组学生最好都能合理分工，然后在最短的时间内完成风火轮的制作。制作的风火轮最好能大一点，不然容易被踩断。

⑥各组最好提前选择一个组长，让组长排在最前边，掌握行走节奏并发号施令。

五、安全事项

①活动场地要平整。

②学生需要摘除身上佩戴的首饰及钥匙挂件。

③组与组的间隔要适中，偏离预期轨迹时要及时调整。

④用于制作风火轮的剪刀的前端要选择齐口型，以免误伤。

六、项目控制

①所有学生站到起点。主讲人给每组发若干张报纸，并配备胶带和剪刀。

②每组将报纸粘贴到一起，做成一个风火轮。风火轮必须要做得足够大，能够容纳本组学生站进去。

③风火轮制作好后，每组的学生需要站到本组的风火轮上，向前移动，走过指定的距离。

④活动从制作风火轮开始，到最终驾驶风火轮到达终点结束，用时最少者获得胜利。

⑤在学生驾驶风火轮期间，如果风火轮裂开，那么必须原地修补完后重新出发。

⑥主讲人为每组配备监督员。

七、回顾分享

①团队建设除了需要计划、组织、协调和沟通外，还需要什么？

②怎样在团队中体现创造力和想象力？

③对于团队的成功，什么能力是至关重要的？倾听在沟通中有什么作用？

④活动中是否分工合作和分工明确？是否发挥了每个人的长处并听取了每个人的意见？

⑤要完成如此困难的任务，团队应该有一个策划到决策的过程。这个过程是集体学习的过程。

⑥选择合适的人做合适的事是合理的吗？

⑦怎样注意完美、时间、效果和安全之间的关系？

⑧活动不仅带给我们心理上的挑战，而且带给我们一笔精神财富。主讲人与学生分享团结就是力量等故事。

第五节　杯子传水

一、项目概述

图 7-5　杯子传水

项目性质：活跃气氛 / 团队分工 / 协作项目

项目难度：★★★★

项目时间：45～60 分钟

项目人数：每组为 12～20 人，人数越多，则难度越大

“杯子传水”是学生利用嘴巴咬住杯子的边沿，把水从某位同伴的杯子传递到最末尾的固定容器的项目（见图 7-5）。固定容器中的水最多的组获胜。该项目主要用于学生团队的建设。通过参与项目来增加团队的凝聚力是团队管理的一种手段，能够促进学生之间的相互了解。

> 杯水车薪是指用一杯水去救一车着了火的柴草，比喻力量太小，解决不了问题，出自《孟子·告子上》。孟子曰：“仁之胜不仁也，犹水胜火。今之为仁者，犹以一杯水救一车薪之火也；不熄，则谓之水不胜火，此又与于不仁之甚者也，亦终必亡而已矣。”在团队中，你会认为你的力量是杯水车薪吗？

二、场地器材

每人 1 个纸杯，水，拖把若干个，口哨 1 个。

三、学习目的

①培养学生的团队协作意识。

②增强学生的团队竞争能力。

③增进学生之间的感情。

④考验学生的团队协作能力。

四、项目要求

①学生需要很好地配合协作，以完成活动任务。

②学生需要近距离地亲密接触，以拉近彼此的感情。

③在用纸杯传水的过程中，学生要用嘴咬住纸杯，且活动的范围较小。这对技术的

要求比较高，对学生之间的配合能力的要求也比较高。学生需要将纸杯的位置确定好，让倒水的纸杯高一些，接水的纸杯低一些，而且接口处的缺口越小越好。

④学生需要将脸跟脸贴得很近。主讲人在开始时可以说明项目要求，让学生自己排好队。传递的过程中学生不能移动。

⑤项目改进方法：流水线式的接力赛。第一，主讲人在排头人的纸杯里倒满水，把水分配给每组排头的两位搭档；第二，每组的接力赛安排两位学生用杯子把水从起点传送到终点。主讲人根据各组最后运送水的多少判定胜负。

⑥主讲人为学生安排监督人员。

五、安全事项

①活动要选择宽阔和空旷的场地。

②在光滑的地板上进行活动时，主讲人需要多准备一些吸水装置和拖把等。

③颈部和腿部等关键部位受过伤的学生不宜参加此项目。

④活动要用一次性的杯子和干净卫生的水。

六、项目控制

①主讲人将学生分成若干组，并发给每人 1 个纸杯。

②主讲人准备矿泉水或者数瓶纯净水。

③主讲人让每组学生排成一排，并在每组的第一个人的水杯里倒满水。

④等到主讲人喊“开始”后，各组用嘴咬住水杯，然后将水逐步传递给最后一位学生。

⑤在传递水的过程中，学生只可以用嘴咬住水杯，不可以用手或身体的其他部位。

⑥传递时每位学生之间要有一定的距离。学生必须从起点把水传到终点。

七、回顾分享

①在用嘴衔着水杯传水的过程中，你们采用了哪些技巧？

②你们对团队的协作配合是否满意？

③在团队协作的过程中，你们还有哪些地方需要做出改进？

④你们是怎样想出那些富有创意的解决方案的？

⑤有没有什么干扰因素阻碍了你们的能力的发挥？

⑥如果重来一次，你们会怎样进行该项目？

第六节　众心捧月

一、项目概述

图 7-6　众心捧月

项目性质： 活跃气氛 / 团队分工 / 协作项目

项目难度： ★★★★

项目时间： 40～60 分钟

项目人数： 每组为 12～20 人，人数越多，则难度越大

"众心捧月"是一个考验学生的默契度的项目，需要多人齐心协力完成起吊、移动等动作（见图 7-6）。学生需要把多条绳子的一端绑在一起，悬挂一个挂钩，多人围成一圈，通过多人的共同牵引完成任务。这是一个以团队挑战为主的项目，可以考验学生团结协作的能力。

> 一个和尚挑水喝，两个和尚抬水喝，三个和尚没水喝。这是一则寓言，其寓意是办一件事，如果没有制度做保证，责任不落实，人多反而办不成事。三个和尚为什么没水喝？因为三个和尚属于同一种心态，他们都不想出力，想依赖别人，在取水的问题上互相推诿。结果谁也不去取水，以致都没有水喝。这则寓言给了我们什么启示？

二、场地器材

平整空旷的场地，"众心捧月"器材若干套。

三、学习目的

①培养学生团体之间的默契度。

②提高学生的沟通表达能力。

③锻炼学生的集体协作能力。

④培养学生取长补短和通过团结协作完成共同目标的能力。

⑤培养学生不怕挫折和不断进取的精神。

⑥使学生感受相互鼓励对完成任务的积极作用。

四、项目要求

①学生通过手中的线来移动木块，并让木块累加的高度越高越好。

②学生只能用单手或双手，不能借助身体的其他部位。

③在移动的过程中，如果木块掉在地上，学生可重新再起吊。

④学生不要将木块摔在地上。如果摔在地上，主讲人会给予处罚，如做3个俯卧撑或3个卡通兔跳等。

⑤绳子的长度在3～5m。

⑥学生可单组或分组进行。

⑦每人牵拉一根鼓上的绳子。如果人多、绳少，学生可以轮流替换；如果人少、绳多，每位学生牵拉两根绳子。

五、安全事项

①活动需要足够大的平坦场地，确保场地上不要有石头、木棍等硬物。

②主讲人必须保证所有学生都能牵拉绳子，防止绳子落在地上绊倒学生。

③学生需要穿运动鞋参加活动。

六、项目控制

①在安全的情况下，学生要创造更好的木块累加高度。

②主讲人要做到语言精练，重点突出，讲解清楚，及时反馈，确保学生了解任务要求。

③主讲人要确认人数与绳子的数量。

④学生做好热身活动，避免在活动中受伤。

⑤主讲人要随机分组，注意男女搭配合理。

⑥学生在屡次受挫后，主讲人需要提醒他们加强协作，不要将不良情绪发泄到鼓上。

⑦主讲人要提醒学生在移动时关注自己的脚下和身边的同伴。

⑧学生必须握住绳子30cm以内的地方。

七、回顾分享

①主讲人对所有完成挑战任务的学生给予鼓励。

②主讲人鼓励每位学生讲述自己的感受并给予肯定。

③你们在完成任务的过程中遇到了什么问题，是如何克服的？

④完成任务的过程中是否产生了冲突？你们是如何处理的？哪些因素有助于成功完成任务？

⑤这个项目揭示了什么道理？如何将这个项目与你们的生活和学习联系起来？

⑥民主讨论之后是如何形成决策的？是否每个人都了解决策的结果？这对于执行决策有什么帮助？

第七节　天翻地覆

一、项目概述

项目性质： 活跃气氛 / 团队分工 / 协作项目

项目难度： ★★★★

项目时间： 20～40 分钟

项目人数： 每组为 12～20 人，人数不宜太多

图 7-7　天翻地覆

“天翻地覆”也称为“翻树叶”或“翻帆布”，是学生站在一张帆布上，在不接触地面的情况下，将这张帆布翻转过来的项目（见图 7-7）。这是一个以团队挑战为主的项目，主要是检验学生团队的协作能力。

《西游记》为明代小说家吴承恩所著，是我国古代四大名著之一和我国古代第一部浪漫主义长篇小说。它以丰富瑰奇的想象描写了师徒四人在西天取经路上和穷山恶水冒险斗争的历程，经受了九九八十一难，一路降妖伏魔，九九归一，终于到达西天，见到如来佛祖，最终五圣成真。现在我们刚好站在一片“五彩云”上，要到我们梦想的地方，但需要把“五彩云”翻转过来，不然就会掉入凡尘。

二、场地器材

平整空旷的场地，1.5m × 1.5m 的帆布 3～4 张，或用白纸代替。

三、学习目的

①提高学生的沟通能力，打破学生之间的隔阂。

②培养学生的团队协作能力。

③培养学生的时间管理和应对危机的能力。

四、项目要求

①主讲人要严格要求学生。学生在翻帆布时，其手指触地后就必须重新开始活动。

②主讲人要控制帆布与人数的比例，尽量让学生经过努力后获得成功。

③主讲人要保证帆布可以使全部学生站住并留出一定的空间。

④主讲人要准备一些大小不同的帆布，让团队的挑战工作越来越困难。

⑤人少时限时挑战；人多时分组进行对抗比赛。

五、安全事项

①活动要在平整开阔的场地上进行。场地 2m 范围内的区域最好不要有硬物。

②学生不要踢伤翻帆布的同伴。

③学生尽量避免踩在同伴的脚上，保持平衡，坚持不住时要及时报告。

六、项目控制

①学生要在规定时间内将帆布翻转过来。

②学生必须站在帆布上，不能让身体的任何部分接触帆布以外的地方，否则整个小组必须重新开始。

③学生在活动中可以利用自己的身体和聪明才智，不能借助其他物体。

④学生在活动中要注意安全。

七、回顾分享

①主讲人要对完成任务的学生给予肯定和表扬。

②主讲人要让每位学生简单讲述自己的感受。

③可利用的资源是什么？如何综合利用时间、帆布、人的身体和聪明才智来完成任务？

④人比较多时如何排列？是从中间开始站立，还是从某个远离起点的地方开始排列，为什么？

⑤是否关注团结合作与个人努力？

⑥团队合作中如何取长补短、坚持不懈和不轻言放弃？

第八节 法柜骑兵

一、项目概述

项目性质： 活跃气氛 / 团队分工 / 协作项目

项目难度： ★★★★

项目时间： 90 分钟

项目人数： 每组为 12～14 人

“法柜骑兵”是一个通过团队合作来完成的项目，不仅需要团队克服困难，而且

图 7-8 法柜骑兵

需要个人积极配合参与（见图 7-8）。这个项目要求每个成员积极参与，模拟现实社会中很多我们认为不可能完成的事情，最终通过团队合作顺利完成。

> 看过《法柜奇兵》这部电影的人一定会记得魔窟历险这场戏。魔窟中遍布绊网，一旦有人不小心碰到了绊网，毒箭就会从四面八方射出来。在这里，我们要进行一次类似的冒险。请把系在两树之间的绳子想象成魔窟中的绊网，你们整个小组都要从绳子上面过去，而且绝对不能碰到绳子。还是项目成功的条件。祝你们好运！

二、场地器材

1 根 4m 左右的长绳拴在两根固定立柱上，长绳离地面 80cm 左右；海绵垫和眼罩若干个。

三、学习目的

①培养学生共同挑战困难的团队协作精神。

②建立学生之间的相互信任和支持。

③打破学生之间的隔阂，使他们能够很好地进行合作。

④使学生积极沟通和协作，在有限的时间内完成任务。

四、项目要求

①学生在规定时间内从绳子的一边到达另一边。

②除了绳子以外，其他任何地方都不能通过。

③如果学生碰到了绳子，需要戴上眼罩以示触电变成盲人，并回到开始的一边。

④如果学生需要抬起同伴，必须轻举轻放。

⑤学生不能助跑起跳，也不能从高处突然跳下。

五、安全事项

①主讲人要检查场地是否有尖锐物体，确认绳子的连接牢固可靠。

②学生要把身上所带的硬质物品放在收纳箱内。

③学生被托起后，其他人在任何情况下不得将其抛起或松手，放下时先放脚，待其站稳后才可松手。

④主讲人要站在人少的一边，时刻做好保护准备。

六、项目控制

①主讲人要确保第一位学生在完成任务时不用力过猛。

②学生的讨论时间过长，一直没有行动时，主讲人可以适当提醒。

③主讲人发现学生准备做出危险性的动作时，可以婉转地告知此类动作不被允许的理由。

④主讲人确保学生落地时不要扭伤脚。

七、回顾分享

①在学生顺利完成任务后，主讲人要给予鼓励和肯定；在学生没能完成任务时，主讲人要慎用溢美之词。

②主讲人要鼓励学生谈谈自己的感受，并对他们发表的意见给予肯定，对完成任务的关键学生给予特殊的表扬。

③你们在活动过程中遇到了什么问题？你们是怎样分析问题的？

④当面对这根绳子时，你们的第一感觉是什么？有没有信心通过？

⑤在被人抬起后，你们的感觉是怎样的？

⑥哪些因素对于完成任务有帮助？哪些因素不利于完成任务？

第九节 雷区取水

一、项目概述

项目性质：活跃气氛 / 团队分工 / 协作项目

项目难度：★★★★

项目时间：30～60 分钟

项目人数：10～15 人一组

图 7-9　雷区取水

“雷区取水”项目是在一个直径 5m 的雷区中间，让学生在规定时间内用一根绳子，在不接触地面的情况下取到水源中的水，要求每组想出不同的取水方法（见图 7-9）。该项目旨在增强学生团体的团结和配合等能力。

21世纪，团队管理被纳入人力资源管理的新领域。人力资源是团队合作的重要元素，是社会发展的基础动力之一。如何有效地配置人力资源并最大限度地发挥人力资源优势，成为社会各界重点关注的课题。

二、场地器材

足够长的静力绳1根，矿泉水若干瓶，口哨1个。

三、学习目的

①提高学生的问题解决能力。

②使学生学会优化资源配置，充分发挥资源的作用。

③培养学生的创新思维、协作能力和团结精神。

四、项目要求

①学生要做好充分的热身和拉伸活动的准备。

②学生需要在规定时间内用不同的方法在雷区中把水取出来。

③学生要在不接触地面的情况下取到水才算成功。

④活动可以分一组进行，也可以分多组进行。

五、安全事项

①活动要选择平稳、安全的场地，以草坪为最佳。

②学生要摘除身上所有的硬物。

③学生在抓腕时采取手腕相扣的原则。

④主讲人要注意绳结套在学生身上的安全性。

六、项目控制

①在规定时间内，学生利用工具在雷区中取出水。

②在取水的过程中，水不能洒出。如果洒出水，需要重新开始活动。

③在取水的过程中，学生和工具都不能落地。

④学生应在活动前进行练习。

⑤多组进行活动时，可以采用团队对抗的形式。在规定时间内找到最多方法的小组获胜。

七、回顾分享

①在活动中能否与团队成员共同发现和解决问题？

②是否在每次活动中增强了彼此的默契？是否认为只有团结一致才能完成任务？

③是否为了团队克服思维定势、超越自己和创造奇迹？

④我们根据什么来分配大家的角色？是体重吗？

⑤我们面对简单的道具、复杂的任务，是如何思考的？

⑥有没有其他更好的方法可以帮助我们完成任务？

第十节 步步高升

一、项目概述

项目性质：活跃气氛 / 团队分工 / 协作项目

项目难度：★★★★

项目时间：60 分钟

项目人数：20～30 人一组

“步步高升”是一个所有学生都需要积极参与的项目（见图 7-10）。项目中层叠而上的一只只脚托起的是希望，挑战的是勇气和智慧。

图 7-10 步步高升

> 许多学生参加完这个项目后都会认为这是一个看似理念不强却极具凝聚力的活动，这是能够体现每一个个体对团队都有价值的项目。让我们一起体验吧！

二、场地器材

一块 20m^2 的场地，2.5m 的高空处挂有一个标志物，或者高 2.5m 的室内平地一块，两块长 2m、宽 1m 的海绵垫。

三、学习目的

①培养学生共同战胜困难、完成任务的精神。

②促进学生之间的相互信任和支持。

③让学生能够很好地利用自身的身体资源。

④培养学生思考问题的能力，让学生学会分工合作。

四、项目要求

①学生在规定时间内通过脚的连接从地面碰到高 2.5m 的标志物，并能坚持 15 秒。

②活动中，学生不能有躯体的直接叠加，不能站在同伴的身体上。

③如果学生需要抬起同伴，抬起后不能将其突然放下，必须有序地轻举轻放。

④学生不能利用身边的其他物品或者墙壁等。

五、安全事项

①主讲人要确认场地周边的 2m 范围内没有尖锐物体和可能造成伤害的物品。

②学生要把身上所带的硬质物品放在收纳箱内。

③学生被托起后，其他人在任何情况下不能将其抛起或松手。

④主讲人尽量站在有利于保护和监督的位置。

六、项目控制

①主讲人在学生探讨和沟通时不做指导。

②学生坐在垫上进行脚的叠加时，主讲人提醒其他人不要踩到他们。

③在叠加到中间的位置时，如果学生的柔韧性不足，主讲人不要强行上抬学生。

④学生的肩背部和臀部都需要抬起。被抬起人作为“指令”的发出者，要求放下时，其他人必须放下重新开始。

⑤活动中记时出现问题后，如果可以及时调整就继续，否则要求放下学生后重新开始。

七、回顾分享

①主讲人在学生完成任务后对其给予鼓励和肯定。

②主讲人鼓励学生谈谈自己的感受，并对发表的意见给予肯定。

③你们在活动过程中遇到了什么问题？怎样分析这些问题？

④你们是如何利用身体资源的？不同层次的划分和人员的调配之间有什么关系？

⑤在被人抬起后，你们的感觉怎样？

⑥大家共同完成任务后的心理感受是怎样的？

⑦不断的尝试对于最后完成任务有什么帮助？

第十一节 蛟龙出海

一、项目概述

图 7-11 蛟龙出海

项目性质：活跃气氛 / 团队分工 / 协作项目

项目难度：★★★★

项目时间：30～40 分钟

项目人数：10～15 人一组

“蛟龙出海”是一个团队配合的项目，要求所有学生用绳子将脚绑在一起，横向站成一排前行（见图 7-11）。学生按照规定的路线，在尽量少的时间内从起点走到终点。在该项目中，团队配合是至关重要的；如何调整自己与团队的步伐，成为团队成功的关键。该项目主要培养学生的团队合作、竞争和协助等能力。

古生物学家曾认为，长角的龙是上古先民虚构的形象，只存于神话传说之中。但 1996 年出土于贵州省安顺市关岭县新铺乡的“新中国龙”化石，龙首上有对称的一对“龙角”，与神话中的龙非常相似，引起了古生物学家的关注。在《三国演义》中，罗贯中通过曹操之口，概述了龙的特点：“龙能大能小，能升能隐；大则兴云吐雾，小则隐介藏形；升则飞腾于宇宙之间，隐则潜伏于波涛之内。”我们可以想象一下龙出海是什么样子？

二、场地器材

绑带若干根，音响、口哨、秒表各 1 个。

三、学习目的

①培养学生的团队合作能力。

②帮助学生建立规划团队流程。

③提升学生的组织效率。

④使学生认识统一指挥的意义与作用。

⑤培养学生的组织协调和沟通能力。

四、项目要求

①学生自己喊出“1，2”的口令，以控制队伍前进的节奏。

②在学生能够熟练掌握时，主讲人可以提出更高的要求，即让学生不喊口号，继续该活动。

③学生的站位要合理。他们可以自行调整。

④活动开始时即使有口号，学生之间是很难达到默契的，但是进步会很快。每组应安排相应的人员进行保护。

⑤活动中可以设置障碍，如转弯、朝向不同等，以便让学生产生浓厚的兴趣，但不能忽视潜在的危险。

⑥主讲人要根据学生用时的长短排出名次，可以给予奖励。

五、安全事项

①场地必须是平整、宽敞的。

②绑腿所用绳子的松紧度要适宜。

③主讲人要了解学生的身体情况。有头、颈、肩、背、腰、骶的受伤史和严重的心脏病、心脑血管疾病、低血糖、高血压的学生不宜参与此项目。

④主讲人要站在距离队伍的1m处做好保护准备。

⑤主讲人要时刻关注学生，看到他们一旦失去平衡，应立刻叫停。

六、项目控制

①各组学生要按照顺序排成一横列。每位学生可以用带子把自己的左脚踝与相邻同学的右脚踝绑在一起，连成“蛟龙”。

②活动要设置一个起点和终点。两点之间的距离根据选择的场地来确定，不能小于15m。学生听主讲人的哨音开始前进（不一定是直线行进，可适当增加难度，如曲线、圆圈等）。两组以上比赛时的效果更佳。比赛前，主讲人给学生一定的练习时间。

③主讲人先让各组组长带领组员进行练习，最后留出10分钟，让各组进行比赛。

④主讲人指定路线，看哪个组能率先到达终点。比赛过程中，学生的口令、步伐要一致。

七、回顾分享

①活动前你们想到的第一件事情是什么？为什么？

②你们在前进的过程中遇到了哪些困难？是如何解决的？

③指挥是谁来负责的？是如何选出来的？效果怎样？

④怎样才能让同伴不摔倒并且走得快？

⑤哪个组能找到更多的方法?

⑥主讲人要让学生了解活动前资源的确认与合理配置的重要性。

思考题

1. 简述活跃气氛类项目的作用。
2. 阐述3～5个活跃气氛类项目的整个结构。
3. 简述“我们的世界球”项目的要求及安全事项。
4. 改编3～6个活跃气氛类项目的规则。
5. 创编一个活跃气氛类项目。

第八章

沟通类项目

1. 了解沟通在团队建设中的重要性。
2. 培养大学生在团队中的沟通技巧。
3. 掌握大学生在团队中的沟通特点。
4. 熟悉大学生在团队中的沟通策略。

沟通是人与人、人与群体之间思想与感情的传递和反馈的过程，以求思想达成一致和感情的通畅，是人们分享信息、思想和情感的过程。这种过程不仅包含口头语言和书面语言，而且包含形体语言、个人的习惯和方式、物质环境——赋予信息含义的任何事物。沟通是在团队中生存的重要的基本能力之一。沟通的基本结构包括信息、反馈、通道三个方面。沟通按照具体结构可以分为非正式沟通网络与正式沟通网络两种。非正式沟通网络主要有集束式、流言式、偶然式等典型形式；正式沟通网络主要有链式、轮式、全通道式、Y式等形式。沟通按照信息流动的方向可以分为上行沟通、平行沟通和下行沟通三种。本章沟通类项目共编写了“盲人方阵”“雷阵”“七巧板”等11个项目。每个项目从项目概述、场地器材、学习目的、项目要求、安全事项、项目控制、回顾分享7个环节做了详细介绍。

第一节 盲人方阵

一、项目概述

图 8-1 盲人方阵

项目性质：单向沟通 / 双向沟通

项目难度：★★★

项目时间：40～60 分钟

项目人数：10～20 人一组，分 3～5 组为宜

“盲人方阵”项目让所有学生面对面站成两列，然后戴上眼罩，在听到主讲人的指令后开始活动，将绳子围成一个正方形，活动即成功（见图 8-1）。该项目要求学生尽可能均匀地分布在正方形的周围。

> 沟通对于团队而言，就像神经系统对于人体一样，是不可缺少的。沟通具有控制、激励、情绪表达和信息传递的功能。沟通中常见的障碍包括三个方面：一是信息表达的障碍，表现为表达能力不佳、语义差异、传递形式不协调、社会环境与知识经验的局限等。二是信息传递的障碍，表现为时机不当、漏传和错传、干扰等。三是信息接收和理解方面的障碍。沟通中有部分信息是通过肢体语言传递的。我们来体验一下如何消除沟通中的障碍。

二、场地器材

12m 左右的绳子若干条，并预先打结；眼罩或布条若干个。

三、学习目的

①培养学生的沟通意识。

②让学生理解团队领导者及其领导风格对完成任务的影响和作用。

③培养学生的团队决策能力。

④培养学生科学的思维方式。

⑤使学生理解角色定位及完成本职工作的重要性。

⑥培养学生的团队协作能力，增强团队的凝聚力。

四、项目要求

①活动开始后，主讲人必须确认学生戴上眼罩后不能看到亮光。

②学生先找到附近 5m 范围内的绳子，并在规定时间内用它围成一个最大的正方形。所有人相对均匀站在这个正方形的四条边上。

③学生不能摘去眼罩，确认完成任务后通知主讲人，得到主讲人的准许后方可摘下眼罩。

五、安全事项

①主讲人要提醒学生在摘眼罩时要先闭眼睛再摘，捂住后再缓缓地睁开眼睛。

②主讲人要提醒学生在戴眼罩前注意四周的地形。

③听到停止信号后，学生不能继续向不安全地带移动。

六、项目控制

①主讲人要做到语言精练，重点突出，讲解清楚，及时反馈，确保学生了解任务要求。

②主讲人最好将绳子放在场地中相对中间的区域，可以适当地运用技巧增加或降低找绳子的难度。

③如果任务完成得很好，主讲人可以先把学生领到回顾地点，让学生摘眼罩进行回顾。

七、回顾分享

①当产生领导者和有序的组织开始运转的时候，我们的感受是怎样的？

②活动方案得到大家的认同并开始实施的时候，我们的感受是怎样的？

③怎样确认四边等长，四角为直角和对角线相等？

④如何提高团队的工作效率？怎样用不擅长的沟通方式有效地表达或者接收信息？

⑤民主讨论与决策、个体决策与群体决策、团队正确的沟通与决策是如何产生的？

⑥任务完成得怎么样？成功完成任务还是未完成任务？

⑦在信息不充分的条件下，面对一项未知的任务，争执、烦躁和焦虑都是难免的。这时领导者需要掌控局面，让其他人服从指令，以保证顺利完成任务。

领导者应与其他人充分沟通，使他们理解自己的意图，使他们的服从建立在认同的基础上，这样才会更有效率。

第二节 雷 阵

一、项目概述

图 8-2 雷 阵

项目性质：单向沟通 / 双向沟通 / 沟通技巧

项目难度：★★★

项目时间：40～60 分钟

项目人数：15～20 人

“雷阵”也称为“突破雷区”，是一个以团队挑战为主的项目，考验学生在复杂的环境中收集、分析、处理信息的能力，让学生在团队中学会选择合适、有效的沟通方式（见图 8-2）。团队沟通是随着团队这一组织结构产生的，有着多种形式。

> 你和同伴被关在一间屋子中，你们侥幸逃出，但糟糕的是遇到一片地雷阵，初步估计 40 分钟左右敌人就会追来。你们带着一种探雷工具，每次可以探出一个地雷并将其确认；每次确认需要一个新原件，而这些原件一次只能带进一个。由于任务艰难，一个人很难连续进入雷阵，大家一起努力获得自由吧。

二、场地器材

5m × 5m 的画有雷阵的场地；硬皮夹、笔和主讲人用图（见图 8-3）。

三、学习目的

①培养学生勇于尝试和不断探索的精神。

②培养学生的创新意识，使学生突破思维定势。

③让学生学会总结经验，提升沟通能力。

四、项目要求

①学生不要向主讲人提问，要认真听清活动规则。

②在规定时间内，学生从雷阵的入口进入，依次通过雷阵，成功到达雷阵的另一边。

③雷阵内只能一人进入；每走一步时，学生只能迈进相邻的格子，不能跳跃及试探；在迈进未被确认的新格子时，学生要听主讲人的口令。口令有两种：一是“请继续”，示意学生继续前进；二是“对不起有雷，请按原路返回”，让学生退出雷区，换其他人进入。

雷阵出口

109	110	111	112	113	114	115	116	117	118	119	120
97	98	99	100	101	102	103	104	105	106	107	108
85	86	87	88	89	90	91	92	93	94	95	96
73	74	75	76	77	78	79	80	81	82	83	84
			67	68	69	70	71	72			
			61	62	63	64	65	66			
			55	56	57	58	59	60			
			49	50	51	52	53	54			
37	38	39	40	41	42	43	44	45	46	47	48
25	26	27	28	29	30	31	32	33	34	35	36
13	14	15	16	17	18	19	20	21	22	23	24
01	02	03	04	05	06	07	08	09	10	11	12

雷阵出口

违例次数：________　　最后得分：________

出现重复触雷

1	2	3	4	5	6	7	8	9	10	11	12	13	14	15	16

未按原路返回

1	2	3	4	5	6	7	8	9	10	11	12	13	14	15	16

踩线或入错格

1	2	3	4	5	6	7	8	9	10	11	12	13	14	15	16

多人进入雷阵

1	2	3	4	5	6	7	8	9	10	11	12	13	14	15	16

图 8-3　主讲人用图

④学生按时完成任务获得 100 分，每违例一次扣 1 分。违例现象有 4 种：重复触雷，未按原路返回，踩线或入错格，多人进入雷阵。

⑤主讲人可以采用违例一次扣去 5～10 秒的活动时间的规则。如果重复触雷，主讲人可以要求学生单腿跳回或让营救者背回去等方式。

⑥每人至少进入雷阵两次。

五、安全事项

①场地要清扫干净，保证雷阵清晰。

②铺设雷阵图时要清理地上的尖硬物体。

③避免在暴晒和寒冷的天气下进行活动。

六、项目控制

①主讲人要做到语言精练，突出重点，讲解清楚，及时反馈，确保学生了解任务要求。活动中的问题由学生自主解决，主讲人不做回答和提问。

②学生必须站在雷阵两边的延长线与入口边线的区域内。

③主讲人要严格监控学生的行为，一旦有违例的情况应立即说明并按要求记录。

④学生之间进行争论时，主讲人要保持沉默。

⑤学生可以两个组一起活动，分别从单双号区域或各自半区进入，但每次只能进入一人。

⑥主讲人可以直接将雷阵图发给学生，与学生保持合适的距离，安排学生跑步前来汇报进入雷阵。

⑦雷阵中的地雷分布可以随机设定。如果学生过早进入“红区”，主讲人可以将此区设为“有雷”。

⑧任务完成后，主讲人提醒学生注意保密。

七、回顾分享

①主讲人要对学生给予公正的评价。

②主讲人要让学生谈谈自己的感受并与大家分享。

③主讲人要让学生认识到活动前的讨论与决策对于完成任务的价值。

④有时候不断的尝试是重要的，我们要敢于尝试。学生第一次尝试和进入红区时不会被惩罚，其他情况下才会受到惩罚，这意味着什么？

⑤主讲人要让学生认识到经验的积累对于尝试的价值与作用。

⑥主讲人可以让学生分析重复触雷和多人进入雷阵的原因。

⑦对于理性的分析与感性的尝试，主讲人可以分别引导学生讨论。

⑧主讲人分享“野生动物园与狮子”和“跳蚤跳高”的故事。

第三节 七巧板

一、项目概述

项目性质：单向沟通 / 双向沟通 / 沟通技巧

项目难度：★★★

项目时间：45～60 分钟

图 8-4　七巧板

项目人数：至少 15 人，人越多越好，可分为 2～7 组

“七巧板”是经典的室内拓展项目之一（见图 8-4）。该项目将一个团队分成 7 个小组，模拟团队中的不同分工。团队需要完成一系列复杂的任务，体验沟通、合作、信息共享、资源配置、创新观念、高效思维、领导风格、科学决策等项目主题。七巧板为培训道具，变幻无穷，寓教于乐，带给学生体验的乐趣。该项目有助于提升学生的沟通能力、协调能力、团队意识、领导力和执行力。

七巧板又称为智慧板，是我国古代的一种拼板工具。七巧板中有长方形、平行四边形和三角形。它的数目不多，却能拼出多种图形，如能拼出 0～9 的 10 个数或汉语拼音字母，也能拼出几何图形、动物、建筑物等。那简简单单的七块板，竟能拼出千变万化的图形。你们会拼出什么样的图形呢？

二、场地器材

七巧板道具若干套，秒表 1 个。

三、学习目的

①培养学生的领导者思维、观念与意识。
②培养学生主动沟通的意识，让学生体验有效的沟通方法。
③让学生体会团队合作的重要性，合理处理竞争关系，实现良性循环。
④培养学生的开拓意识、创新观念，让学生突破思维定势。
⑤提高学生解决问题的能力。
⑥让学生树立大局观，学会分析整体目标与局部任务之间的关系。
⑦让学生学会沟通，运用不同的沟通方式来避免沟通过程中的信息衰减。

四、项目要求

①学生要在规定时间内完成指定图案。
②呈现的图形要由简单到复杂。
③在分组过程中，主讲人要将持有不同意见的人分在一组，增加任务难度。
④组与组之间不能相距太远。
⑤图形的变化要多样。

五、安全事项

①主讲人要注意场地的安全。

②七巧板道具不能出现尖锐等容易导致受伤的锐角。

③选择的场地应预留一定的空间。

④活动不宜在室外天气不佳时开展。

六、项目控制

①主讲人要将一堆杂乱无章且五颜六色的小木板随机分给学生。他们要做的是在规定时间内，完成主讲人给定任务书上的内容。不同的小组将会完成不同的任务，并在完成任务的过程中与其他小组沟通、协调，实现资源共享和团队共赢。

②项目看似简单易懂，但在操作的过程中，会使我们平时学习和生活中的弊端暴露出来。所以，五颜六色的七巧板摆在我们的面前，能够引起我们的思考。

③主讲人给学生布置任务前，让学生自己选择完成任务的时间。如果学生选择的时间过长或过短，主讲人可折中处理，严格控制好时间，让学生在规定时间内完成任务。

七、回顾分享

①做好计划，多思考。当需要做的事情比较多时，我们需要分清轻重缓急，先抓主要矛盾。做事前，我们要先做好计划，想想可能会遇到的问题，提前做好防范。

②审时度势，从大处思考。我们做事时不能太重视私利。没有完成任务的主要原因可能是学生以各组的利益为重，却忽视了团队的大目标。

③学会目标管理。团队要在注意安全的前提下，在规定时间内，遵守规则，完成任务。团队一般需要关注五个方面：团队、安全、时间、规则和任务。团队需要明确如何达成目标和达成目标需要完成哪些任务，进而细化目标，进行任务分解。

④学会沟通。团队通常遇到的问题包括：任务马上要实施时，才得到重要的信息，以致措手不及或者重复性劳动；任务实施后，重要信息没有得到反馈，或者延迟反馈；截留或者被截留对其他团队成员有用的信息；遇到问题时，不愿意请求别人的帮助，也不愿意给别人提供建设性的反馈；相互抱怨对方态度不好；经常性的冲突与争论；反复讨论无法做出决定，或者对已经做出的决定反复提出质疑。个人层面的问题主要是沟通技巧不足，影响个体间的沟通效果。

⑤学会配置资源。团队配置资源的具体要求包括：认识资源；对资源的进一步分析，任务重时需要群策群力，分清轻重缓急，明确进度，做好时间管理；对资源进行合理配置。

⑥学会打造高效团队。成功的团队多是在沟通、决策、流程管理和资源配置等方面做得好；不成功的团队也多是在这些方面存在问题。那么什么样的团队是高效的团队呢？我们可以整理出一系列的标准，引导团队达成目标。

七巧板任务书

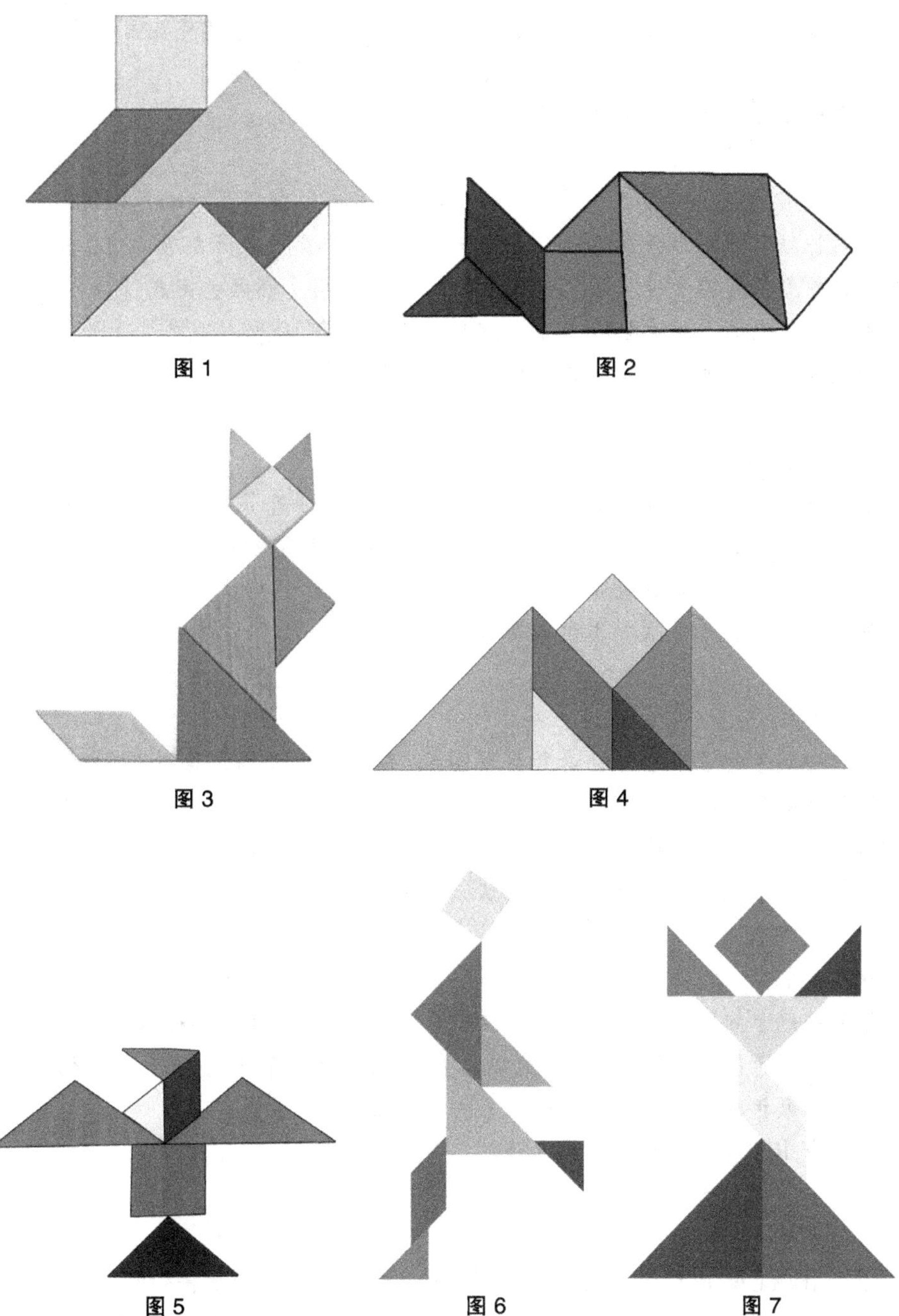

图 1　图 2　图 3　图 4　图 5　图 6　图 7

一组任务书

①用 5 种颜色的图形分别组成图 1 至图 6，每完成 1 个图形将得到 10 分。
②用同种颜色的图形组成图 7，完成可得 20 分，用 7 种颜色完成可得 30 分。
③用 3 种颜色的七块板组成 1 个长方形，完成可得 30 分。
④每完成 1 个图形，通知主讲人确认，并登记分数。

二组任务书

①用同种颜色的图形分别组成图 1 至图 6，每完成 1 个图形将得到 10 分。
②用 5 种颜色的图形组成图 7，完成可得 20 分，用 7 种颜色完成可得 30 分。
③用 3 种颜色的七块板组成 1 个长方形，完成可得 30 分。
④每完成 1 个图形，通知主讲人确认，并登记分数。

三组任务书

①用 4 种颜色的图形分别组成图 1 至图 6，每完成 1 个图形将得到 10 分。
②用 4 种颜色的图形组成图 7，完成可得 20 分，用 7 种颜色完成可得 30 分。
③用 4 种颜色的七块板组成 1 个长方形，完成可得 30 分。
④每完成 1 个图形，通知主讲人确认，并登记分数。

四组任务书

①用 3 种颜色的图形分别组成图 1 至图 6，每完成 1 个图形将得到 10 分。
②用 3 种颜色的图形组成图 7，完成可得 20 分，用 7 种颜色完成可得 30 分。
③用 3 种颜色的七块板组成 1 个长方形，完成可得 30 分。
④每完成 1 个图形，通知主讲人确认，并登记分数。

五组任务书

①用 2 种颜色的图形分别组成图 1 至图 6，每完成 1 个图形将得到 10 分。
②用 2 种颜色的图形组成图 7，完成可得 20 分，用 7 种颜色完成可得 30 分。
③用 2 种颜色的七块板组成 1 个长方形，完成可得 30 分。
④每完成 1 个图形，通知主讲人确认，并登记分数。

六组任务书

①用 1 种颜色的图形分别组成图 1 至图 6，每完成 1 个图形将得到 10 分。
②用 1 种颜色的图形组成图 7，完成可得 20 分，用 7 种颜色完成可得 30 分。
③用 1 种颜色的七块板组成 1 个长方形，完成可得 30 分。
④每完成 1 个图形，通知主讲人确认，并登记分数。

七组任务书

①领导团队在规定时间内完成任务，达到1000分的目标。

②指挥其他各组成员，用所有的七巧板组成5个大的正方形，保证每个正方形由同种颜色组成，每完成1个加50分。组成正方形的组可得100分。

③支持其他各组成员，在规定时间内得到更多的分数。其他各组总分的10%将作为加分奖励。

表1　七巧板积分表

分数	一	二	三	四	五	六	七	总分
一组								
二组								
三组								
四组								
五组								
六组								
七组								

第四节　呼吸的力量

一、项目概述

项目性质：沟通方式/沟通技巧/陌生感

项目难度：★★★

项目时间：45分钟

项目人数：12～18人一组

“呼吸的力量”是小组成员通过呼气把气球吹破的项目（见图8-5）。该项目促使学生进行团队沟通与协作，锻炼和提升学生在团队中相互沟通的能力。

图8-5　呼吸的力量

一把坚实的大锁挂在大门上，一根铁杆费了九牛二虎之力，还是无法将它撬开。钥匙来了，他瘦小的身子钻进锁孔，只轻轻一转，大锁就“啪”的一声打开了。铁杆奇怪地问：“为什么我费了那么大力气也打不开，而你却轻而易举地就把它打开了呢？”钥匙说：“因为我最了解他的心。”这个故事说明，每个人的心都像上了锁的大门，再粗的铁棒也不容易撬开。唯有关怀，才能把自己变成一个细腻的钥匙，打开别人的心门，了解别人。所以沟通时，我们一定要多为对方着想，以心换心，以情动人。

二、场地器材

任务书、PVC管、直通十字接头等。

三、学习目的

①培养学生的团队沟通能力。

②提高学生的沟通技巧。

③让学生了解不同的沟通方式。

四、项目要求

①主讲人要安排适合参加该项目的学生。

②主讲人要详细讲解项目的规则和参加办法。

③在规定时间内，气球爆炸最多的组获胜。

④学生可单组或分组进行活动。

五、安全事项

①场地要平整，没有障碍物。

②学生不能打闹。

③器材的边角不能有突出的尖角等。

六、项目控制

①各组会得到一张呼吸机的图纸，但只有一人能看到。

②得到图纸的学生通过自己的语言向其他组员描述这张图纸的内容，以便让其他组员根据图纸搭建好呼吸机。

③各组得到的材料是一样的。

④学生要分为领导、指挥和执行三个小组。领导组提出具体的要求，指挥组来指挥执行组搭建符合要求的生命仪器，然后进行仪器的测试。

七、回顾分享

①体验不同的沟通方式。

②建立良好的工作流程。

③培养积极的心态和高度的责任感。

④培养高度契合的执行力。

⑤体会团队沟通的重要性。

⑥如何合理分配有限的资源？遇到问题时如何调整资源的分配？

⑦如何分工与执行？

⑧沟通涉及信息发送者、信息接收者、信息内容、表达方式和渠道等方面。信息发送者在表达相同的信息时，会因不同的表达方式和渠道而引起信息接收者不同的反应。所以，在与人沟通时，我们应首先明确沟通的中心，清楚自己想要达到什么样的目的，同时还要正确地阐述信息，准确地表达自己的想法。

第五节 沟通巴比塔

一、项目概述

项目性质：沟通技巧 / 陌生感

项目难度：★★★

项目时间：45 分钟

项目人数：12～18 人一组，可分多组

“沟通巴比塔”是让所有学生利用提供的绳子在规定时间内，在人不离地和不借助任何外力的情况下，将箱子尽可能叠高的项目（见图 8-6）。该项目旨在充分发挥集体智慧，开拓学生的思路，让学生多想办法，多向沟通，更好地完成任务。

图 8-6 沟通巴比塔

> 有这样一个故事：人们曾企图建造一座通天塔，向仙界“示威”，以显示人类强大的力量。因为当时人们说的是同一种语言，因此沟通十分顺畅，建设进度很快，终于这项工程惊动了上天。于是混淆了人类的语言，使人与人之间的沟通变得困难，通天塔工程再也无法继续……今天我们要运用自己的智慧与勇气重建一座属于我们自己的通天塔。

二、场地器材

箱子若干个，寸带 4 卷等。

三、学习目的

①培养学生的团队协作意识、自豪感和归属感。

②让学生掌握个人、团队、组织三个方面的沟通方式。

③强化学生对沟通技能、沟通渠道、克服冲突等方面的认识。

四、项目要求

①在搭建的过程中，主讲人要时刻关注塔的建设状况，及时发出示警信号。

②各组的间隔要适当，不要相互碰撞。

③当塔快要倒塌的时候，主讲人要帮助学生离开现场。

五、安全事项

①活动选择在室外开阔平整的场地上或室内体育馆（顶高 20m）中进行。

②活动不宜在室外的极热、极冷和大风天气下进行。

③箱子要环保、无污染。

六、项目控制

①学生利用拿到的箱子，组成若干个正方体，并利用提供的资源，在规定时间内向上叠至最高的层数。

②各组将得到固定数量的箱子。

③当用完初始资源之后，学生可以再获取更多的资源。

④叠加层数最多的组将获胜。

⑤主讲人将规定时间内高塔倒塌前的最高高度作为有效成绩。

⑥各组至少搭建一个基本的层数（可以事先规定，大概和各组的人数差不多）。没有完成任务的小组，将接受惩罚。

七、回顾分享

①如何对资源进行分配？采用什么方法可以把塔叠得更高？

②在叠塔的过程中，每个人都担任了什么样的角色？

③建塔的过程中最困难的是什么时候？我们如何面对？

④保证团队决策的科学性。

⑤遇到挫折时要坚持不放弃。

⑥如何与组员保持顺畅的沟通？

第六节　盗梦空间

一、项目概述

项目性质：沟通方式 / 沟通技巧 / 陌生感

项目难度：★★★

项目时间：45 分钟

项目人数：11～20 人一组，可分成多组

“盗梦空间”又称为“画中画”，是让学生利用简单的图片信息，通过交流等方式，最终找出正确答案的项目（见图 8-7）。该项目旨在培养学生的沟通能力。

图 8-7　盗梦空间

狮子和老虎之间爆发了一场激烈的冲突，最后两败俱伤。狮子快要断气时，对老虎说：“如果不是你非要抢我的地盘，我们也不会弄成这样。”老虎吃惊地说：“我从未想过要抢你的地盘，我一直以为是你要侵略我的地盘。”在生活中，类似的现象时有发生，如果我们能够认识到相互沟通的重要性，会避免产生很多误会。你会沟通吗？

二、场地器材

任务卡 1 套（30～36 张），秒表 1 个，室内可备用椅子若干把等。

三、学习目的

①培养学生的沟通技巧。

②让学生获得打破固有思维的勇气和方法。

四、项目要求

①学生不允许让别人看自己的图。

②学生按照图片的先后顺序排列，交给主讲人。

③学生只能进行情景描述。

④如果有学生认识这套图片，主讲人要示意其保密，以保护其他人的体验感。

⑤主讲人要严格控制一切企图给他人展示图片的行为，尤其是活动刚开始后。

⑥主讲人要注意避免学生之间发生争吵和冲突。

⑦主讲人要记录关键行为的时间点及每次扣分的原因。

⑧主讲人要事先设计好回顾思路，选择合适的回顾方法。

⑨主讲人要以现场实际发生的状况为出发点来引导学生，增强体验感和回顾的可信度。

⑩活动可采用积分等方式来决定胜负。

五、安全事项

①各组的间隔要适当。

②主讲人要避免组员之间的言语冲突。

六、项目控制

①学生要将30张卡片按照顺序排列。

②每位学生拿1～2张图片，不能给别人看，只能通过语言交流俩完成任务。

③除了交卡片以外，学生不能离开座位。座位也不能移动。

④每次只允许一个人交一张卡片。

七、回顾分享

①你说清楚你的卡片了吗?

②你听明白了吗?

③关于这次沟通任务，有人组织吗?

④学生通过回想生活中的真实案例，分享自己在生活中是如何解决沟通障碍的问题。

⑤什么是你没有提到的?

⑥影响沟通的重要因素是什么?

⑦聆听在沟通中有多大的重要性?

第七节　达·芬奇密码

一、项目概述

图 8-8　达·芬奇密码

项目性质： 沟通方式 / 沟通技巧 / 陌生感

项目难度： ★★★

项目时间： 45 分钟

项目人数： 11～20 人一组，可分成多组

"达·芬奇密码"是一个需要团队具备较高协作性的项目，需要进行多轮，直到一个团队全部完成任务就结束（见图 8-8）。该项目旨在让学生掌握正确的沟通方式，根据沟通对象的不同提出正确、可行的方案，避免因沟通不畅导致的人际关系破裂、矛盾升级等状况。

> 《达·芬奇密码》是美国作家丹·布朗（Dan Brown）创作的长篇小说。小说体现了侦探、惊悚和阴谋论等多种风格，最耐人寻味的是作家对达·芬奇的艺术作品，如《蒙娜丽莎》《达·芬奇自画像》《最后的晚餐》，进行了"颠覆性"的解读。今天，我们就来解读几组数字。

二、场地器材

纸牌若干套，口哨 1 个等。

三、学习目的

①让学生认识团队中沟通、倾听、服从的重要性。

②提升学生的团队执行力和协作能力。

③帮助学生形成团队信任感。

四、项目要求

①活动开始前，各组可练习 1～2 次。

②学生要具有相当高的协作性。

③组与组的间隔要适当。起点与终点的延长线应始终保持一致。

④主讲人可以指定某一种步法，如猫步、袋鼠跳等。

⑤分组比赛的效果会更好。

五、安全事项

①活动场地要平整、宽敞。

②主讲人可以安排不适宜参与该项目的学生做裁判等工作。

③每组的终点处应安排一位裁判。

六、项目控制

①活动开始前，主讲人应明确起点与终点。

②终点有从 A 到 K 的 13 张扑克牌，它们分别代表 1～13。

③主讲人要将扑克牌的背面朝上，全部铺开摆成不规则的形状，不能将两张或者以上的扑克牌重叠在一起。每组以接力的形式到达指定区域，从小到大翻牌。

④学生每次只能动一张牌，翻对了打开，翻错了扣回去，翻完后返回与下一位组员击掌，然后排到队伍的末端，下一位组员击掌后出发继续翻。

⑤扑克牌的位置不可以改变，只可以翻过来或者扣回去。

⑥学生不可以用手机拍照或者用其他形式记录牌面的信息。

⑦如果前一位组员翻错了没有扣回去，下一位组员需要纠错，纠错后就没有翻牌的机会了。

七、回顾分享

①个人在团队中的优势是什么？

②我们要实现资源利用的最优化，真正达到双赢。

③复杂的问题应该怎样简单化处理？

④团队中下达的命令是否清楚？组员能否贯彻执行？

⑤主讲人让学生谈谈完成任务的感受。

第八节 哑人筑大雁塔

一、项目概述

图 8-9 哑人筑大雁塔

项目性质：沟通方式 / 沟通技巧 / 陌生感

项目难度：★★★

项目时间：30～60 分钟

项目人数：11～20 人一组，可分成多组

“哑人筑大雁塔”是要求学生在一定时间内，按照事先设计的塔身，尽快完成多层塔体的构建的项目（见图 8-9）。该项目旨在

让学生在团队中明确目标，采取一致的行动，重视沟通和信息共享的作用。

> 大雁塔，建于唐代，是我国最著名的古代建筑之一，又名“慈恩寺塔”。大雁塔作为现存最早、规模最大的唐代四方楼阁式砖塔，是凝聚了中国古代劳动人民智慧结晶的标志性建筑。今天，我们来搭建一座塔。

二、场地器材

扑克牌2副，写有角色具体信息的纸条（每组一套），计时工具等。

三、学习目的

①培养学生在团队中沟通和共享信息的能力。

②让学生认识到团队有效的分工和明确的责任是高效团队的基础。

③帮助学生理解尊重团队、坚守职责的重要性。

四、项目要求

①主讲人将扑克牌按要求摆好，保证牌的数量、颜色、花色要正确。

②主讲人必须知道1、2号的角色具体是谁，其他的角色可以随机分配。

③主讲人需要事先确认发给每组的牌，帮助学生完成最终的任务（其中一张需要到主讲人那里换取）。

④花牌是指J、Q、K。

⑤即使活动超过了规定时间，主讲人也尽量让每组都完成任务。

⑥活动中如果有人员上的变化，主讲人可以增加或减少角色8的内容，可以变化塔的层数，可以改变对每层的要求。

五、安全事项

①主讲人要讲清规则，做到语言简练。

②活动可以分组进行。

③活动过程中要安排裁判。

④活动时间保持在30分钟以上。

六、项目控制

①整个活动要在规定时间内完成，最早完成者获胜。

②学生不能让其他人知道自己的角色信息。

③学生在活动全程不能发出声音。

④学生在活动全程不能使用书写、短信、电话等方式沟通（可用手势）。

⑤每组有一次换牌的机会。

⑥主讲人分配角色。

主讲人将活动前准备好的有角色信息的纸条随机分发给每个人。每个角色有不同的信息（助教须记住拿角色 1、2 的人，可以事先确定好人选）。

角色 1：你是团队领袖，你们要搭建的塔为 3 层。

角色 2：团队里只有你和团队领袖可以接触扑克牌。

角色 3：你们要建的塔的第 1 层是 4 张牌，有 2 张是红色牌。

角色 4：你们要建的塔的第 2 层是 3 张牌，有 1 张是梅花牌。

角色 5：你们要建的塔的第 2 层有 1 张是方块牌。

角色 6：你们要建的塔的第 3 层是 1 张牌，必须是花牌。

角色 7：你们要建的塔的第 1 层有 1 张红桃牌和 1 张黑桃牌。

角色 8：你是观察者，整个过程中请保持沉默。

⑦主讲人给每组发 10 张扑克牌，叠着扣在桌面上（每组完成任务需要 8 张扑克牌，可以发更多的牌）。

⑧活动开始后，除了角色 1、2 可以接触扑克牌外，其他人接触一次牌就是犯规一次。犯规一次扣除 1 分钟的活动时间；开口说话的扣除 5 分钟的活动时间。助教记下所负责组的犯规情况并及时大声告知。

⑨完成任务的小组举手示意（主讲人确认并计时）。

七、回顾分享

①要完成我们的目标，必须依靠团队的力量。你获得的体会是什么？

②团队里每个人承担着不同的任务，做好自己应该做的就是对团队最大的贡献。你认可吗？为什么？

③我们平时的生活中也有很多这样的规则，你能结合实例谈谈吗？

④领导者需要及时制止错误。作为角色 2 的你知道有些人不能接触牌，当有些人因接触牌在不断犯规的时候，你应该怎么办？通过什么方式告诉他们或者把扑克牌先收到自己的手中？你掌握沟通的关键因素了吗？

⑤沟通顺畅的团队会获得更好的成绩。表示同意的方式有很多，哪种是我们都能理解和接受的呢？

⑥我们善于观察，善于学习。角色 8 在活动中是旁观者，每个旁观者的收获是不一样的。

第九节　罐头鞋

一、项目概述

图 8-10　罐头鞋

项目性质：沟通方式 / 沟通技巧 / 陌生感

项目难度：★★★★

项目时间：50 分钟

项目人数：4 人左右，板上不超过 14 人；没有男学生的队伍，女学生无明显较大力量者可以适当获得帮助或改做其他项目；建议最少有两三名男学生为佳，其余人员参与保护

"罐头鞋"是一个团队合作应对困难的挑战性项目，会使参与项目的部分人员消耗较大的体能（见图 8-10）。学生的付出精神对于团队挑战成功起着至关重要的作用。

> 一支小分队在输送后勤物资的过程中，必须要经过一片沼泽地，在后有追兵的情况下，面前只有三个浮标和两块窄板，这是通过沼泽地的唯一途径。要尽快摆脱追兵，如果你是小分队长，你会怎样利用现有资源顺利经过沼泽？

二、场地器材

场地要平整，长 20m、宽 3m；汽油桶 3 个，分别涂上红、黄、绿 3 种颜色；长 3.5m、宽 0.28～0.3m、厚 0.07m 的黄华松木板 2 块，每块木板平均分成三部分，分别涂上红、黄、绿 3 种颜色。

三、学习目的

①培养学生的团队决策能力和沟通能力。

②培养学生相互沟通的意识，提高克服沟通障碍的能力。

③培养学生在解决问题时合理分配人力资源和分工协作的能力。

④培养学生系统思考的能力。

四、项目要求

①学生相对均匀地站在木板上，不能在木板上故意晃动和打闹。

②学生需要在木板与桶上活动，注意不要跌落下来。

③学生按照出生的月、日排序，完成任务后将手放在身体前面下垂交叉示意。活动

中如果需要调整位置，必须面对面扶肩调整，相邻学生应互相帮助。

④ 40 分钟之内，学生利用两块板和三个桶，到达指定地点。

⑤活动中任何人身体的任何部位不能触地，木板也不能触地。

⑥当学生需要挪动木板时，要避免手指被压在木板与桶之间，避免被扎伤。

⑦桶不能放倒滚动。主讲人认为有危险叫停后，学生必须停止，按要求完成任务。

⑧活动结束后，学生要按主讲人的要求回到地面，不能突然跳下。

⑨活动要虚拟沼泽地的场景。

五、安全事项

①活动过程中，主讲人应保证每位学生的安全。

②学生在挪动木板时，主讲人应时刻关注学生，防止他们失去重心掉下来。

③学生在挪桶时，主讲人应跟在他们的旁边，将双臂伸开准备保护。

④主讲人应注意木板上排列较密集的学生，不断提醒他们注意安全，以免掉下木板。

⑤利用杠杆原理，支点的后方至少需要有板长的三分之一。至少有 4 个体重较大的学生站在上面，并且有人扶，其他学生做动作要轻。主讲人要随时做好保护准备。

⑥当学生抬、放木板时，主讲人大声提醒他们防止压手、压脚。

⑦有学生调整位置时，主讲人应伸手保护。学生身后最好有一人保护。

六、项目控制

①主讲人要确认学生的参加人数和学生的体型特征。当学生的人数超过 16 人时，其他人参与保护。

②主讲人要做到语言精练，重点突出，讲解清楚，确保学生了解任务要求。

③主讲人要鼓励全体学生参加，因身体原因不适合参加者，可安排其做观察员或参与保护。

④主讲人要不断强调安全事项，避免学生在着急时受伤。

⑤主讲人要关注挪桶与传放木板的学生，保证他们不要受伤。

⑥主讲人可以适当准备 2 双手套，以便在学生需要时使用。

⑦木板不可以只搭在桶边上，防止板上站人后下弯变短滑落。

⑧木板不可以并列放在桶上，不可以斜搭在桶上，也不可以出现跷跷板的现象。

⑨当两块木板重叠时，学生不能抽动下方的木板。

⑩学生长时间站在木板上时，如出现身体不舒服的情况，主讲人应及时处理。

七、回顾分享

①主讲人对学生为完成任务所做出的努力给予肯定，鼓励学生与大家分享自己的感受。

②完成任务的过程中是如何进行决策与尝试的？如何调整前期做出的决策？

③主讲人引导学生分析被动等待与服从调动对完成任务的价值。

④主讲人利用杠杆原理确认和检测活动的可行性，确保学生安全完成任务。

第十节　巧解烦恼

一、项目概述

项目性质：沟通方式 / 沟通技巧 / 陌生感

项目难度：★★★

项目时间：30～60 分钟

项目人数：全班学生

图 8-11　巧解烦恼

“巧解烦恼”项目可以帮助学生找到应对问题和烦恼的办法（见图 8-11）。每个人在成长的过程中，难免要遇到各种不顺心的事，都有自己的问题和烦恼，都需要勇敢地面对。但不是所有人都能有效地应对烦恼，有时候需要他人的帮助。

> 烦恼，通常是指内心的烦闷苦恼或焦虑不安。心理学家认为，悲伤、愤怒、恐惧就是烦恼。用通俗的话来讲，就是负面情绪、不好的心理状态。心理学利用两个概念来区分不同的烦恼的处理方法：一是原生情感，二是次生情感。原生情感是指初始的、基本的内心情感反应，次生情感是伴随原生情感反应而产生的情感反应。

二、场地器材

纸、笔、容器等。

三、学习目的

①发挥学生的集体智慧，让学生信任他人。

②培养学生对突发事件的应变能力。

四、项目要求

①主讲人可以让每人至少列出几件烦心事。

②学生采用随机的方式选取问题。

③学生在规定时间内完成回答。

五、安全事项

①学生说话时不能进行人身攻击等。

②学生要注重文明用语，尊重别人的付出。

六、项目控制

①主讲人让学生说出自己的问题和烦恼。

②主讲人让学生想出一个与讨论议题相关的问题或烦恼，匿名写在纸上，揉成一团放到容器里。

③主讲人让各组的学生代表分别从容器中随机抽出一张纸条，并大声朗读上面的内容。

④学生回到各组中与组员进行 2 分钟的协商，尽可能地想出解决方法，并记录在纸上。

⑤主讲人依次公布各组的答案。如果有需要补充的，学生可以在各组结束发言之后补充。

七、回顾分享

①为什么有些烦恼无法解除？

②在你们听到的烦恼中，哪些属于“自寻烦恼”？

③活动结束后，你们了解了多少应对烦恼的方法？

④是否通过活动了解到每个人应对烦恼的方法各不相同？是否发现生活中别人也需要自己的帮助？

⑤是否发现自己解决不了一些问题的时候，通过相互体谅和协作就能解决？

第十一节 举案齐眉

一、项目概述

项目性质：沟通方式 / 沟通技巧 / 陌生感

项目难度：★★★

项目时间：20～40 分钟

项目人数：10～15 人一组

“举案齐眉”是让所有学生用手指把一根水平的木棍同时抬起的团队项目（见图 8-12）。这个项目可以让学生认识到团队合作的重要性，旨在提升学生的沟通能力。

图 8-12 举案齐眉

举案齐眉出自《后汉书·梁鸿传》："为人赁舂，每归，妻为具食，不敢于鸿前仰视，举案齐眉。"这是赞美夫妻美满婚姻的专用词，形容夫妻相互尊敬。在生活节奏如此快速的今天，相互尊敬的精神适合家庭的同时，也适合团队。

二、场地器材

3m 左右的细直棍（齐眉棍）、口哨等。

三、学习目的

①培养学生在团队中的沟通技巧。

②培养学生的团队协作能力，让学生学会配合他人完成任务。

四、项目要求

①学生面对面站成两列。

②学生举起双手，与额头齐平，伸出食指。

③学生用食指托起直棍，然后缓慢下降，最终将直棍放在地上。

④学生的食指不能与直棍脱离，必须时刻紧贴直棍。

⑤活动开始前，各组可以先内部沟通，如统一命令、任命组长等。

⑥活动可以分多组进行。组员可以站成一列或者相对而站。

五、安全事项

① 齐眉棍两端的切口必须平整，不能出现尖角。

②多组进行时，要控制好间隔的距离。

③活动前后，学生不能使用齐眉棍打闹、嬉戏等。

六、项目控制

①主讲人准备一根齐眉棍。

②主讲人让学生站成相对的两列，水平伸出食指，统一到胸口的高度。

③主讲人将齐眉棍放在学生的食指上，必须保证每个人的食指都接触到齐眉棍，并且将手放在齐眉棍的下面。

④学生要将齐眉棍保持水平。各组的任务是，在保证每个人的手都在齐眉棍的下面的情况下，将齐眉棍完全水平地往下移动。一旦有人的手离开齐眉棍或齐眉棍没有水平往下移动，任务就算失败。

⑤学生必须全部参加活动。主讲人要严格监督，引导学生在活动中思考和调整方法。

七、回顾分享

①团队领导要勇于承担责任；领导力强的团队才能有较高的工作效率。团队领导的能力和素质较低，会使整个团队的运作效率较低。

②鼓励会使学生更加努力地改善自己的工作，会使学生彼此信任，会使团队更加和谐。

③团队需要设立目标，将这些目标细分成阶段目标，层层分解到个人，并让个人目标成为团队目标的一部分，让每个成员都感到在为一个团队工作，发挥每个人的作用。

④和谐的团队会为实现目标尝试不同的方法。

⑤该项目带给我们的启示是什么？

⑥主讲人引导学生列举生活中类似的沟通不畅的问题，并讨论应该如何解决。

思考题

1. 简述沟通类项目的作用。
2. 阐述 3～5 个沟通类项目的整个结构。
3. 简述“盲人方阵”项目的要求及安全事项。
4. 改编 3～6 个沟通类项目的规则。
5. 创编一个沟通类项目。

第九章

应对类项目

1. 了解应对在团队建设中的重要性。
2. 培养大学生在团队突发事件中的应对技巧。
3. 掌握大学生的应对特点。
4. 熟悉大学生处理问题的应对策略。

应对是当一个人判断与环境的交互作用可能会给自己带来负担，甚至超出自己拥有的资源时，为处理这种交互作用的内、外需求而采取的认知和行为上的努力，体现了个人和团队素养的核心竞争力。本章应对类项目共编写了“孤岛求生”“有轨电车”“击鼓颠球”等 11 个项目。每个项目从项目概述、场地器材、学习目的、项目要求、安全事项、项目控制、回顾分享 7 个环节做了详细介绍。

第一节 孤岛求生

一、项目概述

项目性质： 团队应对类

项目难度： ★★★★

项目时间： 60 分钟

项目人数： 14 人左右

图 9-1　孤岛求生

“孤岛求生”是团队应对类的经典项目之一，其所蕴含的道理和揭示的问题能够让我们回味无穷（见图 9-1）。孤岛上发生的场景，在生活中随处可见。但愿我们以此为鉴，扬长避短，对我们的生活有所帮助。

你们正随着一艘游船漂浮在太平洋的海面上，一场原因不明的大火烧毁了船身及大部分内部设备。比较幸运的是你们还活着，并且被冲到了不同的小岛上。接下来你们怎样生存？

二、场地器材

三座孤岛或者由 12 个 60cm × 60cm × 25cm 的木箱组成的孤岛，木板 2 块，塑料桶 1 个，羽毛球 5 个，任务书 1 套，白纸 2 张，生鸡蛋 2 个，筷子 2 双，1 段 50cm 透明胶带缠在筷子上，笔 1 支，眼罩 5 个等。

三、学习目的

①让学生学习层级、部门以及不同角色人员之间的有效沟通。

②培养学生的领导力，学会换位思考。

③让学生学会突破思维定势，培养学生的创新与风险意识。

④让学生意识到信任与合作对于完成任务的重要性。

四、项目要求

①主讲人将学生分成三组，可以有针对性地进行调整。

②主讲人给一组人戴上眼罩，把他们带到盲人岛，告知所处环境并要求注意不要掉下去。

③主讲人将一组人带到哑人岛，告诉他们如果违规，将会受到惩罚。

④主讲人将一组人带到珍珠岛。

⑤主讲人将珍珠岛的任务书、鸡蛋、笔、白纸、筷子与胶带发给珍珠岛上的一位学生。

⑥主讲人将任务书交给哑人岛上的任何一人，将盲人岛的任务书悄悄塞给盲人岛的一位学生，并且将羽毛球分发给学生。

⑦主讲人宣布活动开始，限时 40 分钟。

五、安全事项

①主讲人重点监控盲人岛上的学生，在他们等待救援时，及时提醒他们注意自己岛上的位置，不要掉下去。

②在木板搭好后，当盲人向其他岛移动时，主讲人注意监控他们，以防其掉下木板。主讲人应随着他们一起移动，张开手臂做出保护的姿势，并与他们保持适当的距离。

③一个岛上集中的人数较多时，主讲人尽量将盲人安置在岛的中间部分。

④主讲人要提醒盲人在摘眼罩时要先闭眼，再摘眼罩，然后捂住眼再慢慢睁开眼。

⑤在哑人利用杠杆原理搭板时，主讲人要提醒其不要压伤手指和脚。木板搭好后防止呈跷跷板的状态。

⑥大多数人集中到一个岛上时，主讲人要提醒他们相互保护。

六、项目控制

①主讲人要做到语言精练，重点突出，讲解清楚，及时反馈，确保学生了解任务要求。

②如果团队中有人做过此项目，主讲人安排其做观察员或记录员。

③男、女生搭配合理。哑人岛上尽量安排一个力气大的男学生。

④主讲人严格按照规则要求学生，如发现盲人摘眼罩，哑人说话时应立即禁止，并告知其如果再违规将受到惩罚。

⑤主讲人密切监控哑人，防止他们在盲人未投进球前挪动木板。

⑥时间过半仍无人下岛，主讲人提醒学生反复、认真、仔细地看任务书。

⑦活动伊始，有人无意落水，主讲人建议装作没看见。时间过半，主讲人可以利用学生偶然落水的机会将其带至盲人岛。

⑧除盲人以外，其他人不能触球。盲人长时间仍无法扔进球时主讲人可将桶挪近。

⑨如果发现学生有隔岛传递或两岛之间传看任务书的情况，那么主讲人应及时制止。

⑩户外活动时，主讲人可以画圈做“岛”，用纸做“板”。

七、回顾分享

①主讲人安排同一个岛上的学生坐在一起，让他们谈谈自己的感受，自由争辩。

②主讲人不要过早进行总结，可以先让学生分享和探讨。

③主讲人让各自岛上的人员大声读一遍任务。

④主讲人在确认完成任务的程序后，引导学生不再谈求救的方法与技术问题，可以谈谈哪些问题影响了任务的完成。

⑤主讲人引导学生分析 3 个岛各代表高层、中层、基层的哪一层级，并确认理由和获得认同。如果争议较大时，学生可以询问：高层是不是决定、制订整体的计划与目标？哪个岛知道最终的任务？哪个群体需要别人不断指挥以按要求工作？投球的人在没人指挥的情况下能否完成任务？

⑥主讲人让不同层级的学生重点分析一个层级。

⑦最大的困难来自沟通：沟通方式的不同、信息的不对称、沟通对象的选择、沟通时机的选择、沟通信息的发送、接受与反馈等。学生运用专业知识进行简单的总结，针对哑人岛谈谈怎样才能做好“上传下达”的工作。

⑧学生要突破语言与文字的误区，突破常规思维。

⑨针对珍珠岛上的人如何选择任务，主讲人可以引导学生分析紧急与重要的事情。

⑩对于盲人岛上的人，主讲人要引导他们谈谈积极主动的工作愿望、努力想办法完成任务的能力和如何去工作。

⑪主讲人引导学生谈谈彼此的信任与全局观。

⑫层级管理分析的问题。我们最擅长的是对下级的管理。同级间的管理是较为困难的，主讲人可以和学生分享“第一把交椅与长凳领导”的管理理念。向上管理也是一种管理能力的体现。

⑬简单的物理定律的运用说明了什么？哪些是值得我们反思的？

⑭主讲人可以将关于三个层级的“梯子的比喻”与学生进行分享。

领导决定把梯子放在哪面墙上，管理层决定如何放梯子并确定可行性，基层学会如何运用梯子并合理使用梯子来完成任务。

⑮在整个活动中，如果与学生产生争执，主讲人要让学生将三份任务书读一遍；将争议交给学生讨论，主讲人不要过早地提出观点；主讲人不要站在学生的对立面，多给学生适当的正面激励。

孤岛任务书

盲人岛——1 号岛

一、任　务

①将 1 个羽毛球或网球投入桶中。

②将所有人集中到同一个地方。

二、可用资源

①数个羽毛球或网球。

②学生的聪明才智。

三、周边地形

学生现在处在盲人岛上，周边激流湍急并布满漩涡。任何想通过激流离开孤岛的企图都是徒劳的，学生只要触及激流，立即会被冲回孤岛；激流远处的岩石上固定着一个桶。

四、规　则

①为了安全，学生不能踏入激流。

②在整个过程中，学生需要戴上眼罩。

哑人岛——2 号岛

一、任　务

①帮助盲人。

②将所有人集中到同一个地方。

二、可用资源

①2块木板。

②学生的聪明才智。

三、周边地形

学生现在处在哑人岛上，周边是湍急的水流。任何从岛上坠落的物品，都将被激流冲至盲人岛（1号岛）。

四、规　则

①任何物品、任何人触及激流，将被迅速冲至盲人岛。

②盲人岛上的盲人们完成第一项任务前，哑人不能使用木板。

③在完成任务前，哑人不能从嘴里发出任何声音。

④只有盲人可以触球。

⑤哑人是唯一可以使用木板的人。

珍珠岛——3号岛

一、任　务

①学生使用岛上资源，将2张纸、4根筷子和几段胶带作为鸡蛋的外包装。学生要站在岛上，手持包装好的鸡蛋，平伸，然后撒手，使落下的鸡蛋着地不碎。

②将所有人集中到珍珠岛上。

③学生随着一艘游船漂浮在太平洋的海面上。一场原因未明的大火烧毁了船身及大部分内部设备。由于关键的航海仪器被损坏，学生不知道自身所处的位置。最近的陆地大约在西南方向上，最乐观的估计，学生离那里有1500km。下面列出15件未被大火烧毁的物品。学生的任务是把这15件物品按求生过程中的重要程度排列：把最重要的物品放在第一位，把次要物品放在第二位，依此类推，直到排至相对不重要的第15件（所列物品均为虚拟），如下表。

表1　15件物品的排序

物品	序号	物品	序号
指南针		小半导体收音机	
剃须镜		驱鲨剂	
1桶25kg的水		5m² 不透明塑料布	
蚊帐		1瓶烈性酒	
1桶压缩干粮		15m的尼龙绳	
若干太平洋海区圈		2盒巧克力	
1个救生衣		钓鱼具	
1桶9L的油气混合物			

二、周边地形

学生现处在珍珠岛上，周围是湍急的水流。任何触及水流的物品将被冲至盲人岛（1号岛）。孤岛的中央非常坚固，但当遇到强大的压力时，周边的松软土地将崩塌。

三、规则

①岛不能移动。

②岛的边界不能改变。

③所有物品、所有人不能进入激流，否则将被立即冲至盲人岛。学生可以运用一些物理定理完成任务。但是，如果学生不能准确运用这些定律，将会导致危险的后果。

第二节 有轨电车

一、项目概述

项目性质：团队应对类

项目难度：★★★★

项目时间：60分钟

项目人数：14～20人

“有轨电车”是一个以团队挑战为主的项目，考验学生协调一致、团结合作的能力（见图9-2）。学生步调一致走出的不仅仅是困境，也是一种精神和希望。

图9-2 有轨电车

> 团队身处一片沼泽地，所有人只有使用两块木板才能走出去。由于暴雨将至，每一次要尽可能多地安排人逃生。在行走时，如果出现步调不一致，就有可能会摔倒或者从木板上掉下来，这样将会被沼泽淹没。为了你和同伴们的安全，请尽力协调合作完成。

二、场地器材

平整且不小于25m^{2}的场地；每组各2块长3～7m、宽0.15～0.20m、厚0.06～0.09m的木板（距板头0.15m处开始打孔，每隔0.6m打一孔，孔打在板中间，从孔中穿过长1.2m、粗0.015～0.02m的绳子，并在下方打节）。

三、学习目的

①让学生体验有轨电车的挑战。

②让学生体验多人协作时的团队一致性。

③训练团队在短时间内建立统一指令和达成一致的行为。

四、项目要求

①学生如果有严重的外伤史和不适合参加此类活动的，可以不参加。

②活动尽量在平整开阔的场地上进行。

③学生在活动中的行走速度不宜太快。

④如果安排拐弯，拐弯处要防止侧滑。

⑤主讲人一定要全程跟随学生，做好保护准备和安全提示，防止学生从板上摔下来。

五、安全事项

①人多时，学生可以交替进行活动。

②学生可以分开进行模拟练习。

③活动中最好由参加活动的学生指挥。

④学生不能下地指挥。

⑤主讲人适当增加难度，安排转弯等练习，在出现拐弯时要提醒学生减慢速度。

⑥没有参与的学生可以在旁边参与保护。

六、项目控制

①主讲人将学生分为三组，每组有 10 人左右。

②学生将两脚踩在大约长 3.6m、宽 0.15m 的木板上，用双手提着与木板连接的绳子，按照主讲人的命令前进或后退。

③主讲人可以增加难度（上坡、拐弯、后退等），最好将男女分开。

④在主讲人发出指令后，每组组员按照规定的轨道开始前进。

⑤最快到达终点的小组获胜。

七、回顾分享

①主讲人对所有人齐心协力完成任务的小组给予肯定和鼓励。

②任务的完成需要所有人的相互协调。主讲人让学生分享自己的感受。

③经验是在不断地尝试与失败中总结出来的。主讲人让学生谈谈积极的尝试对于完成任务的重要性。

④完成任务的关键是什么？

⑤指挥者和领导者的异同是什么？

⑥团队不同的节奏产生的效果不同，取得的成绩也各不相同。团队之间要相互学习、取长补短。

⑦学生要协调一致，找到共同的节奏后，会提高工作效率。

⑧一个组织，就像在一条船上，若不同心协力，就很难前进。只要有一个人和大家不和谐，就会造成负面的影响。而个人的能力越强，对组织造成的危害越大。

⑨在组织内部，良好的沟通很重要。

⑩领导的指挥和控制对于工作效率的影响很大。

第三节 击鼓颠球

一、项目概述

项目性质： 团队应对类

项目难度： ★★★★

项目时间： 60 分钟

项目人数： 14～20 人

图 9-3　击鼓颠球

“击鼓颠球”又称为“鼓动人心”，是一个以团队挑战为主的项目，旨在考验学生的团结协作能力（见图 9-3）。该项目主要是让学生体验到团队精神的心理效应，使彼此之间更加默契，增强团队的凝聚力；使学生认识到团队的意义及自己的价值，从而提高学生相互配合、相互协作的能力。

> 众人牵拉着一个拴有 10 多根绳的大鼓，将一个排球不断颠起。让我们努力颠起更多的次数吧。200，300，400？也许更多。

二、场地器材

平整场地 1 块，拴有 10～20 根 3m 长绳的大鼓若干个，排球或同类用球若干个。

三、学习目的

①培养学生取长补短、团结协作实现共同目标的能力。

②培养学生不怕挫折和不断进取的精神。

③让学生感受相互鼓励对完成任务的积极作用。

④让学生感受团队成长的过程。

四、项目要求

①各组将会获得一个球、一个鼓和若干根绳子。

②主讲人将绳子捆绑在大鼓侧面的扁带上，使每位组员都能通过一根绳子拉着鼓。然后组员通过练习达到颠球百次的预期目标，并参加比赛。

③每人牵拉一根或两根绳子，必须抓握绳子末端的绳套处。

④主讲人将一个排球放在鼓面上，让学生在通力协作下，使鼓有节奏地、平稳地把球连续颠起。

⑤球颠起的高度不低于鼓面 30cm，球不能落到鼓面以外的其他地方，否则重新开始计数。

五、安全事项

①活动需要足够大的平坦场地，确保场地上不要有石头、木棍等障碍物。

②学生要注意爱护鼓，不要将鼓摔到地上。

③学生不要在地面上拖拉鼓面，以防磨损鼓面。

④学生不能穿带后跟的鞋参加颠球活动。

六、项目控制

①学生必须戴好手套。

②学生只能用鼓和绳子接触球。

③在移动的过程中，学生要注意周边的障碍物，不要撞到障碍物上。

④在移动的过程中，学生要注意动作的幅度不可过大；感觉手里的绳子绷紧的话，应该立即松手，不要硬拽。

⑤学生不能将绳子缠在手上。

⑥学生不能故意干扰其他组颠球。

七、回顾分享

①在活动中，你认为最困难的部分在哪里？

②你认为该活动的技巧是什么？

③你认为完成任务的关键是什么？

④怎样与组员保持同步？

⑤我们协调一致，找到共同的节奏后，工作效率会特别高吗？

⑥当遇到困难时，你会主动克服吗？

⑦在组织内部，良好的沟通很重要。

⑧分享故事。一天，动物园管理员发现袋鼠从笼子里跑出来了，于是开会讨论，一致认为是笼子的高度过低。所以他们决定将笼子的高度由原来的10m加到20m。结果第二天，他们发现袋鼠还是跑到了外面，所以他们又决定再将高度加到30m。没想到隔天居然又看到袋鼠全跑到外面，于是管理员们将笼子的高度加到100m。长颈鹿和几只袋鼠们在闲聊。长颈鹿问："你们看，这些人会不会再继续加高你们的笼子？""很难说，"袋鼠说，"如果他们再继续忘记关门的话！"启示：事情有"本末""轻重""缓急"。关门是本，加高笼子是末，舍本而逐末，当然就不得要领了。

第四节　罗马战车

一、项目概述

项目性质： 团队应对类

项目难度： ★★★★

项目时间： 60分钟

项目人数： 14～20人

"罗马战车"是一个大型的模拟管理体验的项目，让学生通过竹竿和绳索组合完成任务（见图9-4）。该项目能够加强学生在团队中的沟通、分工、参与、执行和管理等能力。

图9-4　罗马战车

> 两军在交战中，一支队伍被敌军冲散，枪支、弹药也被敌人偷袭并全部炸毁。为了坚守阵地，该队伍必须在规定时间内夺回阵地，并利用周围环境的石头、竹竿等材料进行攻击。他们应该怎样制造武器？

二、场地器材

长短、粗细不同的竹子若干个等。

三、学习目的

①让学生明确团队目标。

②让学生能够发掘团队的优秀元素。

③培养学生的领导力、做事的计划性、行动力、团队精神、有效沟通能力，让学生勇于承担责任，学会聆听。

④提升学生团队及个人能力。

四、项目要求

①活动开始前，学生要先进行热身。

②主讲人要激励学生的斗志，做好对学生感受的记录（回顾分析用）。

③主讲人要观察学生的活动过程，但不干预，不给任何意见。

④主讲人引导学生从结果中检讨，发现事实，接受事实，然后完善、提升。

⑤学生利用所给的竹子与绳子搭建一个罗马战车。

⑥罗马战车在投射炮弹时，其射程达到 5m 以上。

⑦竹子要结实、稳固和整齐。

五、安全事项

①活动选择在一个空旷的场地上进行。

②主讲人要给学生提供手套，避免竹竿刺伤手。

③主讲人要做好突发事件的应急预案。

④在组织多组竞赛时，主讲人要注意拉开各组间的距离，防止学生冲撞碰伤。

⑤学生在操作台完成投射准备后要报告主讲人，在没有得到许可的情况下，不能擅自投射。

⑥投射过程中应根据场地的大小确定统一投射或单独投射，避免砸伤。

⑦学生投射时要远离人群。

⑧投射的材料不能太重或者尖锐。

六、项目控制

①主讲人询问并记下学生在完成任务的过程中的心理感受。

②主讲人对项目的操作进行讲解。

③主讲人引导学生总结感悟。

七、回顾分享

①你们对结果满意吗？

②每个人对项目的操作过程提出一个改进的方案或建议。

③其他人同意你的建议吗？

④你在活动之前大声地提出自己的意见了吗？

⑤当你的意见不被接受的时候，怎么办？

⑥团队分工合理吗？有计划吗？有人会没有事情做吗？为什么？

⑦有没有出现一个核心人物？这个人物是谁？这个人物是否有效地进行指挥？

第五节 愚公移山

一、项目概述

项目性质：团队应对类

项目难度：★★★★

项目时间：60分钟

项目人数：14～20人

图 9-5 愚公移山

“愚公移山”也称为“汉诺塔”，是要求所有学生合作将碟子从一个位置移动到另一个位置，旨在培养学生不怕吃苦、不惧怕困难的精神以及敢于改造自然、征服自然的精神的项目（见图9-5）。该项目能反映一个团队的精神面貌，适合在室内外进行，是素质拓展的经典项目之一。

> 《愚公移山》是我国古代寓言故事，出自《列子·汤问》，作者是战国的列御寇，叙述了愚公不畏艰难，坚持不懈，挖山不止，最终感动天帝而将山挪走的故事。通过愚公的坚持不懈与智叟的胆小怯懦以及“智”与“愚”的对比告诉人们，无论遇到什么困难，只要有恒心、有毅力做下去，就有可能获得成功。

二、场地器材

5种型号的碟子若干个、口哨1个等。

三、学习目的

①培养学生良好的人际关系。

②让学生体验领导的作用及其对集体的影响。

③让学生学会在条件限制与慌乱的情景下独立应对问题。

四、项目要求

①活动场地应宽敞、平整。

②各组应间隔适当的距离。

③多组比赛时，起点与终点的方向必须一致。

④活动中如果有人发出声，那么活动将重新开始。

⑤学生移动碟子时不能借助外界的任何信息，必须独立判断思考。

⑥在规定时间内，完成任务的组获胜。

⑦活动中可以多组同时进行比赛，也可以增加碟子的数量。

五、安全事项

①活动在室内进行时，要确保光线明亮。

②碟子不易直接放在地面上，应放在凳子或桌子上。碟子之间应间隔一定的距离。

③地面不能湿滑或有积水。

④学生只能在规定的范围内跑动。

六、项目控制

①每次只允许一个人移动一个碟子。

②所有学生必须依次移动碟子。

③在任何一次移动中，较小的碟子不能被置于较大的碟子的下方。

④活动开始后，除移动碟子的学生外，其他学生必须站在主讲人规定的范围以外。所有学生不能说话，也不能发出任何带有暗示性的声音。

⑤起点与碟子之间的距离要求在5～10m。

⑥每一轮活动结束后，学生可以讨论。主讲人应在起点处预留出学生的讨论区。

七、回顾分享

①领导如何带领团队走出困境？

②主讲人要让学生认识到前期策划的重要性。

③主讲人要让学生认识到有效有序的沟通对于团队的重要性。

④团队配合、分工合理吗？

⑤如何做好工作的交接？

⑥一个人能完成任务，为什么人多了反而完不成？
⑦每个人都有不同的才能和特性。每个人的角色划分要明确。
⑧每个人都有达成目标的决心和信心。
⑨每个人都有成为团队一员的自豪感和成就感。
⑩优秀团队的表现应该有哪些？

第六节 鸡蛋飞行器

一、项目概述

项目性质：团队应对类
项目难度：★★★★
项目时间：60 分钟
项目人数：14～20 人一组

“鸡蛋飞行器”是让学生充分发挥想象力，为团队目标建言献策，选择合适的、最佳的意见，利用不同意见形成最佳方案，顺利实现预期目标，完成团队任务的项目（见图 9-6）。该项目旨在让学生在动手和动脑的过程中，认识到团队的重要性，学会努力完成团队的任务。

图 9-6　鸡蛋飞行器

飞行器是在大气层内或大气层外空间（太空）飞行的器械。飞行器分为三类：航空器、航天器、火箭和导弹。在大气层内飞行的称为航空器，如气球、飞艇、飞机等。它们靠空气的静浮力或空气相对运动产生的空气动力升空飞行。在太空飞行的称为航天器，如人造地球卫星、载人飞船、空间探测器、航天飞机等。它们在运载火箭的推动下获得必要的速度进入太空，然后依靠惯性做与天体类似的轨道运动。根据相关学科知识，我们来制作一个鸡蛋飞行器。

二、场地器材

生鸡蛋（每组一枚）、筷子、胶带、白纸、气球、彩笔、剪刀、塑料袋、竹签、塑料匙、橡皮筋、3～9m 落差空地等。

三、学习目的

①培养学生在团队中积极参与团队决策的热情。

②让学生正确对待团队的创新行为。

③让学生敢于打破固有思维，发展创造思维。

四、项目要求

①每组有 5～10 分钟的时间讨论所需的材料并列出清单。

②每组只能领取一次材料，领取的材料越少越好。

③制作时间为 30～40 分钟。其间各组可以自己检测，但应严格控制风险。

④各组可以互借材料。

⑤根据场地情况，多组可以同时比赛。

五、安全事项

①投掷区内不要站人。

②所有飞行器投掷完毕后，学生方可进入投掷区。

③所有道具产品应符合安全要求。

④在飞行器制作的最后阶段，学生在没有获得主讲人的批准时，不能私自试飞。主讲人要密切关注站在高地的学生。

六、项目控制

①主讲人把上述材料发给各组，让学生在规定时间内制作工具，再到指定地方把鸡蛋放下来。为了不使鸡蛋摔破，学生可以用所给的器材来设计保护伞。

②一位学生在规定高度的地方放鸡蛋，其他学生可以到楼下空地观看，并检查落下的鸡蛋是否完好。

③鸡蛋完好的小组获胜。

④学生可以进行情景角色模拟：A 国给每个（组）公司 2 万元来制造飞行器，学生将使用该资金购买原材料制作飞行器。学生要确保飞行器能装载一枚鸡蛋，投掷后落地，使鸡蛋不碎。

评比要求：飞行器飞行最远的组将会中标；同等飞行距离的，生产成本低的组中标；设立最佳外观设计奖，获奖组可获得一定的奖励。

活动规则：只有采购人员能够到市场上采购原材料；只有财务人员能够与银行联系贷款，而且必须带上设计部设计出的图纸；只有市场部人员能与其他公司进行谈判；生产出的飞行器必须与设计图纸相一致；只有质检人员能投掷飞行器，在投掷时，脚不能越过起始线；副总经理要负责外观设计展示；原材料的价格会根据市场情况发生变动。

七、回顾分享

①你们是如何获得这个具有创意的想法的？

②你们的协调程度如何？

③主讲人让学生对自己小组的成绩进行简单评价。

④如果有机会，你们还会按照这个思路进行活动吗？

⑤你们在制作的过程中遇到了什么困难？

⑥主讲人让学生结合实际谈谈感想。

第七节 一丝不苟

一、项目概述

项目性质：团队应对类

项目难度：★★★★

项目时间：60分钟

项目人数：14～20人

“一丝不苟”是所有学生通过团队合作在规定时间内让一条长绳通过电网的每一个网孔，同时不借助任何道具或触网的项目（见图9-7）。该项目旨在考验团队中每个人的合作意识，以及每个人对细节的把握和重视。对团队最大的贡献就是做好自己的本职工作。

图9-7　一丝不苟

一丝不苟用来形容做什么事都认真，连最细微的地方也不马虎。其中，苟是指敷衍了事，马马虎虎；丝指是计量单位。一丝不苟出自清代吴敬梓《儒林外史》：“上司访知，见世叔一丝不苟，升迁就在指日。”我们来体会一丝不苟在团队中是如何体现的。

二、场地器材

长绳、蜘蛛网、手套等。

三、学习目的

①培养学生为团队目标共同奋斗的意识。

②帮助学生感受团队职责分工的意义。

③促使学生意识到服从命令、高效执行的价值。

四、项目要求

①学生在规定时间内，利用一根长绳，穿过蜘蛛网的每一个网洞。

②学生在穿绳的过程中可以触碰蜘蛛网。

③学生需要把穿过蜘蛛网的长绳保持一定的时间，且不能触及蜘蛛网。

④主讲人需要安排多名裁判进行验收。

⑤蜘蛛网的网格不宜太大。

⑥主讲人可以比较各组穿过的蜘蛛网的面积的大小，或者让学生按规定网格的顺序穿过蜘蛛网。

五、安全事项

①准备的长绳不能太短。

②学生在穿绳的过程中可以戴手套。

六、项目控制

①在规定时间内，学生有 2 次验收的机会，取 2 次验收的最佳成绩。在验收时，学生不能出现任何形式的触网；触网后的成绩归零，且该次验收机会作废。

②学生在练习 10 分钟后轮流接受验收。每次验收时间为 3 分钟。

③对于完成任务的时间，主讲人可以让学生选一个最小值和最大值，权衡总体时间后取中间值。

七、回顾分享

①主讲人要让学生切实体会并更好地理解“缺勤理论”。

②如何使学生提高细节管理的意识？

③团队中是否存在危机意识？

④对团队的表现满意吗？

⑤怎样评价团队的成绩？

第八节 滴水不漏

一、项目概述

图 9-8　滴水不漏

项目性质： 团队应对类

项目难度： ★★★★

项目时间： 60 分钟

项目人数： 14～20 人一组

“滴水不漏”项目是学生往一个改装的盛水容器中灌水，只能借助手掌、脸等部位挡住容器的漏水孔，直到球溢出掉到地面上即完成任务，用时最短者获胜（见图 9-8）。该项目旨在让学生在确立共同目标后，相互协作，共同奋斗，在规定时间内完成任务。

> 在南美洲的草原上，天气酷热，草丛突然起火，无数蚂蚁被熊熊大火逼得节节后退，它们紧紧聚成一团，滚成一个大蚁球，迅速冲出了火海。蚂蚁的抱团让我们感受到团队的力量，这是命运的抗争、力量的凝聚。

二、场地器材

水管（PVC 管，初级版用 2m 高的，加强版用 2.5m 高的，水管附件旋紧胶水密封底部，有规律的 8、12、15 三个型号的孔径分别为 10 个、5 个、3 个，每根水管布局一样）；水桶（容量是水管的十分之一），浮球（编号乒乓球或彩色浮球），水源（干净、充足）；场地可以是沙滩、球场或不怕湿水的平坦地方等。

三、学习目的

①培养学生在团队中的应变能力。

②帮助学生感受团队职责分工的意义。

③促使学生意识到服从命令、高效执行的价值。

四、项目要求

①活动前，主讲人给学生安排几分钟的讨论时间。学生在讨论过程中不能取水，要

点清提供的道具，了解活动场地。

②水管必须保持垂直的状态。学生未经主讲人的允许不能放手或让水管倒地。

③学生不能将手指塞进孔内，不能借助除身体外的任何工具堵住漏水口。

④学生身上所有不防水的物品要提前取出放在其他位置。

⑤活动前，学生将浮球放进水管，不能通过外力使球溢出水面并掉到地面上。

⑥活动开始后，以球溢出并掉到地上的时间为有效时间，用时最短者获胜。

五、安全事项

①此活动适合在热天的户外开展。

②场地内无任何玻璃碎片等。

③学生不宜穿戴过多。

六、项目控制

①如果各组配合不好，会出现水溢出弄湿身体的状况，那么主讲人可以告诉学生提前摘除不防水的物品。

②在活动前的讨论时间，学生不能取水演练，需要明确活动流程、指定道具和水源处。

③主讲人要告知学生水管装满水后会很重，完全可以把人压倒。所以球掉地上后，学生不能马上放手。

④各组双手扶住水管以免发生转移，不能将手指伸进孔内。

⑤各组均有一套道具，不能使用其他工具。

七、回顾分享

①主讲人要对完成任务的小组表示祝贺，让各组讨论成功的经验。

②主讲人要让各组总结失败的经验。

③你从活动中学到了什么？

④怎样提高在团队中的应对能力？

⑤怎样提高团队效率？

⑥主讲人让学生结合实际谈谈各组的成绩。

第九节 扎筏泅渡

一、项目概述

项目性质： 团队应对类

项目难度： ★★★★

项目时间： 60 分钟

项目人数： 14～20 人一组

图 9-9 扎筏泅渡

“扎筏泅渡”是学生根据主讲人提供的资源在规定时间内建造一艘可以在水上运输全队成员的竹筏，并驾驶竹筏以最快速度到指定目的地集合的项目（见图 9-9）。学生在操作的过程中要注意安全，佩戴手套。该项目旨在让学生认识到团队内部的挑战，在面对来自外部的竞争时，正确处理两者的关系。

> 两只乌鸦在树上吵起来了，它们越吵越激动，最后一只乌鸦捡起一样东西扔向另一只乌鸦。那个东西击中另一只乌鸦后就破裂了，这时丢东西的乌鸦才发现，自己丢出去的原来是自己的一个尚未孵化好的蛋。团队中遇到事情时要冷静对待，尤其是遇到问题和矛盾时，要保持理智，不能冲动。冲动不仅不能解决问题，而且会使问题变得更糟，最后受损失的还是整个团队。

二、场地器材

大塑料圆桶（每个高约 95cm，直径约 50cm）；长粗毛竹（长约 4m，直径约 10cm）；短细毛竹（长约 2m，直径约 6cm）；长绳（长约 6m）；短绳（长约 2.5m）；船桨、救生衣、手套等。

三、学习目的

①培养学生的决策和统筹意识。

②培养学生的计划、组织和协调能力。

③培养学生同心协力共同战胜困难的决心与信心。

④让学生学会合理利用与分配资源。

四、项目要求

①在扎筏泅渡时，主讲人必须跟随学生。

②主讲人要提醒学生在扎筏过程中不要让竹刺或绳子伤到手。

③出发前，主讲人应了解学生是否会游泳等情况，以便在出现特殊情况时有重点地进行保护。

④主讲人必须穿游泳衣，准备好救生和救护用品，如救生圈、绳索、竹竿、木板等，随时准备救援。

⑤筏子散落时，主讲人必须保持冷静，注意观察。主讲人重点监控不会游泳的学生，出现紧急情况后，立刻利用器材进行救援或直接入水救援。

⑥出发和返回时，主讲人必须清点人数。非本组学生不能参与活动。

⑦根据水情，主讲人指导学生学习自救的方法。

⑧筏子入水、上岸时，学生不能站在筏子的前后方。

⑨下水之前，主讲人安排学生做准备活动，提醒学生摘去眼镜、手表等，避免扎脚。

⑩上岸后，学生应该先更换服装，第一时间保暖。遇到有雨、大风时，主讲人可以推后或者更换项目。

五、安全事项

①活动选择在足够大的自然水面或标准游泳池中进行。自然水面的堤岸要质硬、平坦、开阔，便于观察和救护。活动要在20℃以上的天气下开展。

②各组均需要安排救生员。

③主讲人不宜在不了解的水域开展此活动。

④活动前后主讲人需要对器材进行全面检查。

六、项目控制

①主讲人要确认器材的安全性（包括救生衣）；对不会游泳的学生进行鼓励，消除他们的心理障碍。

②主讲人要强调团队合作是每个人安全抵达目的地的保证；强调入水后对筏子的牢固性的要求；避免急于求成的心理，让学生完成往返任务。

③主讲人进行关键点和典型事例的记录，并在必要时进行时间控制和技术指导。

④讨论时间过长时，主讲人予以时间提示；主讲人要让学生注意竹筏的坚固程度。

⑤竹筏下水后散落，如还有剩余时间，主讲人可以组织学生再次扎筏，不轻言放弃。主讲人注意观察学生的表现，对学生违反安全规则的行为予以及时制止。

⑥主讲人要注意培养学生的团队精神，要求学生自始至终参与活动。

七、回顾分享

①扎筏是一项复杂的工作，包括计划、组织、指挥、沟通和互助等内容。你们经历了什么？

②少数人的正确建议被忽略或轻易否决了，你们怎样看待？

③主讲人让学生找出团队中存在障碍的原因。

④你们是否形成了在现实生活中善于倾听别人的看法的意识？

⑤你能否做到在决策上集思广益，善于倾听那些微弱的声音？

第十节 千足虫

一、项目概述

项目性质：团队配合 / 组织融合

项目难度：★★★★

项目时间：50 分钟

项目人数：20 人以上

图 9-10　千足虫

“千足虫”项目是让学生排成一条直线，面朝一个方向坐下，将双脚搭在前面同学的双肩上，在脚不离开同学的肩膀的前提下，向前移动一定的距离（见图 9-10）。学生按要求组成一条“大虫”，从起点到达终点，最快完成任务者获胜。这是一个注重团队配合的项目，能够训练团队的沟通和协作能力。

千足虫也叫马陆、千脚虫、秤杆虫，属于节肢动物门、多足亚门、倍足纲，由体节组成；长约 20～35mm，正面呈暗褐色，背面两侧和步肢呈赤黄色。它能喷出有刺激性气味的液体，会使人的双目片刻失明。

二、场地器材

开阔平坦的场地，有醒目的起点与终点，最好是草地或铺地毯的场地。

三、学习目的

①培养学生在团队中的应对能力。

②让学生掌握计划、组织、领导、控制等能力。

四、项目要求

①活动中可以设置各种各样的障碍。

②学生在活动过程中不能说话，不能指挥。

③活动规则可以根据实际情况灵活调整。

五、安全事项

①活动选择在草地、地毯和沙地等地方进行。

②活动中越靠前的学生身高越高、体重越重。

③学生要将身上佩戴的首饰全部放到收纳箱内。

④手腕、上肢患过骨折或有伤病的学生不宜参加此项目。

⑤学生移动的距离要适当。

六、项目控制

①学生排成一条直线，面朝一个方向坐在地上。

②除排头的学生以外，其他学生的双脚搭在前方同学的双肩上，用手支撑地面。

③除排头的学生可用脚以外，其他学生在保持双脚搭于前方同学的双肩的前提下移动身体。如果有学生的脚落下来，小组原地停滞，待学生全部复位后继续前行。

④起点与终点都以“虫首”通过为标准。

⑤学生可以用俯卧撑的姿势，把双脚搭在后一人的肩上。

七、回顾分享

①沟通的目的是使整个团体统一行动。

②如何形成真正意义上的协作和配合？

③你们在活动中最大的收获是什么？

④第一个上去的人有何感受？

⑤今后遇到此类活动后，你们完成任务的信心是否会有所增加？

⑥主讲人让学生分享个别小组没有完成任务的遗憾及感悟。

第十一节　神笔马良

一、项目概述

项目性质：团队配合 / 组织融合

项目难度：★★★★

项目时间：30～60 分钟

项目人数：15～20 人一组

图 9-11　神笔马良

“神笔马良”又称为“妙笔生花”，是

所有学生拉住绳子的末端，在不接触毛笔的情况下，按照主讲人的要求完成指定任务的项目（见图 9-11）。该项目旨在使学生在团队中从以自我为中心转向以团队为中心。

国产动画电影《神笔马良》改编自儿童文学家洪汛涛的作品。电影对马良进行了重塑，把他变成了一个小胖墩，发型有点酷，很像《飞屋环游记》中的那个小男孩。它更多地具备一种现实主义的拘谨，相比之下，如今的电影《神笔马良》显现出一种浪漫主义的洒脱。《神笔马良》完美地契合了人们普遍存在的“惩恶扬善”的心理预期。

二、场地器材

20m² 以上的空地（室内、室外均可）；拴好绳子的大毛笔；足够大的白纸或宣纸若干张等。

三、学习目的

①培养学生的团队协作能力。

②让学生感受在团队协作中各成员之间的沟通和行为方式的变化和调整。

③提升团队士气，激发饱满的激情。

四、项目要求

①活动分轮进行：第一轮随便写字；第二轮写规定的字；第三轮要求字体。

②最快完成任务的小组获胜。

③各组统一行动。

五、安全事项

①主讲人要保证器材安全、坚固。

②如果活动在室外进行，应考虑天气因素等。

六、项目控制

①主讲人在地上放一张 1m² 大的纸。

②所有学生要拉绳子的末端。

③学生不能接触毛笔，按照主讲人的要求完成任务。

④主讲人可以根据字的美观程度来打分。

七、回顾分享

①如何认识自我管理？在自我发展的过程中，你是否有全局观念？

②团队目标出现偏差时，你会怎样做？

③怎样调整团队和个人的目标以达到最终的协调均衡？

④主讲人要让学生理解合理分工、密切配合以及为实现团队目标锲而不舍、专注努力的重要性。

思考题

1. 简述应对类项目的作用。
2. 阐述3～5个应对类项目的整个结构。
3. 简述“孤岛求生”项目的要求及安全事项。
4. 改编3～6个应对类项目的规则。
5. 创编一个应对类项目。

第十章

思维类项目

1. 了解思维的概念。
2. 熟悉大学生的思维特征。
3. 理解思维在学习和生活中的作用。
4. 掌握影响思维的因素。

思维最初是人脑借助于语言对客观事物的概括和间接的反应过程。思维以感知为基础，又超越了感知的界限。探索与发现事物的内部本质联系和规律性，是认识过程的高级阶段。按照信息论的观点，思维是对新输入信息与大脑内储存的知识经验进行一系列复杂的心智操作的过程。从理论上来说，分类越详尽越好。但有些思维方式在训练与应用的过程中并不需要严格区分，原因在于：一是很多思维方式总是共同起作用；二是有些思维方式统一在某种思维方式之中。本章思维类项目共编写了“麻雀变凤凰”“五等分难题”“创作幽默的结尾”等12个项目。每个项目从项目概述、场地器材、学习目的、项目要求、安全事项、项目控制、回顾分享7个环节做了详细介绍。

第一节 麻雀变凤凰

一、项目概述

图 10-1 麻雀变凤凰

项目性质： 创造力 / 思维训练 / 解决难题

项目难度： ★★★★

项目时间： 30～60 分钟

项目人数： 15～20 人一组

“麻雀变凤凰”项目是要告诉我们不论手中的纸有多小，只要坚持不放弃，对自己的资源有更多的了解，突破自己的思维框架，运用知识持续地行动、调整、再行动，就能创造奇迹，变不可能为可能（见图 10-1）。

> 一个人生来有很多事情不能选择：不能选择自己的父母，不能选择自己的天赋，不能选择自己的相貌，不能选择自己所出生的年代，……正是因为有许多的不能选择，我常听到很多人的抱怨，抱怨命运对自己的不公。与其专注于这些，倒不如看一看我们所能把握的资源，以便更好地创造性地加以运用；看一看有没有另外一种可能，将“苦口的柠檬”变成“可口的柠檬汁”！

二、场地器材

白纸若干张，小纸片、剪刀、幻灯片等。

三、学习目的

①培养学生的发散性思维，激发学生的创造力。
②使学生在面对不可能解决的问题时，能够保持积极的心态，不轻易放弃。
③增强学生的行动力，使学生学会在行动中边试验边寻找方法。
④激发学生的活力，使学生保持良好状态。

四、项目要求

①主讲人在活动前能熟练地掌握纸的剪法和撕法。
②在活动过程中，活动意义的引申，是活动效果好坏的关键。
③剪开的圆圈越大越好。
④每组只有 3 张纸。如果小组 3 次都没有成功，则活动失败。

⑤剪纸时，学生先将纸对折一下，折好后，将纸中间的部分放在上面，沿着纸上所画的虚线撕开再剪开（见图 10-2）。

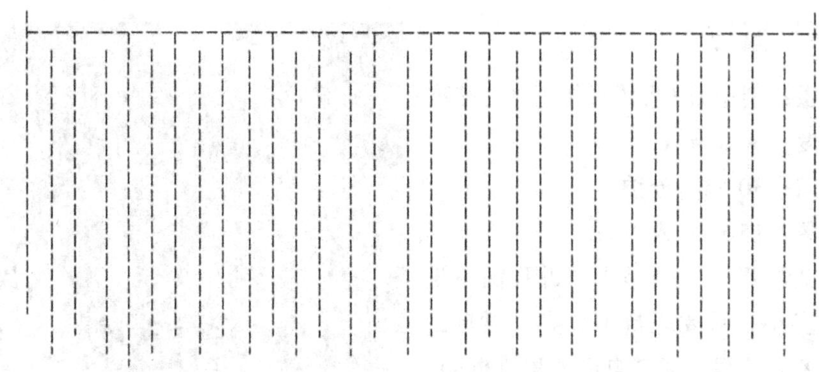

图 10-2　剪纸示意图

五、安全事项

①学生要注意剪刀的使用。

②各组分开进行讨论。

六、项目控制

①主讲人拿起一张白纸，对折一下，从中间剪下一个 $3cm^2$ 的小纸片，然后用手指着白纸中间的小洞，笑着问谁可以从这穿过去。

②为了加强效果，主讲人可以拿着纸逐个去问：你可以吗？

③学生分组讨论采用什么方法可以确保纸在不折断的情况下让全体学生从中间穿过。

④每组有 3 张白纸，学生可以任意剪裁。活动时间为 30 分钟，完成任务的小组获胜。

七、回顾分享

①为什么在开始的时候，大多数人认为不可能完成任务？

②为什么有些人找不到方法，却坚持认为能完成任务？

③掌控我们人生的最大力量是什么？

④你了解自己吗？你知道自己的需求、价值、天赋、兴趣、能力类型和沟通模式吗？你知道如何更好地运用它们吗？

⑤有人知道了方法，但不小心撕坏了纸，这说明了什么？

⑥你从这个项目中获得了哪些启发与收获？

⑦分享故事。有个老人在河边钓鱼。一个小孩走过去看他钓鱼，老人技巧纯熟，所

以没多久就钓了满篓的鱼。老人见小孩很可爱，要把整篓的鱼送给他，小孩摇摇头。老人惊讶地问道：“你为何不要？”小孩回答：“我想要你手中的钓竿。”老人问：“你要钓竿做什么？”小孩说：“这篓鱼没多久就吃完了，要是我有钓竿，我就可以自己钓，一辈子也吃不完。”启示：学习不能只记住知识，更重要的是掌握方法，梳理出规律。

第二节 五等分难题

一、项目概述

项目性质：学习心态 / 思维训练 / 沟通

项目难度：★★★★

项目时间：30～40分钟

项目人数：全体学生参与

“五等分难题”是思维训练的经典项目（见图10-3）。思维是人的大脑的一种复杂能力。思维定势表现为这次这样解决了一个问题，下次遇到类似的问题或表面看起来相同的问题时，不由自主地还是沿着上次思考的方向或次序去解决。

图10-3 五等分难题

思维定势会限制人们的思维，降低创意的质量。思维定势不仅可以来源于自己的经验，而且可以来源于了解和学习别人的经验。思维定势又称为“习惯性思维”，是指人们按照习惯的、比较固定的思路去考虑问题、分析问题，表现为在解决问题过程中进行特定方式的加工准备。它阻碍了思维的开放性和灵活性，造成思维的僵化和呆板。这使得人们不能灵活运用知识，创造性思维的发展受到阻碍。思维定势从另一个角度来讲，也可以说是思维的惯性或者思维的惰性。它在人的思维能力上是一种重要的表现，是人通过不断的学习和实践累积下来的经验，从而形成自己独有的关于世界的客观认识规律和途径。所以，思维定势具有明显的个体性。

二、场地器材

五等分难题及答案的幻灯片，白纸、笔等。

三、学习目的

①让学生通过亲身的体验深刻了解思维定势对解决问题的影响。

②让学生调整心态，能够以空杯的心态进行学习。

③激发学生的活力，让学生保持良好的学习状态。

四、项目要求

①如果想要增强活动的效果，主讲人可以将全体学生分成多组。

②在规定时间内，主讲人要确保各组按时完成任务。

③项目改进。第一，分两组，发给各组的两部分人不同的问题纸，对一部分人出示四等分难题的答案，然后要求解决五等分难题；对另一部分人直接要求解决五等分难题。第二，先告诉学生如何分四等分图形，然后要求解决五等分难题。第三，直接要求学生解决五等分难题。

④当突破四等分图形对思维的影响时，学生会发现这个题是很容易解决的。

五、安全事项

①主讲人要严格控制活动时间。

②主讲人要避免学生之间产生意见冲突。

六、项目控制

①主讲人打开幻灯片，展示五等分难题。

主讲人首先让学生看图形，接着将它分成 4 个面积相同的部分，最后让学生将此图形分成 5 个全等的部分。

②主讲人给学生 10 分钟的思考时间。如果想出了答案，学生可以上前来展示（通常情况下，能够正确提供答案的学生不超过 10%）。

③ 10 分钟后，主讲人让那些找不出答案的学生和旁边的同学进行探讨。

④主讲人公布正确答案。

⑤主讲人开始引导性地提问学生，揭示思维定势对学生解决问题的影响。

七、回顾分享

①你在开始时是否成功地找出了答案？

②当你被困住时，是否意识到思维被刚才的四等分图形影响了？

③当将四等分图形盖住后，你的思考方向发生了哪些变化？

④你从这个项目中获得了哪些启发和收获？

⑤分享故事。在一座无人居住的房子外，一只鸟每日总是准时光顾。它站在窗台上，不停地以头撞击玻璃窗，每次总被撞落回窗台。但它坚持不懈，每天总要撞上 10 多分钟之后才离开。人们猜测这只鸟大概是为了飞进那个房间。然而，在鸟站立的窗台边，另一扇窗户是大开的，于是人们便得出这样的结论：这是一只笨鸟。后来，有人用望远镜

观察，发现那个玻璃窗上沾满了小飞虫的尸体。这只鸟每次吃得不亦乐乎！人们怎么也没有想到这只鸟会有如此独特的觅食方式。人类有时会按照自己日常的思维方式去评判鸟的世界。

第三节　创作幽默的结尾

一、项目概述

项目性质：激发创造力 / 幽默思维训练

项目难度：★★★★

项目时间：30～40 分钟

项目人数：6～8 人一组

图 10-4　创作幽默的结尾

“创作幽默的结尾”项目要求学生做到语言风趣、诙谐、意味深长，从而得到精神上的愉悦和满足（见图 10-4）。该项目采用了修辞手法，如比喻、夸张、双关等。幽默来源于错位或者冲突、矛盾、戏剧化等。幽默的人能够化解很多尴尬和危机。

> 相关研究表明，小宝宝平均一天要笑 300 次，而 35 岁以上的成人平均每天只笑 15 次。相比周末，人们在工作日笑的次数更少。也许正因为如此，有幽默感的人走到哪里都人见人爱。他们的人际关系往往处理得很好，工作效率也更高。有幽默感的人在工作中被视为更自信、更有影响力和权威的人。

二、场地器材

幽默笑话几则。

三、学习目的

通过为故事创作幽默的结尾，激发学生的创造力与幽默思维。

四、项目要求

①主讲人将全体学生分成若干组，使每组不超过 8 人。

②主讲人打开幻灯片，告诉学生需要完成的任务就是给故事设计一个出乎意料的和幽默的结尾。在创作的过程中，学生可以和组员进行头脑风暴。

③每组最后推荐一个结尾，分享给大家。

④等学生说完后，主讲人告诉学生故事原来的结尾。

⑤故事的结局最好一个个地发布，这样学生的思维会不断地得到提升。

⑥活动开始前，主讲人可以先讲几个笑话，让学生热热身。

五、安全事项

①主讲人要严格控制活动时间。

②主讲人要避免学生之间产生意见冲突。

六、项目控制

①待完成的幽默故事。

【故事1】一个人去看牙医。当他看到医生拿来的工具时，被吓坏了。医生为了使他安静下来，给他喝了一点酒。他感觉好多了，随之又要了一杯酒喝了下去。这时候医生问他："这次有勇气了吧？"病人在这个时候却大声地说……

病人究竟说了什么？请设计结尾。

【故事2】一个修女从医疗室猛冲出来，还没有付款就跑掉了。门口的接待员看了很惊讶，医生出来时，她问："这是怎么回事？"

医生说："我告诉她怀孕了。"

"天啊，这不可能。"接待员说道。

"当然不可能，"医生接着说……

医生最后说了什么？请设计结尾。

【故事3】一个犹太商人乘出租车从一个地方到另一个地方去。途中不巧汽车打滑，直向路边的深坑滑了下去。司机惊恐地说道："汽车失灵了，我控制不住了，怎么办啊？"犹太商人忙喊……

犹太商人喊了什么？请设计结尾。

【故事4】一个老先生在街上行走，看到一个小男孩在按门铃，但门铃太高怎么也够不到。心地慈善的老先生停下来对小孩说："我帮你按吧！"于是使劲地按门铃，整个房子的人都听到了铃声，小孩这时候对老先生说……

小孩说了什么？请设计结尾。

②幽默故事原来的结尾。

病人在这个时候却大声地说："是啊，我倒是要看看谁敢动我的牙。"

医生接着说："当然不可能，但我用这个方法治好了她的打嗝。"

犹太商人忙喊："你至少应该把计程器先给我关上。"

小孩这时候对老先生说："现在咱们快跑吧，晚了，这家的人该出来了。"

七、回顾分享

①你的结尾和原来的结尾的差异在哪里？哪个更幽默？

②你有没有找到创造幽默结尾的秘诀？

③从别人的答案中，你获得了什么启发？

④当故事的结尾被一个个地发布出来后，你的幽默能力是否得到了提升？

⑤在团队中，幽默感应该是每个人必备的素养。那些不苟言笑的人，总是会给周围的人一种无形的压迫感。而幽默感则让人放下防备，尤其是当出现问题的时候。学生之间更应该用幽默感缓解气氛。

⑥培养幽默的基本技巧。一是有善于发现幽默的眼睛，培养深刻的洞察力，提高观察力和想象力，培养机智、敏捷的能力。我们要善于运用联想和比喻，把两个不同事物或想法联系起来，以产生意想不到的效果。二是扩大知识面。幽默是一种智慧的表现，它必须建立在丰富的知识的基础上。因此，我们要培养幽默感，必须广泛涉猎，充实自我，不断从浩如烟海的书籍中收集幽默的浪花，从名人趣事的精华中撷取幽默的宝石。三是陶冶情操，乐观对待现实。幽默是一种宽容精神的体现。我们要善于体谅他人，使自己学会幽默；要学会宽容大度，克服斤斤计较，学会乐观。乐观与幽默是亲密的朋友，生活中如果多一点趣味和轻松，多一点笑容和游戏，多一点乐观与幽默，那么就没有克服不了的困难。四是给自己找些乐趣。我们可以看经典影视作品，经常给自己一点欢笑。五是回想自己的几个尴尬时刻，然后从中找到幽默。我们可以练习创编故事，用幽默的形式表达出来。六是提高语言表达能力，注重与形体语言的搭配。七是必要时先自嘲，开自己的玩笑。当然在幽默的同时，我们需要注意不同问题要不同对待，处理问题时要具有灵活性，做到幽默而不俗套，使幽默能够为精神生活提供真正的养料。

第四节　九点连线

一、项目概述

项目性质： 激发创造力 / 思维训练

项目难度： ★★★★

项目时间： 30～40 分钟

项目人数： 全体学生参与

“九点连线”是经典的思维训练项目之一（见图 10-5）。著名的九点连线问题，蕴含了一个深刻的寓意，体现了创造性思维，通常意味着“在格子外思考”。在格子外思考的意思是我原来没这么想，也就是说，答案存在于我们所考虑的问题解决方案的范围之外。

图 10-5　九点连线

创造性思维活动是一种具有开创意义的思维活动，即开拓人类认识新领域和新成果的思维活动，它往往表现为发明新技术、形成新观念、提出新方案和决策、创建新理论。从信息活动的角度来看，创造性思维活动是一种实现了信息量增殖的思维活动。总之，创造性思维需要人们付出艰苦的脑力劳动。一项创造性思维成果，往往需要经过长期的探索、刻苦的钻研，甚至多次的挫折之后才能获得，而创造性思维能力也要经过长期的知识积累、智能训练、素质磨砺才能具备。创造性思维过程，还离不开推理、想象、联想等思维活动。从主体活动的角度来看，创造性思维活动又是一种需要人们运用高超能力的思维活动。

二、场地器材

纸、笔等。

三、学习目的

①让学生突破思维定势，开阔思维，激发创造力。

②让学生保持良好的学习态度。

四、项目要求

①在活动中，学生在第一轮可以交流，在后几轮的交流会受到时间限制。

②全部学生完成任务后，主讲人可以选择部分学生的做法进行展示。

③主讲人可以用 16 个点的图像。学生用 6 条相接的直线将 16 个点连接起来，确保线与线不能断开、重叠，且使笔不离纸（见图 10-6）。

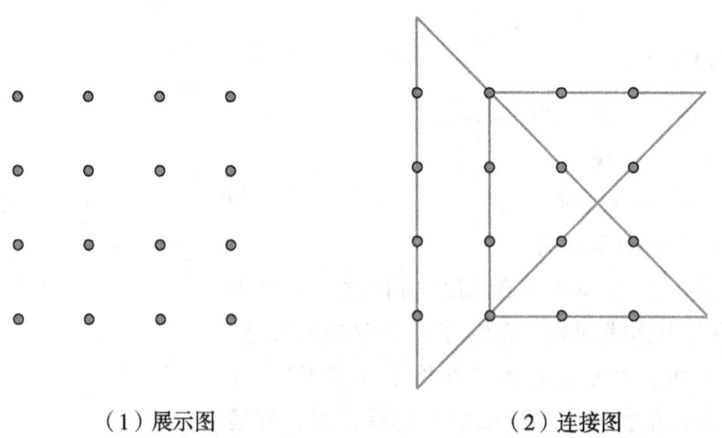

（1）展示图　　（2）连接图

图 10-6　十六点连线

五、安全事项

①主讲人要严格控制时间。

②主讲人要避免学生之间促产生意见冲突。

六、项目控制

①主讲人给每人发 4 张白纸。

②学生用 4 条线把 9 个点连接起来。时间为 5 分钟。

③学生用 3 条线把 9 个点连接起来。时间为 5 分钟。

④学生用 2 条线把 9 个点连接起来。时间为 5 分钟。

⑤学生用 1 条线把 9 个点连接起来。时间为 5 分钟。

⑥全部连完的学生分享成果。

⑦主讲人提供参考答案（见图 10-7）。

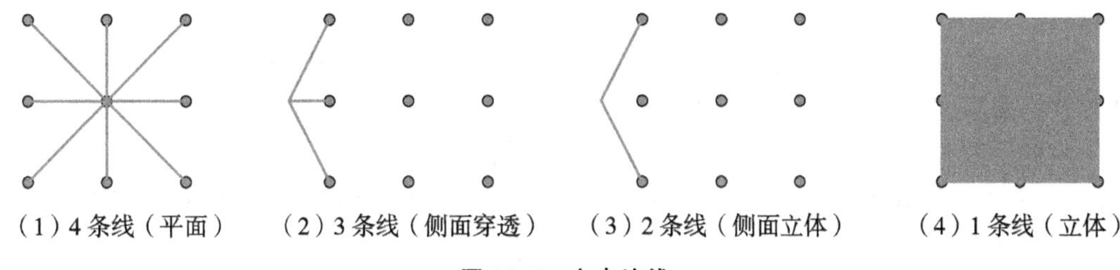

（1）4 条线（平面） （2）3 条线（侧面穿透） （3）2 条线（侧面立体） （4）1 条线（立体）

图 10-7 九点连线

七、回顾分享

①“九点连线”给你带来了什么苦恼？

②你获得了什么启发？

③“九点连线”的创新及对知识管理的再思考。

问题的解决完全依靠“在格子外思考”。如果我们永远将自己的思维局限在 9 个点之内，那么问题就将成为不可能完成的任务。答案为什么在外面？因为它打破了我们一直遵行的思维习惯。在连线问题中，我们相信我们的直线不能延伸到由 9 个点构成的大方格之外。没有人说这是一条规则，它是我们自己预先假定的。“九点连线”对于我们解决问题的意义在于，我们应该首先对我们的假定提一些看起来似乎太明显以致不值一问的问题。例如，这个问题值得解决吗？它真是一个问题吗？如果我们把整件事情忘掉，然后会怎么样呢？

创新也是如此。创造力不仅是灵机一动的结果和各种奇思妙想，而且还意味着把我们的思维从阻止它发散出去的束缚中解脱出来。我们不能局限于像 9 个点所构成的格子那样的陈规，需要学会忘却，不让已有的知识成为继续创新的桎梏。我们将忘却过程与学习过程相结合，通常会产生创新的结果，这正是从单循环学习向双循环学习的跃迁过程。这也是“九点连线”问题反映出的创新的深刻内涵。9 个点所构成的格子就如我们已有的构思和心智模式。单循环学习正是在“格子”中，以一种持续性学习的方式，不断向前推进，而没有考虑到构思和心智模式本身是否需要做出改变。双循环学习比单循环学习多了一个循环，它审查推动单循环学习构思的有效性。

知识管理的发展也是这样一种不断进行“九点连线”的过程。最初的知识管理解决方案和文档管理区别不大，强调各种信息共享，注重知识的收集、发布和模仿，在这种心智模式的指导下，必然会选择基于文档和知识库管理的解决方案。后来，人们越来越注重知识应用，在这种心智模式的指导下，就会选择不同的知识管理方案，强调管理和知识应用的结合。有的研究者将上述的知识管理策略视为第一代知识管理，是一种“供应方”的知识管理，它主要考虑对现有知识的“供应”。目前，有的研究者提出第二代知识管理，这导致了又一轮知识管理心智模式的改变（见图 10-8）。第二代知识管理理论认为，人类组织中存在的知识管理过程和知识生命周期循环，本质上是一种“需求方”的知识管理，强调对新知识的“需求”。这种认知也必然会引发知识管理方案的革新。

这种发展正是不断超越“格子”的过程。在原有的格子中，我们无法解决新问题。这时我们要忘却，因为已有的成功只是“格子”中的成功，我们需要更宽广的视野。

由此，我们应该认识到学习不会是一蹴而就的，它既是一个渐进的过程，也是一个不断进行“九点连线”的过程。渐进是单循环学习过程，“九点连线”是双循环学习过程；渐进需要计划和控制，“九点连线”需要跳跃和创新。在连线中，有人失败了，有人却成功了。其中的差别就在于成功者善于转变原有的心智模式，不为 9 点所困。

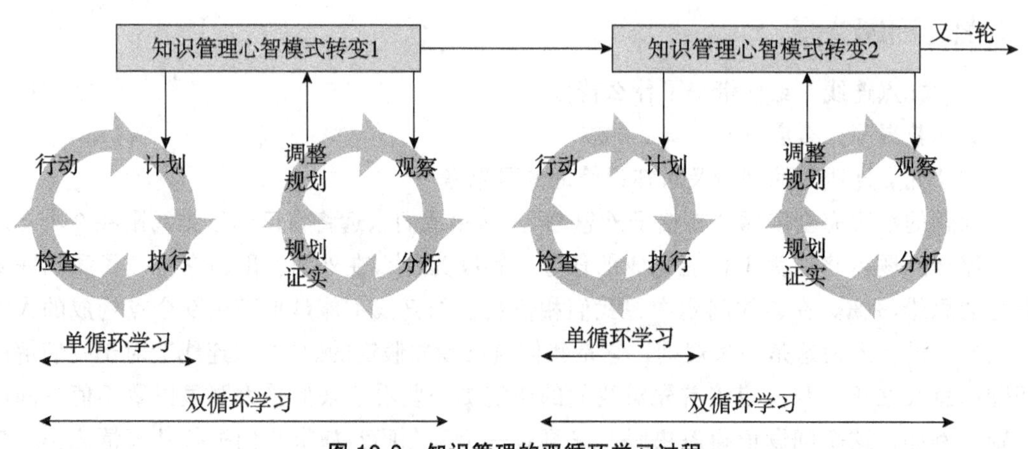

图 10-8　知识管理的双循环学习过程

所以，知识管理不是一个静态的概念。对于学习，我们需要学会“九点连线”的技巧，用双循环学习的观点去理解知识，这样我们才能学以致用，跟上时代的步伐。与其说是读书，不如说是训练我们的思维。

④成功者善于打破思维框架。

每个人都有自己的思维框架，这是从小到大慢慢积累形成的。我们在生活中就是按照这个框架思考和处理问题的。这个框架就像一张地图，指引着我们前进的每一步，影响着我们的思维和行为。我们每个人的思维框架就像一个屋子，当把窗口打开的时候，外边的资源才能涌进来，室内才能有新鲜空气。一个人要想有所突破，就要拓展自己的地图，寻找新的资源，为自己的前进寻找新的动力。所以，成功者必是善于打破思维框架的人。

第五节　棉花糖挑战

一、项目概述

项目性质：激发创造力 / 思维训练

项目难度：★★★★

项目时间：50～70 分钟

项目人数：4～6 人一组

图 10-9　棉花糖挑战

“棉花糖挑战”是一个比较有影响的思维挑战项目，由 TED 设计（见图 10-9）。它需要学生用规定的材料，在有限时间内尽量搭一座高塔，将棉花糖支撑到最高且不会倒。该项目考验学生之间的合作协调能力、创新能力和动手能力等。看似简单的任务，操作起来有相当大的难度。

> TED（Technology，Entertainment，Design 的缩写，即技术、娱乐、设计）是美国的一家私有非营利机构。该机构以其组织的 TED 大会著称，这个会议的宗旨是“传播一切值得传播的创意”。TED 诞生于 1984 年，其发起人是理查德·索尔·沃尔曼（Richard Saul Wurman）。2001 年，克里斯·安德森（Chris Anderson）接管 TED，创立了种子基金会（The Sapling Foundation），并运营 TED 大会。

二、场地器材

长直尺、计时器、意大利面 、线绳、棉花糖 、胶带、剪刀、笔、纸等。

三、学习目的

充分发挥学生的想象力、创造力、协作能力。

四、项目要求

①棉花糖必须放在塔的最顶端，不能切分或穿透。

②塔要尽可能高。

③支撑结构需要独立，不能依靠所提供材料之外的物体。

④学生要使用尽可能少的材料；只能使用提供的材料进行构建。胶带只能用于连接材料，不能用于将材料粘在桌子上。

⑤意大利面可以分段使用，线绳、胶带可以被剪开。

⑥塔至少要能站立 30 秒。

五、安全事项

①选取的材料要安全、环保。

②制作过程中学生不能随意穿梭。

③活动不宜在室外进行。

④主讲人要讲清剪刀等物品使用的注意事项。

六、项目控制

①主讲人可以根据现场的人数和场地空间来确定参与活动的人数。

②主讲人要事先准备好所有材料，分好组后，发给各组。

③每组的学生利用提供的道具，在规定时间内，搭建一座棉花糖塔。完成的小组举手示意。

④棉花糖塔要由专业人员进行测量。测量的高度为棉花糖到桌面的距离，高度最高的小组获胜。组数多的话，主讲人可以选出前三名。

⑤棉花糖不能被破坏，意大利面可以被剪断。如果意大利面不小心被折断了，学生可以换取新的，但必须拿着全部折断的意大利面来换。

⑥学生不能将塔座黏到桌子上，也不能把绳子从天花板上落下来，然后挂上棉花糖算高度。

⑦主讲人每隔 5 分钟提醒学生一次，在最后的 3 分钟内每隔 1 分钟提醒学生一次。

⑧各组准备好后，计时开始。

七、回顾分享

①各组对自己的成绩满意吗？

②制作过程中你们遇到了什么问题？

③你们有什么启示？

④通过活动，你们学到了什么？

⑤主讲人引导总结。

第一，团队合作。在一个小组中，组员分工合作，所搭棉花塔的结构没有固定的形式。

其间可能会出现组员意见不合的时候，这就需要各组员之间相互配合和协调。

第二，利用有限的资源。这个活动的时间是有限的。组员在开始的时候可能会花几分钟的时间讨论怎么分工，搭建什么样的结构。如果前面所花的时间过多，后面搭建出现问题的话，就会没有时间去进行弥补；材料也是有限的，只有20根意大利面。所以在活动开始前，就要清楚所拥有的资源，做好安排，充分利用有限的资源。

第三，目标导向。我们最终的目标是要搭建一个现场最高的棉花糖塔，而不是一个最高的塔。有很多人把目标定为搭建最高的塔，当他们欢呼着搭成最高的塔，把棉花糖放到上面时，塔承受不住棉花糖的重量，倒塌了。将目标定为搭建一个棉花糖在顶部的塔，就会首先考虑到棉花糖的重量，先建立一个塔，将棉花糖放上去试一试。如果棉花糖能立起来，就算建立了一个完整的塔。这给我们一些启示：确立一个正确的目标很重要，目标错了，就可能会产生错误的结果。

第四，建立原型。先不去考虑搭建棉花塔的最终结构，而是搭建一个小型的，不要求高度，只要先做成确定稳定了，然后在此基础上加高。如果发现不稳定，就及时对结构进行调整，优化完善。这样能确保在有限的时间和材料下，做出一个可能不是最高却是完整的棉花塔。建立原型，可以运用到各个领域。比如，“最小化可行产品”（Minimum Viable Product，MVP），是指在外部环境不确定的情况下，通过设计实验来快速检验产品是否可用。如果我们的假设得到了验证，再投入资源，大规模进入市场；如果没有得到验证，那这就是一次快速试错，尽快调整方向。和常规产品不同，MVP更侧重于对未知市场的勘测，用最小的代价来验证商业的可行性。例如，如果我们希望做一个图片分享网站，那么作为产品原型，MVP仅仅包含最基础的功能，形态或许就是提交图片的按钮和图片的展示。借助MVP，经过一系列实践，产品的设计思路将被一次次完善，最终完成开发。需要注意的是，原型是最小化的，也必须是可行的。也就是说，它是要具备基本功能的和可以被使用的，可以获得反馈。有了反馈才能优化和完善。

第五，打破常规。幼儿园的小朋友搭建出来的塔相对较高，他们做出来的形状相对有趣的。对于成人来说，大家首先讨论，商量计划，设计草图，设计好后再将它建好，将棉花糖放上去，但结果是由于塔过高和棉花糖太重而立不起来。幼儿园的小朋友没有花很长的时间去商量要做成什么样的塔，他们会马上行动起来，在搭建中去修正调整。他们还没有被训练成要寻找一个唯一正确的答案，他们有着丰富的想象力；他们没有去定义建成一个塔，而是要建造一个能够放上一个棉花糖的物体。我们的生活中也存在着很多棉花糖类的概念设计、成果展现……这个项目给了我们一些启示：先将事情做成，然后再将事情做好；实现目标的道路有很多条，试着打破常规，以目标为导向，围绕着核心目标，在操作中找到解决方案。

第六节 创新的盒子

一、项目概述

图 10-10 创新的盒子

项目性质：激发创造力 / 思维训练

项目难度：★★★★

项目时间：50～70 分钟

项目人数：4～6 人一组

“创新的盒子”是在打破常规，把创新细分成了“创意、创造、创收”三个阶段，紧紧围绕创新过程中的“破”“立”“收”三个环节，以盒子为道具的一套全新的体验项目（见图 10-10）。创新的过程不仅是产品和新工艺的发明，而且是新观念的获取、发展和实施，通常是由思想和态度推动的。

> 创新是引领发展的第一动力，是建设现代化经济体系的战略支撑。要瞄准世界科技前沿，强化基础研究，实现前瞻性基础研究、引领性原创成果重大突破。加强国家创新体系建设，必须深化科技体制改革，建立以企业为主体、以市场为导向、产学研深度融合的技术创新体系。

二、场地器材

泡沫地板等。

三、学习目的

①培养学生的创新意识，提高学生的动手能力。

②从个体、团队、结果三个层面帮助学生形成全新的创新观念。

③从创新结果出发，推动创意的实现，提高学生的创造能力。

四、项目要求

①学生在制作过程中不能改变泡沫地板的形状。

②主讲人可以准备不同型号的泡沫地板，增加难度。

③泡沫地板要环保、卫生、无味等。

④主讲人可以多准备一些材料，让各组根据需要做出取舍。

⑤组与组应间隔一定的距离。学生在制作过程中要脱鞋。

⑥主讲人要观察学生制作的过程。

五、安全事项

①场地要干净。在室外时，主讲人可以先在下方铺设一层塑料膜。

②严禁任何破坏行为。

六、项目控制

①学生利用数块泡沫地板拼成一个长方体或正方体。

②在规定时间内制作完成后，全体学生需要将泡沫地板保持 10 秒。

③项目分为创意、创造、创收三个模块。

④活动要在竞争的氛围下进行。

⑤主讲人要制定详细公正的评分标准。

⑥耗材最少、容纳人数最多、结构牢固的组获胜。

七、回顾分享

①该项目将“盒子”作为道具，从盒子的“破”“立”“收”三个维度来说明创新的三个阶段。各组是怎样分配时间的?

②制作过程中出现了什么问题?

③影响完成任务的因素是什么?

④有没有遇到下列的影响因素。团队缺少创意，没有新颖的思路和办法；团队缺少创新的机制，奖励制度不明确；团队内部缺少创新的氛围，好的思路往往得不到执行；创新过程中，每个人的角色定位不清晰；团队创新的成果很难运用于实践，创新的转化困难。

⑤分享故事。英国有个叫吉姆的小职员，整天坐在办公室里抄写东西，常常累得腰酸背痛。他消除疲劳的办法，就是在工作之余去滑冰。冬季很容易就能在室外找个滑冰的地方，而在其他季节，吉姆就没有机会滑冰了。怎样在其他季节也能像冬季那样滑冰呢？对滑冰情有独钟的吉姆一直在思考这个问题。想来想去，他想到了脚上穿的鞋和能滑行的轮子。吉姆在脑海里把这两样东西的形象组合在一起，想象出了一种“能滑行的鞋”。经过反复设计和试验，他终于制成了四季都能用的“旱冰鞋”。这个故事体现出了一种组合想象思考法。组合想象思考法是指我们从头脑中某些客观存在的事物形象中抽取出它们的一些组成部分或因素，根据需要做出一定改变后，再将这些抽取出的部分或因素，构建成具有自己的结构、性质、功能与特征的能独立存在的特定事物形象。

第七节 九人图

一、项目概述

图 10-11 九人图

项目性质：观察力 / 学习心态 / 创新思维

项目难度：★★★★

项目时间：20～30 分钟

项目人数：全体参与，人数不限

“九人图”是将心理学中各种思维汇集在一张图片上，让学生在规定时间内找出相关的人物、图案的项目（见图 10-11）。看似简单的项目，在短时间内很难完成。特别是对于思维固化、单一、稳定的学生来说，主讲人即使明确指出答案，他们也很难理解或接受。

> 从心理学的角度来看，根据思维的不同形态，人类思维可以分为动作思维、形象思维和抽象思维三种类型；根据思维探索答案的方向，人类思维可以分为集中思维与发散思维两种类型；根据思维的主动性和创造性，人类思维可以分为复制式思维与创造思维两种类型。从认识论的角度来看，根据哲学界关于物质运动与时间、空间的不可分离性，人类思维可以分为两种基本形式，即时间逻辑思维与空间结构思维。空间结构思维可进一步划分为两类：一类以表征事物的基本属性为思维材料，称为形象思维；另一类以表征客体的位置关系或结构关系为思维材料，称为直觉思维。创造性思维是在时间逻辑思维与空间结构思维两者相互作用的基础上形成的一种更高层次的思维形式。

二、场地器材

九人图的幻灯片等。

三、学习目的

①提高学生对细节的关注，锻炼学生的观察力，激发学生的想象力。

②通过不停地变换角度，打破观念，锻炼学生的思维能力。

③活跃现场气氛，激发学生的活力。

四、项目要求

①主讲人播放幻灯片，让学生仔细看图形。

②主讲人要告诉学生这张图一共有 9 个人。他们的任务就是把 9 个人全部找出来。

③主讲人给学生几分钟的时间，让他们可以相互讨论。

五、安全事项

①注意可以播放幻灯片。

②多准备几幅相关的图案。

六、项目控制

①在规定时间内，主讲人让学生找人，并说出答案。如果学生没有找完，主讲人公布答案。

②看图思路。图片的正中间有一个大的老人头：老人头的眼睛、鼻子和嘴，组成了一个站立的老人；老人头的耳朵部分可以看到一个站立的修女；修女的怀中抱着一个婴儿；在老人头右侧偏上的地方，可以看到一张侧着的脸；在老人头眼睛的左上方，可以看到一根柱子，柱子的左边和右边各有一张侧着的人脸；在柱子的左边，可以看到一张正面的人脸；柱子的上面站着一只鸟，从鸟的右侧可以看到一张侧着的人脸。

七、回顾分享

①你找到 9 个人了吗？是如何找到的？

②你有没有发现，越到最后越需要不停变换观察的角度。这种经验对于你解决其他问题时有什么样的借鉴意义？

③谈谈你将 9 个人找出来后的心得体会。

④为了找出第 9 个人，很多人用了几个月。当发现第 9 个人时，他们才恍然大悟。

⑤“曹冲称象”是一个运用辩证思维的典型例子。有人向曹操敬献一头大象，曹操想称一下这个庞然大物到底有多重，问大臣有什么办法。一位大臣说，可以砍倒一棵大树来制作一杆大秤。曹操摇摇头——即使能造出可以承受大象重量的大秤，谁能把它提起来呢？另一位大臣说，把大象宰了，切成块，就很容易称出来了。曹操更不同意了——他希望看到的是活着的大象。这时候年仅 7 岁的曹冲想出了一个好主意：把大象牵到船上，记下船边的吃水线，再把象牵下船，换成石块装上去，等船达到同一吃水线时再把石块卸下来，分别称出石块的重量，再加起来，就得到了大象的重量。曹冲能从错误的意见中吸纳合理的因素。第一位大臣出的主意看似不切实际，因为没有人能提起如此重的大秤，但是它却包含着一个合理的因素——需要有能承受住大象重量的大秤才能解决问题。第二位大臣的主意更是荒谬，怎么能把活生生的大象宰了呢！但是，在这个看似荒谬的意见中却包含着一个非常可贵的思想——化整为零。曹冲正是吸纳了两位大臣错误意见中的合理因素——设法找一个能承受大象重量又不用人去提的“大秤”。根据日常生活经验，船正好能满足这种要求，然后他又想到利用石块代替大象可以实现化整为零。启示：正是这种辩证思维加上生活经验的积累和敏锐的观察，使曹冲创造性地解决了他所处时代一般人不能解决的难题。

第八节 自以为是

一、项目概述

图 10-12 自以为是

项目性质：思维 / 应对压力 / 情商 / 沟通

项目难度：★★★★

项目时间：20～30 分钟

项目人数：全体参与，人数不限

自以为是的含义是总以为自己是对的，认为自己的观点和做法都正确，不接受他人的意见，形容人们主观，不虚心。它出自《荀子·荣辱》："凡斗者必自以为是，而以人为非也。""自以为是"项目旨在帮助学生正确地认识自己，客观地评价自己（见图 10-12）。

我们要学会客观地看待自己和公正地评价他人。别太主观，过分自信其实就是自卑。一个人认清自己很难，一旦认清了自己，成功也就近在咫尺。改善心理缺陷不分年龄大小，当然是越早越好。人格缺陷中最常见、最普遍、对人影响最大的就是"自以为是"。它几乎存在于每个人的人格特质中，只是强弱程度不同而已。有些人随时随地都能表现出这种特性，有些人则在受到外界刺激的时候才能表现出来，而有些人基本上不会表现不出来，只在无意识或潜意识当中存在。这种特性的强弱对人的身心影响很大，自以为是的人，目空一切，唯我独尊，总以为自己是最正确的，往往把自己看成天才，喜欢居高临下地看待别人。自以为是危害很大，直接影响人与人之间的和谐交流，很容易使个体孤立于群体之外，受到他人的排斥和冷落，既容易得罪别人，也容易伤害自己。

二、场地器材

幻灯片等。

三、学习目的

以亲身的体验，生动地向学生揭示压力的两面性，提升学生应对挫折与压力的能力等。

四、项目要求

①室内的光线要适中。主讲人在展示 PPT 时，能让学生清楚地看到图片的效果。

②全班学生参与，人数不宜过少。人数多时，学生要尽量集中在一起。

五、安全事项

活动未开始前，主讲人要提醒学生可能会受到惊吓。

六、项目控制

①主讲人对学生说：给大家看样东西，你们别害怕。

②主讲人将幻灯片打开，停顿几秒钟后，迅速关闭。

③主讲人问学生看到了什么？多数人会说看到了骷髅。

④主讲人再问学生一次“是骷髅吗”，在获得肯定的答复后，将幻灯片再次打开，让学生仔细观看。

⑤主讲人问学生是否看到了别的画面，然后静心等待学生的回答。

七、回顾分享

①你们第一次看到的是骷髅，还是少女？

②如果你们永远没有看第二次的机会，会一直认为是某一画面吗？

③对于压力和困境，如果你选择抱怨或者放弃，是不是和只看一次图像很像呢？

④当你们看出是少女照镜子后，有没有发现再看的时候，更容易看到的是少女，而不是骷髅？这意味着什么？

⑤你们从这个活动中获得哪些启发或收获？

⑥在生活中，你们有没有遭遇困境和压力的时候？其实很多时候，压力和困境就像这幅画一样，如果你们被吓倒了，不敢去面对，你们就失去了看到其他场景的机会，失去了找到压力和困境中隐藏的机会；如果你们敢于正视，事情就会完全不同。

⑦有这样一则寓言：有一个年轻的农夫，划着小船，给另一个村子的居民运送农产品。天气酷热难耐，农夫汗流浃背，苦不堪言。他划着小船，希望赶紧完成运送任务，以便在天黑之前返回家。突然，农夫发现有一只船向自己迎面快速驶来。眼看两只船就要撞上了，但那只船并没有避让的意思。“让开，快点让开。再不让开你就要撞上我了！”农夫大声地向对面的船吼叫道。但是，他的吼叫完全没用，尽管他手忙脚乱地企图让开水道，但为时已晚，那只船还是重重地撞上了他。农夫被激怒了，他厉声斥责道：“你会不会驾船，这么宽的河面，你竟然撞到了我的船！”当农夫怒目审视那只船时，他吃惊地发现，船上空无一人。启示：在多数情况下，当你责难、怒吼的时候，你的听众或许只是一只空船。很多时候，世事并不像人们想象得那样糟糕，有些本来不值得放在心上的事，有的人却把它当成无法排遣的烦恼而郁闷在心，以致整天愁眉不展。这说明人生的有些烦恼都是自找的。

第九节 大型五子棋

一、项目概述

图 10-13 大型五子棋

项目性质： 观察力 / 体能 / 创新思维

项目难度： ★★★★

项目时间： 20～30 分钟

项目人数： 全体参与，人数不限

“大型五子棋”是在 5m 以外的白线上，由一位学生将棋子放置在棋盘内，接力跑后交换下一位学生去放棋子的项目（见图 10-13）。该项目旨在考验学生的反应能力与身体素质。学生需要在外界压力的刺激下协商一致，并做出最快的反应，以此训练思维能力和培养合作精神。

> 大脑的反应速度实际上是神经冲动的传递速度。A 类神经纤维主要传导本体感觉、躯体运动、触压觉、痛觉、温度觉等，它们的传导速度在 12～120m/s。人体的身高如果按 1.8m 来算，从最远处脚底接受刺激到大脑最慢需要 0.15s，最快需要 0.015s，大脑发出神经冲动到达脚底也需要同样的速度。所以反应时间慢的话也只有 0.3s，快的话只需要 0.03s。那么每个人都有这么快的反应速度，是什么决定了我们行为存在的差异？

二、场地器材

颜色一致的小方形泡沫板 16 块，蓝色和黄色小帕子各 4 块，口哨 1 个等。

三、学习目的

①建立团队内部的信任感，让学生理解信任和承诺的重要性。

②培养学生团结协作的精神，并训练瞬时思维的反应能力。

四、项目要求

①活动开始前，学生先做好热身活动，防止意外受伤。

②主讲人检查场地是否平整、安全。

③活动开始前，学生可以先讨论 30 秒。

④活动可以分多角色进行。

五、安全事项

①学生奔跑到棋盘附近时应减速，避免发生碰撞。

②学生只能从队伍的两侧进行接力，避免在接力时相互撞击。

六、项目控制

①学生要在 5m 以外的平地上用小方形泡沫板摆出 4×4 的棋盘。

②每组用 4 块同种颜色的帕子作为棋子，站在距离棋盘 5m 外的白线上。

③学生先进行两两对决。当放置的棋子横、纵、斜连成一条线时，小组获得胜利，等着进入下一轮的比赛。

④两组比赛时，站成纵队，前 4 位学生拿着棋子。两组的第 1 位学生听到口令后以最快的速度跑到棋盘的位置，将棋子放在任意位置上，再迅速跑回来接力。活动中学生不能扔棋子，不能踩棋盘，更不能移动棋盘。

⑤前两组比赛结束后换后两组。当所有组比赛结束后，进行新一轮的晋级赛，获胜组与获胜组进行比赛，直至产生最后 1 名冠军组。

七、回顾分享

①你们能否理解任务的轻重和具体实施的步骤？

②你们是否在协商的时候说出了自己的意见？

③当你们面对需要摆弄的棋子时，是听远处同伴的，还是听从自己的安排？

④团队的力量是否帮助你们获得胜利？

第十节　龟兔赛跑

一、项目概述

图 10-14　龟兔赛跑

项目性质：思维 / 应对压力 / 情商 / 执着

项目难度：★★★★

项目时间：20～30 分钟

项目人数：4～6 人一组，全体参与

“龟兔赛跑”是培养学生的发散思维和问题解决能力的项目（见图 10-14）。一般来说，能解决这类问题的人智商较高，更重要的是有很高的情商；他们接收信息和传递信息的能力高于他人。

据说，西汉著名的学者匡衡，小时候的生活十分贫困。但他从小就非常渴望读书。没钱买书，就借书来看；没钱买灯，就借邻居的灯光。匡衡每晚借助邻居家透过的那点微弱的灯光，埋头苦读，最后成为著名的学者。东晋的车胤，自幼家贫，同样也是买不起灯，但他仅借助萤火虫的光发奋读书，最终使自己功成名就。正是因为他们这种在逆境中仍然上进的精神，才有了凿壁借光的美谈，才有了萤囊映雪的典故。他们这种逆流而上的精神激励着一代又一代的莘莘学子，鼓舞后辈，永世垂范。

二、场地器材

任务卡等。

三、学习目的

①培养学生的问题解决能力。
②培养学生的分析能力、创新能力，提高学生的交流技巧。

四、项目要求

①设计的广告词不能出现低俗、色情、侮辱性等内容。
②学生分组展示。
③每个人必须将自己作为客户来看待自己的产品，将自己作为倾听者聆听广告语。
④主讲人引导学生讨论情商。善解人意的人能够感动和影响他人。

五、安全事项

主讲人要避免学生之间产生观点冲突。

六、项目控制

①主讲人要将学生分组。每组有一张任务卡，每张卡片上写着一件商品的名字以及它应卖给的特定人群。要注意这些人群可能不需要这些商品，实际上应该完全拒绝这些商品。比如，向非洲人销售羽绒服等。总之，每组面临的挑战都是销售出不可能卖出的商品。

②每组应根据任务卡的要求准备一条 30 秒的广告语，用来向特定人群推销商品。编写广告语时应注意以下几点。

第一，商品如何改善特定人群的生活。

第二，这些特定人群应如何创造性地使用这些商品。

第三，特定人群与商品的目的和价值标准是如何匹配的。

③创造时间为 10 分钟。按上述的要求写出广告语，注意趣味性和创造性。

④学生扮演听众，认真倾听其他组的广告，根据广告能否打动自己、能否激起自己的购买欲望、能否满足特定需求来做出评判。最后主讲人通过学生举手的方式，统计有多少人会被说服购买此商品。

⑤票多的组获胜，得到奖励。

七、回顾分享

①思考自己是否在生活中扮演着重要角色?

②为了达到目标，你需要做出哪些让步和牺牲?

③面对困难时，特别是与你的预期不一致时，你是如何改进自己的方法的?

④宝剑锋从磨砺出，梅花香自苦寒来。

⑤自古雄才多磨难，纨绔子弟少伟男。

⑥穷且益坚，不坠青云之志。

⑦天将降大任于斯人也，必先苦其心志，劳其筋骨，饿其体肤，空乏其身，行拂乱其所为，所以动心忍性，增益其所不能。

第十一节　三分钟测试

一、项目概述

项目性质： 时间管理 / 思维 / 应对压力

项目难度： ★★★★

项目时间： 20～30 分钟

项目人数： 全体学生参与

“三分钟测试”是针对大学生迷茫、缺乏远期目标等问题设计的项目（见图 10-15）。设计思想来自《礼记·中庸》:“凡事预则立，不预则废。言前定则不跲，事前定则不困，行前定则不疚，道前定则不穷。”这说明没有事先的计划和准备，就不能顺利完成任务。

图 10-15　三分钟测试

据说，辛亥革命爆发后，周恩来带头剪去辫子，并接触进步书籍，他读光复会领袖章太炎的书和同盟会的杂志，读康有为、梁启超的文章。无论章太炎难懂的古体文，还是梁启超的近体文，周恩来都认真阅读。虽然进步刊物的思想侧重各有不同，但朴素爱国的道理是一脉相承的。周恩来的眼界随着阅读拓宽，思想得到升华，对事物有了自己独特的理解，所以当其他同学还从未想过为什么读书时，周恩来已经明确地提出“为中华之崛起而读书”。这表现了少年周恩来的博大胸襟和远大志向。

二、场地器材

测试题、计时器等。

三、学习目的

①培养学生的全局意识。

②让学生重视长远规划与短期计划。

四、项目要求

①学生按照要求完成试题。

②完成试题的学生不能发出任何声音。

③主讲人要讲清要求及惩罚措施，这样后期效果会更好。

④主讲人要准备足够的笔和试题。

五、安全事项

主讲人要避免学生之间产生观点冲突。

六、项目控制

①主讲人向学生宣布这是一个测试他们沟通能力的项目。测试有时间限制，答题时间最长为 3 分钟。

②主讲人把试题发给学生（注意把试题正面朝下扣在桌上）。

③在试题全部发完之后，主讲人说“现在开始”。这时学生把试题反过来开始做。

④主讲人手中拿着一个秒表，等秒表指示到了 3 分钟时，就说“3 分钟时间到，现在停笔”。

七、回顾分享

①为什么有些人在 3 分钟之前就能完成全部试题?

②为什么有些人能更快地完成试题？让这些学生说一说自己的做法。

③那些能在3分钟之前完成的学生的做法，是否是最好的方法？

④分享故事。有位客人到某人家里做客，看见主人家的灶上烟囱是直的，旁边又有很多木材。客人告诉主人说，烟囱要改曲，木材须移去，否则将来可能会有火灾，主人听了没有任何表示。不久主人家里果然失火，四周的邻居赶紧跑来救火，最后火被扑灭了，于是主人烹羊宰牛，宴请四邻，以酬谢他们救火的功劳，但并没有请当初建议他将木材移走和将烟囱改曲的人。有人对主人说："如果当初听了那位先生的话，今天也不用准备筵席，而且没有火灾的损失，现在论功行赏，原先给你建议的人没有被感恩，而救火的人却是座上客，真是很奇怪的事呢！主人顿时省悟，赶紧去邀请当初给予建议的那个客人。启示：防患于未然。

3分钟测试试题

你能否按照指令做？

1. 做事之前先通读全部资料。

2. 将你的名字写在本页的右上角。

3. 将第2句中的"名字"这个词圈起来。

4. 在本页的左上角画5个小方格。

5. 大声叫你自己的名字。

6. 在本页的第2个标题下再写1遍你的名字。

7. 在第1个标题后面写上"是"。

8. 把第5个句子圈起来。

9. 在本页的左下角写个"×"。

10. 喜欢这项测试就说"是"，不喜欢就说"不"。

11. 在测试中，你的成绩达到这个点，就大声叫一下自己的姓名。

12. 在本页右边的空白处，写上一个66×7的算式。

13. 在第4个句子中的"本页"这个词周围画个方框。

14. 如果你认为自己已仔细地按要求做了，就叫一声"我做到了"。

15. 在本页左边的空白处写上69和98。

16. 用你正常讲话的声音从10数到1。

17. 站起来，转1圈，然后再坐下。

18. 大声说出"我快做完了，我是按要求做的"。

19. 如果你是第1个做到这个题时，就说"我是执行要求的优胜者"。

20. 既然你已按第1句的要求，认真读完了全篇内容，然后只需要按第2句的要求做，就算完成任务。

注意：请保持安静，看其他人怎么做。

第十二节 戏剧天才

一、项目概述

项目性质： 思维 / 应对压力 / 创造性

项目难度： ★★★★

项目时间： 20～30 分钟

项目人数： 全体学生参与

图 10-16 戏剧天才

“戏剧天才”项目旨在提升学生的创造力（见图 10-16）。国家间的竞争，离不开大学生创造力的提升。创造力的研究日趋受到重视，由于侧重点不同，出现了两种倾向：一是不把创造力看作一种能力，认为它是一种或多种心理过程，从而创造出新颖和有价值的东西；二是认为它不是一种过程，而是一种产物。一般来说，创造力既是一种能力，又是一种复杂的心理过程和新颖的产物。

> 创造力体现的不仅是天赋和才能，而且是一种责任。创造力不是解决一个困难的问题的方法，通过创造力富有成果的表现来看，创造力是教育践实培养的结果。创造力培养的关键在于洞察创造活动的全过程，为促进创造力的发展提供先决条件。然而长期以来，人们在头脑中和心理上对创造有着一种根深蒂固的误解和成见，认为创造太深奥、太神秘，是少数发明家、科学家才能做到的事情，不是一般人所能企及的。

二、场地器材

相关话题材料等。

三、学习目的

注重学生创造性解决问题的思路和应变能力的培养。

四、项目要求

①学生回答问题的时间要控制在 30 秒至 1 分钟。

②主讲人可以任意指定人回答，回答的人随意指定其他人，每人只能回答一次。

③学生回答的问题可以是一幅画、一个词、一位人物等。

④回答的学生原地起立。

⑤每个问题最多用 5 分钟。

⑥主讲人可以选取指定素材，如最新发生的重大事件和教育、体育等方面的内容。

五、安全事项

主讲人注意用语，避免学生之间产生观点冲突。

六、项目控制

①开场白。

②主讲人任意挑选一名志愿者。

③主讲人请志愿者表演一个发生在生活中很典型的情节，如一起出去逛街或一起上课等。

④主讲人随便挑选一个剧本或者连续剧的片段，从中挑选几句话作为准备材料，让学生来编剧。

⑤主讲人让学生即兴表演。

⑥前后的语句要连贯。

⑦在无法编下去时，学生接受“惩罚”后，换下一个话题。

七、回顾分享

①当不停地调整思路以适应别人无根据的推理的时候，你是什么感觉？不同的人的感觉又是怎样的？

②如果我们始终认为事情有可预见性，那么我们还会有很多的新想法吗？什么样的技巧可以帮助我们放弃成见，任由事物发展？

③在活动中，哪部分是最有意义的？在生活中，我们的同学在放弃我们提出的想法之前，能够顺着我们的想法采取相应的措施，结果会怎么样？

④创造力强的人的思维往往具有较好的灵活性。他们善于考察一些看似疯狂的想法，即便是稍纵即逝的念头。但是如果一个想法看起来没有意义，他们就会很快放弃它，因为他们相信会有更好的想法。

⑤创造力强的人乐于接受各种可能性，不断地调整自己，以适应不断变化的环境。

⑥ 22 年逐梦之旅铸就“中国天眼”。

截至 2018 年 1 月，“中国天眼”已敏锐捕捉到 9 颗新的脉冲星，实现了中国望远镜零的突破。这一伟大的成就要归功于南仁东。南仁东，男，1945 年出生，1963 年毕业于清华大学，于中国科学院研究生院获硕士、博士学位，后在日本国立天文台任客座教授。1982 年，他进入中国科学院北京天文台工作。1994 年，他一直负责 FAST 的选址、预研究、立项、可行性研究及初步设计。作为项目的首席科学家、总工程师，他负责编订 FAST 的科学目标，全面指导 FAST 工程建设，并主持攻克了索疲劳、动光缆等一系列技术难题。2016 年 9 月 25 日，他主持的 FAST 落成启用。2017 年 9 月 15 日晚，南仁东因病逝世，享年 72 岁。多年来，南老师从壮年到暮年，把一个朴素的想法变成国之重器，成就了一个国家的骄傲；曾经在日本担任客座教授的他，放弃优厚的薪酬待遇和工作条件，回到了祖国。有人计算过，那时他在国外一天的报酬，相当于他在国内一年的工资收入。但在他的眼里，国外高薪的分量，远不及让祖国在科技领域领跑世界的梦想。而今斯人已逝，但这位“老工人”科学家把国之重器留给了我们。多名青年科研人员表示，他们要以南老师为楷模，为建设具有全球影响力的科技创新中心贡献力量。

思考题

1. 简述思维类项目的作用。
2. 阐述3～5个思维类项目的整个结构。
3. 简述“麻雀变凤凰”项目的要求及安全事项。
4. 改编3～6个思维类项目的规则。
5. 创编1个思维类项目。

第十一章

团队类项目

1. 了解团队的概念。
2. 熟悉大学生对团队的理解。
3. 理解大学生进行团队训练的重要性。
4. 掌握提升团队能力的技巧。

团队是由基层和管理层人员组成的一个共同体，它合理利用每一个成员的知识和技能协同工作，解决问题，实现共同的目标。团队的构成要素包括目标、人、定位、权限、计划。团队和群体有着根本的区别，群体可以向团队过渡。一般根据团队存在的目的和拥有自主权的大小将团队分为五种类型：问题解决型团队、自我管理型团队、多功能型团队、共同目标型团队、正面默契型团队。本章团队类项目共编写了“百团大战”“万里长城永不倒”“挑战戈德堡”等11个项目。每个项目从项目概述、场地器材、学习目的、项目要求、安全事项、项目控制、回顾分享7个环节做了详细介绍。

第一节 百团大战

一、项目概述

图 11-1 百团大战

项目性质：大型团队建设
项目难度：★★★★
项目时间：45 分钟
项目人数：越多越好

“百团大战”又称为“百人摇绳”，是最为经典的团队拓展项目之一（见图 11-1）。该项目通过一根绳子把学生连接在一起，让学生整齐划一地划圆，在规定时间内完成特殊任务。该项目旨在建立团队内部的相互信任，培养学生的团队合作精神、相互帮助和换位思考的意识等。

1940 年以后，日本一方面加紧诱迫国民党投降，另一方面加强对敌后抗日根据地进行“肃正”讨伐，企图彻底摧毁抗日根据地。为了粉碎日军的图谋，打破其“囚笼政策”，克服国民党顽固派对日妥协投降的危险，华北八路军所属部队对日军发动了一次大规模的破袭作战。八路军参战部队达到 105 个团、20 余万人，故称为“百团大战”。我们可以体验一下百团是怎样相互协作的。

二、场地器材

田径场、静力绳、手套等。

三、学习目的

①培养学生的团队合作精神。
②让学生理解团队合作的重要意义。
③让学生感悟制度的制定与保障对于完成任务的价值。
④培养学生换位思考的意识。

四、项目要求

①学生均匀地站在圆圈上，保持合适的距离。
②学生把绳子围成一个圆圈，高度同肩部。
③学生摇绳摆动要一致。
④一位或多位学生可以喊出口号。
⑤在活动中，学生不能前后拉动。

⑥学生组成多个圆圈时，可以体验不同的难度，分组进行。

五、安全事项

①场地要宽阔、平整。
②每位学生都应戴上手套。
③主讲人要确保绳子质量可靠和材料环保。
④学生要错开绳子的打结处。

六、项目控制

①所有学生向圆心围成一个或多个同心圆。
②每位学生握住绳子的一部分，一起向后拉成一个大圆圈。
③所有学生并排坐下。
④每位学生右手抓住静力绳。
⑤在规定时间内，摇绳的数量越多越好。

七、回顾分享

①每位学生都要为团队付出。
②学生要相互信任、相互支持。
③培养团队的默契度和协作能力。
④学生要学习换位思考，更好地理解他人。
⑤合理的人力资源分配可以实现最佳的工作效率和获得最好的工作成就。

⑥分享故事。古时候，有两个兄弟各自带着一个行李箱出远门。一路上，重重的行李箱将兄弟俩都压得喘不过气来。他们只好左手累了换右手，右手累了又换左手。忽然，大哥停了下来，在路边买了一根扁担，将两个行李箱一左、一右挂在扁担上。他们挑起两个箱子上路，反倒觉得轻松了很多。启示：我们在人生路上肯定会遇到很多的困难。但有时候，我们在帮助别人克服困难或解决问题时，也恰恰是在为自己铺路，从而成就了自己。

第二节　万里长城永不倒

一、项目概述

项目性质：大型团队建设

项目难度：★★★★

项目时间：60 分钟

项目人数：可多可少，至少 10 人

“万里长城永不倒”项目是让学生通过身体的相互支撑来围成一个大圆圈（见图 11-2）。这是一个团队拓展项目，对学生体力的要求很高。虽然有一些技巧可以让团队快速前进，但更重要的是学生的相互配合、相互支持。所以，学生之间要相互理解，具有很强的团队意识，从而顺利完成任务。

图 11-2 万里长城永不倒

> 万里长城是中国古代劳动人民智慧和力量的结晶，是人类建筑史上罕见的古代军事防御工程。万里长城的修筑虽然给当时的劳动群众带来了深重的灾难，但并未因此而失去其重要的历史意义。它是劳动人民用血汗和生命换来的，充分体现了中国人民的聪明才智和卓越的创造力量。它是世界上最长、最古老和最雄伟的建筑之一，不仅是人类建筑史上的奇迹，而且是中华民族的骄傲。我们可以感受到，长城的诞生离不开团队的共同努力。

二、场地器材

平坦场地等。

三、学习目的

①培养学生的团队协作能力。
②提高学生的团队凝聚力和信任度。
③强调学生的协作与配合。

四、项目要求

①后面的学生将双手放在前面的学生的腰间。
②当主讲人下达“坐”的口令之后，前面的学生迅速坐在后面的学生的腿上。
③听到主讲人下达“前进”的口令之后，所有学生迅速前进。
④学生放开双手，要能直接躺在后面的学生身上不倒下。
⑤学生围成圆圈后要能坚持 5～10 秒。

五、安全事项

①场地要平整、空旷。
②活动开始前，学生要进行适当的热身，达到要求后方可开始。

③男女生的站位和分组控制要合理。

六、项目控制

①学生围成一个圆圈，双脚保持平行，脚尖顶着前面同学的脚跟。

②学生双手搭在前面一人的双肩上，注意听口令，听到后必须按口令做，否则会受到惩罚。

③学生依然双手搭在前面一人的双肩上，但学生之间的距离缩短，再试一次。所有人都坐住后，主讲人开始倒数 10，9，8，……1，再喊站起。

④前面的学生恰好坐在后面的学生的腿上，形成一个圆圈。

七、回顾分享

①主讲人鼓励学生谈谈个人感受。

②没有完美的个人，只有完美的团队。

③你们遇到了什么困难？

④你们是怎样克服障碍的？

⑤谁给你的帮助最大，为什么？

⑥主讲人让学生结合生活谈谈这项活动。

第三节　挑战戈德堡

一、项目概述

项目性质：大型团队建设

项目难度：★★★★

项目时间：60 分钟

项目人数：越多越好

图 11-3　挑战戈德堡

“挑战戈德堡”项目是让学生以迂回曲折的方法完成任务（见图 11-3）。例如，倒一杯茶或打一只蛋。戈德堡装置是一种设计精密而复杂的机械。设计者必须计算精确，使机械的每个部件都能够准确发挥作用，因为任何一个环节出错都有可能使原定的任务不能完成。这需要全体学生高度参与、共同出谋划策。

鲁布·戈德堡（Rube Goldberg），是美国著名的漫画家、雕刻家、作家、工程师、发明家，也是漫画家协会的创立者和主席。他因创作戈德堡机械系列漫画受到人们的欢迎。他的漫画系列《发明家》异想天开地表达了用复杂机械完成简单任务的可笑设计，想不到因此而闻名于世。他画了许多用极其复杂的方法解决简单小事的漫画，得到了许多读者的关注。

二、场地器材

戈德堡装置 1 套，手套、创可贴等。

三、学习目的

①培养学生处理突发事件的能力。

②培养学生精益求精的工作态度。

③提升学生的团队默契度。

四、项目要求

①学生设计并制造出一套精确而复杂的戈德堡装置以完成规定的任务。

②学生设计和搭建令人兴奋及富有创意的过山车。项目对学生想象力的要求较高。

③主讲人可以提供图纸，让学生按照程序进行；也可以让学生在提供的材料中自选。

④组与组之间可以相互借换材料，相互沟通。

⑤活动过程中学生要分工明确。

⑥多组进行时，可以根据装置的长度、所用材料等进行评分，决出胜负。

五、安全事项

①场地要平整、干净、安全。

②活动不宜在酷热、暴雨等天气下进行。

③活动前检查器材有无锋利部位。

六、项目控制

①每组需要在规定时间内充分利用资源，建造自己的戈德堡装置。

②学生要充分利用各种规格尺寸的 PVC 管以及绳子、多米诺等各种材料。

③主讲人可以提供 50 多种道具。

④主讲人要确保所有装置能够相互衔接，确保目标球能够顺利通过各道关口，从起

点位置到达终点。

⑤以 190 分钟为例，项目流程如表 11-1 所示。

表 11-1 项目流程

环节	时间（分）	内容
观赏	15	进行视频案例展示，提出任务
设计	15	设计一个能够达到任务要求的装置的系列思路
准备	15	根据要求准备需要的材料
制作	110	按照设计思路及材料实施建设，完成目标，不能浪费材料
检测	15	检测装置的可行性，稍做修改
展示	20	进行成果展示，评比

七、回顾分享

①在项目中你们学到了什么？

②团队在项目设计的阶段是怎样统一意见的？

③主讲人让学生谈谈制作过程中出现的问题。

④主讲人对最终的设计成果进行简要评述。

⑤如果有机会，你们会怎样分工？

⑥主讲人让学生结合实际谈谈感受。

第四节 动力圈

一、项目概述

项目性质： 大型团队建设

项目难度： ★★★★

项目时间： 50 分钟

项目人数： 20 人以上，越多越好

图 11-4 动力圈

“动力圈”又称为“幸福大团圆”，是利用蒙古人每次迁移到一个新的地方时，都会把所有的家人聚集起来围成一个大圆，将未撑起来的蒙古包放在全家人所围成的中

心点上，并让每个家人握在圈起蒙古包的外绳圈上，然后全家人环视一圈后，有默契地同时将此绳圈用力往外拉，从而支撑起一个蒙古包这样的一个情景而设立的项目（见图 11-4）。

> 牛顿曾经说过：“我之所以成功，是因为站在巨人的肩膀上。”我们之所以成功，是因为我们也站在巨人的肩膀上，这个巨人就是我们的团队。

二、场地器材

空旷、平整的场地，30m 长的绳子（直径 3cm）1 根，药箱、手套等。

三、学习目的

①让学生体会相互信任的重要性和必要性，建立团队内部的信任。

②培养学生的责任感。

③增强学生挑战自我的勇气。

四、项目要求

①主讲人应在学生不受干扰的情况下大声、清晰地向他们讲述活动的规则和安全要求，在无异议后宣布活动开始（如学生对已经讲述清楚的要求提出问题，可以不回答）。布置项目时可以模拟情景。

②学生多次受挫时应适当予以积极引导，鼓励学生坚持到底。

③主讲人要把控项目开展的进度。

④每位学生依次在所拉成的绳圈上依据相应的操作流程走一圈。

⑤其他学生按照主讲人的要求做相应的保护和拉绳圈。

⑥学生在无特殊情况时应尽量参与此项目。

五、安全事项

①学生如有严重的头、颈、肩、背、腰、骶等部位的伤病史或有严重的心脑血管疾病、低血糖等病史，不能参与此项目。

②学生应取下身上的尖锐及硬质物品，如手表、眼镜、发卡、腰带配件等。

③学生按照男女、高矮、胖瘦的搭配原则，手牵手、肩并肩地站在放置于地面、具备安全性的绳圈外侧。

④所有保护人员将手心向上与肩同宽，将自己的左手和旁边同学的右手靠在一起；所有学生将左腿向后迈一步，使其与微微下蹲的右腿呈弓步站立，确保重心向下（保证在重心稳定的前提下可以移动）。

⑤所有学生将放置于地上的绳圈在不用力的前提下慢慢握在手上，必须保证手心向

上；在听到主讲人的口令“一起使劲向自己胸口的方向拉”时，方可用均力拉，不可使劲拉。

⑥主讲人选出3名志愿者。两人各站立在绳圈的内外做保护人员，剩余一人在绳圈上，在保护人员的保护下，直立匀速行走一圈，行走时双脚呈外八字的方向。

⑦绳圈上的保护人员要时刻拉紧绳子，不论自己面前是否有同学通过（注意是向胸口的方向拉而不是向上抬）；直到主讲人说休息时方可将绳子放置于脚前。

⑧绳圈上行走的学生只能依靠两位保护人员，不能用手去扶正在拉绳圈的同学。

⑨在活动过程中，学生若有身体不适或其他状况时，需要及时和主讲人沟通。

⑩当主讲人发现可能会危及安全的动作或违规操作时，应立即鸣哨或大声制止活动。所有人应在有安全保护的情况下立刻停止活动。

六、项目控制

①绳子要能够承受外力的拉扯和200kg重物的重量；结绳头时必须使用双渔人结。

②活动开始前，主讲人应带领学生做好充分的准备活动。

③主讲人要对活动过程进行监控。比如，在求生项目中发现踩手或偏离重心的行为时应立即制止，并告诉学生注意安全事项。

④主讲人要对未在安全事项中提及、学生在活动过程中可能出现的危险行为进行监控。比如，当学生在绳面上行走速度很快且重心不稳时，需要立即停止行走；只要绳面上有学生时，其他学生必须保证时刻拉紧绳子；学生时刻和保护人员保持沟通，做好充分的轮换保护。

⑤绳面上的学生不超过3位。

⑥主讲人站在圈内以向外的拉力来保证绳圈上的力量均衡。

⑦主讲人要时刻跟着绳圈上的学生，以做好随行保护。

⑧学生在上下绳圈时，主讲人应格外注意，扶住学生的身体，避免其坠落。

⑨学生如果有严重的心脑血管疾病或骨骼关节伤病，可以参加见习。

⑩所有人手拉手围成一圈，松开手后，每人握住绳子的一部分围成一个圆，双脚合并，用脚后跟着地；所有人同时向后倒，一个最重的人在绳子上走一圈，在走完这一圈的过程中不能掉下来，否则活动需要重新开始。接着一位女学生也从这个绳圈上走，所用的方法相同。

七、回顾分享

①主讲人要对所有完成任务的学生给予鼓励；鼓励每位学生讲述自己的感受并给予肯定。对于完成不够成功或出色的学生，主讲人可以让其联系生活讲述：一个人是否可以独立完成任务；活动中的优点与不足是什么；完成此任务后有何启示。

②主讲人要尽量让所有学生都谈谈体会，特别要鼓励启发沉默的学生说话；让重点

学生发言，大家评论；注意表扬尝试者，鼓励胆怯者；使学生意识到只有依靠团体协作的力量才能成功完成任务。主讲人要使学生小组从“群体”转变为“团队”，通过对共同目的的承诺、合理的角色分工及责任心、相互信任感的增强，使个人成为团队的一员。主讲人要使学生认识到在选定行动方案前，领导者要善于分析把握团队成员资源，根据个人条件的不同进行合理的分配和谋划，保证顺利完成任务。

第五节 叠人塔

一、项目概述

项目性质： 大型团队建设

项目难度： ★★★★

项目时间： 60 分钟

项目人数： 20～30 人，越多越好

图 11-5 叠人塔

“叠人塔”在发展的历程中，一直秉承着“力量、沉着、勇敢、理智”的原则（见图 11-5）。力量代表粗犷、强壮的基层叠塔队员；沉着是对每一层支撑上层人塔的队员的基本要求；勇敢无疑是“叠人塔”队员最显著的特征，作为塔尖封顶的小孩是勇气的最佳代言人；理智意味着每一个人塔团队都要经过日积月累的磨练，只有通过周密的练习和细致的安排，方可毫无差错地完成“叠人塔”的任务。

> 2009 年，钱安华在西班牙加泰罗尼亚考察时，被有着 200 多年历史的西班牙人塔表演游戏深深吸引，被那壮观而又团结向上的气势震撼。回国后，他召集员工试运行此项活动，并取得良好的反响。他于 2010 年初成立桃花庄人塔队，这也是中国首支专业人塔队伍。

二、场地器材

平整场地，护腰带若干个。

三、学习目的

①帮助学生认识自我，激发个人潜能，客观地进行自我定位；增强自信心，克服心理惰性，磨练战胜困难的毅力，更客观地面对工作与生活的挑战。

②采取有效的措施改善人际关系，让学生学会关心、激励、相互信任，融洽地与他

人及群体合作，达到团体一致、默契配合，形成积极向上、团结互助的团队气氛。

③让学生体验团队的伟大力量，增强学生的责任心和参与意识，帮助学生形成相互配合、相互支持的团队精神和群体合作意识。

④使学生能够体会到发自内心的胜利感和自豪感，获得人生难得的高峰体验。

四、项目要求

①人塔的搭建一般分为两个阶段。第一阶段是构建人塔的基层，而基层的稳固是人塔继续向上搭建的首要条件。第二阶段是叠塔团队发出信号，乐队开始演奏，每一层的叠塔人员需要小心谨慎地攀爬到指定位置，然后尽快完成搭建工作。当最高一层的人爬到塔顶，举起一只手并竖起四只手指，人塔才算搭建成功。最后，叠塔人员在观众的欢呼呐喊中一层一层地开始拆卸，直至最后完成卸塔，活动才算完成。

②人塔的搭建有三次机会。在60分钟内，将搭建最高的一次作为最终成绩。

③在60分钟内，学生不能借助本组身体以外的物品，以地面为起点，完成搭建任务。

④学生如有严重的头、颈、肩、背、腰、骶等部位的伤病史或有严重的心脑血管及精神病、低血糖等病史，不能参与此项目。

⑤活动对学生的服装有严格的要求，凡纤维面料等摩擦系数小的服装需要更换等。

五、安全事项

①学生的手腕和手腕相扣。

②攀爬过程中，学生不能踩踏膝关节、肩关节、颈、脊柱和头，只可以踩大腿的根部，可以踩肩关节和颈部之间的部位。

③无论攀爬的学生还是下方做人梯的学生，当感到有不适或者自己有危险时，一定要提前3秒大声示意。

④主讲人发现学生的动作有危险或不适合时要果断叫停。所有学生要服从主讲人的口令。

六、项目控制

①在规定时间内，学生可以多次攀爬。

②学生在攀爬过程中不宜过快。

③两层以上的学生必须穿着规定的保护装置。未经主讲人许可，任何人不允许在场地上进行攀爬。

④在向上攀爬的过程中，学生只能在主讲人规定的位置上进行攀爬。两层以上的学生不能进行换位，否则被视为违规，将取消资格。

⑤登顶的学生不能与下层的学生脱离。

七、回顾分享

①你们对完成的结果满不满意，为什么？

②在叠人塔的前期，你们的预期结果与最终结果的差距有多大？
③在完成任务的过程中，你们是怎样配合的？
④令你们感触最大的是什么？
⑤你们成功完成任务的原因是什么？失败的原因是什么？
⑥主讲人让学生结合生活实际谈谈如何将叠人塔的经验运用到生活和学习中。

第六节 团队乐章

一、项目概述

项目性质：大型团队建设

项目难度：★★★★

项目时间：50 分钟

项目人数：20 人以上，越多越好

“团队乐章”项目是按照交响乐的特点把所有人组合起来，完成一段或者几段音乐演奏的项目（见图 11-6）。参与的人数越多，效果越好。该项目能够适应户外和室内的两种教学环境。

图 11-6 团队乐章

> 中国古典乐器一般按“八音”分类。“八音”就是我国最早按乐器的制造材料来对乐器进行分类的方法，最早见于《周礼·春官》，分为“金、石、土、革、丝、木、匏、竹”八类。按照“八音”，可以将中国古典乐器做如下分类。“金”类：钟；“石”类：磬；“土”类：埙；“革”类：鼓；“丝”类：琴、瑟、二胡、琵琶等；“木”类：柷敔；“匏”类：笙；“竹”类：箫、笛等。我们是否也可以用不同的工具来制作属于我们的乐器？

二、场地器材

室内或室外运动操场（有音响设备）。

三、学习目的

①培养学生合理分配人力资源的能力。
②激发学生的团队意识及协作精神。

③引发学生对于团队合作、有效沟通的思考。

④增强学生的团队凝聚力及执行力。

四、项目要求

①主讲人将所有学生按特定比例、特定要求分为 4 个声部。

②各声部将练习使用不同的“乐器”，发出不同的音色，按要求打出不同的节奏，并做分场部练习。

③各声部练习熟练后，进行各声部的合练。

④主讲人对各声部的合练进行调配和协调，最终使演奏达到默契的“协奏”水平。

⑤学生用团队共奏乐章的形式，产生团队共鸣。

五、安全事项

①主讲人要控制好活动的时间。

②主讲人要防止各组内部矛盾的发生。

六、项目控制

①主讲人把所有人按照平均的男女比例分成 4 个声部，分别代表一部低音、二部中音、三部次高音、四部高音。

②主讲人把学生分成 4 个声部之后，通过一段小节奏来测试学生的音乐素质。

③这个项目可以不借助任何道具，也可以借助一些道具，这样的效果会更好。

④音乐是 4/4 拍的。主讲人在学习前一定要注意 4/4 拍的强弱特点是强弱、次强弱。一定要保持这个强弱度才能打得更有韵律。

⑤主讲人可以将学生分成若干组。每组学生分别击打大腿、桌椅、手掌等部位，以不同的节拍与旋律创造出一个节奏起伏有序、声音高低和谐的乐章。

七、回顾分享

①让我们用实际行动演绎属于我们的完美乐章。

②让我们用实际行动打造属于我们的激情团队。

③通过彼此配合，学生从嘈杂、不协调到找到共同的节奏，敲响共同的乐章，体现了团队工作中的领导力、合作、分工等。

④以音乐的方式来诠释团队合作。学生以音乐为载体，通过不同声部的打击乐器的配合，融入演唱、舞蹈、乐器演奏等因素，在规定时间内完成一次富有激情的团队合奏。最大的收获是什么？

⑤这个项目让学生能感受到自己为团队做出的贡献，让学生在快乐和对彼此的欣赏中感悟团队合作的精神。

⑥真正激励一个人前进的是身边志同道合、积极上进、充满正能量的同行人。只有互相扶持，把努力和坚持当成一种习惯，我们才会成为那个最有价值的人。

第七节 杯子舞

一、项目概述

项目性质：大型团队建设

项目难度：★★★★

项目时间：80 分钟

项目人数：15～20 人一组

“杯子舞”又称为“杯子歌”，来源于2013年的一首由安娜·肯德里克（Anna Kendrick）翻唱的击杯式歌曲。“杯子舞”项目容易操作，成本较低，属于团队音乐类创意项目（见图 11-7）。

图 11-7 杯子舞

> 编钟是我国古代的大型打击乐器，兴起于西周，盛于春秋战国。它用青铜铸成，由大小不同的扁圆钟按照音调高低的次序排列起来，悬挂在一个巨大的钟架上，用丁字形的木槌和长形的木棒分别敲打铜钟，能发出不同的乐音。我们也来演奏一曲。

二、场地器材

音响设备，空可乐瓶每人 1 个，有椅背的椅子等。

三、学习目的

①让学生在团队中为通过合作实现共同的目标，建立双赢及多赢的意识。

②锻炼学生在团队内部的专业化。

四、项目要求

①前期热身时，主讲人播放音乐，既可以集中学生的注意力，又可以培养他们的节奏感和默契。

②主讲人让学生分阶段练习。

第一阶段是边喊边击掌；第二阶段是不喊只击掌；第三阶段是爱的鼓励的节奏；第

四阶段是杯子歌的节奏。

当学到第四阶段时，让这个节奏稳定下来，就可以教杯子歌的动作。

③歌曲是 4/4 拍的节奏，每两小节为一个 8 拍，所有动作一共就两个 8 拍，然后循环。

第一个 8 拍：拍手 2 次（2 拍），拍桌子 3 次（3 拍），拍手 1 次（1 拍），拿起杯子（1 拍）放桌上（1 拍）。

第二个 8 拍：拍手 1 次（1 拍），左手反手拿杯子（1 拍），右手拍打杯口（1 拍），左手拿杯子斜下 45° 敲击桌子（1 拍），左手掌心朝上把杯子平放交给右手（1 拍），右手握住杯底（1 拍），左手敲击桌面（1 拍），右手把杯子扣在左手的左侧（1 拍）。返回第一节，不断循环。

教学生动作时大概用 30 分钟，然后让各组练习 30 分钟。为了防止出错，一般还会让各组派一个人再来学习一次。

④如果活动时间不充足，各组用 2 分钟奏乐，2 分钟连续完成的次数多的小组获胜。如果活动时间充足，可以合奏音乐，但一定要控制住节奏。

五、安全事项

①学生使用的杯子最好是硬的纸杯，也可以是塑料杯，不要使用杯底有棱的杯子，避免割到手。

②学生最好是在桌面上操作。这样共鸣效果会更好。

六、项目控制

①全体学生参加，并通过找到共同的节奏、演奏共同的乐章来调动团队气氛，体现出团队中的领导力、合作、分工等。

②主讲人将所有学生按特定比例、特定要求分为若干个声部。

③各声部将学习使用不同的“乐器”，发出不同的音色，按要求敲打出不同的节奏，并分声部练习。

④各声部练习熟练后，进行合练。

⑤学生用团队共奏乐章的形式，产生团队共鸣。

七、回顾分享

①从乐器配合的角度来分享“和”字。和是一个非常重要的概念，它是指一种有差别的、多样性的统一，因而有别于“同”。比如，音乐必须将宫、商、角、徵、羽配合在一起，达到一种五音共鸣、声在宫商之外的境界，才能算是上等美乐。反之，如果爱宫者排斥商、角，喜商者不用羽、徵，其后果也不难想到。

②有的组织是感性的、无序的，而高绩效的团队是理性的、有序的，因为他们有英明的领导、明确的目标、合理的分工和职责以及主动有效的沟通。

③给自己找到定位，做好自己的工作。对团队的最大贡献就是把自己的工作做到最好。

④在组织中，一定要能听到别人的声音，看到别人的辛苦付出，否则自己表现得再好，也无法创造出和谐的团队。

第八节 多米诺骨牌

一、项目概述

项目性质：大型团队建设

项目难度：★★★★

项目时间：80分钟

项目人数：30人以上，越多越好

“多米诺骨牌”项目是让学生将骨牌按一定的距离排成单行或分行排列，推倒第一张骨牌，其余骨牌发生连锁反应，依次倒下（见图11-8）。学生除了可以码放单线、多线、文字等各式各样的多米诺造型外，还可以做积木、搭房子、盖牌楼、制成各种各样的拼图。该项目不仅考验学生的体力、耐力和意志力，而且培养学生的智力、想象力和创造力以及团结协作精神。

图11-8　多米诺骨牌

多米诺骨牌效应分为正面效应和负面效应两种。正面效应体现在每个人需要认真谨慎地做事。要使骨牌不发生倾倒，需要耐心与毅力以及所担负的责任来时时提醒自己，避免出错。同时也揭示出做一件事时要防患于未然，将危险及时排除、化解。负面效应体现在忽视了一个小的破坏性质的力量。这种破坏性质的力量随着相互传递产生惯性的力（俗称“惯力”），会导致骨牌一个比一个更加快速地倒塌。如果没有纠正过来，会造成无法挽回的后果。

二、场地器材

平整的场地，最好选在室内地板上进行；多米诺骨牌、创可贴、手套。

三、学习目的

①加深学生共同努力的团队合作。

②锻炼学生坚持到底的毅力和耐力。

③让学生体验工作价值的成就感。
④让学生的智力、体力得到挑战。

四、项目要求

①摆放何种图案由小组自行决定。
②在规定时间内，学生需要将骨牌全部摆放完毕。
③多米诺骨牌在发生反应时需要全部倒下。

五、安全事项

①主讲人仔细检查场地是否平整，以适合进行该项目。
②多米诺骨牌的边角不能太尖锐，以免划伤手指。
③摆放的过程中，学生可以戴上手套。

六、项目控制

①活动会将整个码放任务落实到学生，要求学生在规定时间内完成1000～2000枚骨牌的码放。每位学生只有努力完成自身的任务后，才能共同见证最后激动人心的精彩时刻。

②骨牌码放的过程是毅力和耐力的考验。也许是由于自然因素或无意碰到，码放好的牌会突然倒下，这时学生是调整心态重新开始，还是灰心丧气拒绝再玩，取决于他们的毅力和耐力。

③当所有码放任务完成后，随着第一块骨牌被推倒，所有的骨牌依次在清脆的撞击声中倒下，这将呈现给我们一幅团队合作的美丽画卷。

④码放过程中的图案如何组合，需要学生开动脑筋。码放的过程，既是学生消耗体力的过程，也是开发学生脑力的过程。

七、回顾分享

①我们需要保持良好的心态，好好把握每一天。
②我们要学会忍耐、专注、执着，要有拼搏的精神，相信坚持到底就是胜利。
③我们要与时俱进，勇于进取。
④世界万物都是相互联系的。

第九节　人体拼图

一、项目概述

项目性质：大型团队建设
项目难度：★★★★

图 11-9　人体拼图

项目时间：80 分钟
项目人数：30 人以上，越多越好

"人体拼图"项目是让学生组成大型的关于学校、社团等的拼图（见图 11-9）。该项目旨在使学生理解团队协调、沟通的重要性，理解团队合作的力量。各组只有进行充分的研究商议，充分发挥集体的智慧，才能更好地完成任务。该项目能够让学生体会到个人与集体密不可分的关系，感受集体的温暖。

《洛神赋图》《清明上河图》《富春山居图》《汉宫春晓图》《步辇图》《唐宫仕女图》《五牛图》《韩熙载夜宴图》《千里江山图》是中国的传世名画，承载着古老东方民族独特的艺术气质，用色彩记录了中国的悠久历史和横亘万里的锦绣河山。今天，我们来拼凑一幅属于自己团队的图案。

二、场地器材

人体拼图 1 张，计数器等。

三、学习目的

①培养学生主动参与、全力以赴的集体意识，让学生体验协作的方法。
②培养学生科学系统的思维方式，增强学生的全局观念。

四、项目要求

①在规定时间内，所有学生用身体拼成规定图案。
②对于特殊的图案，学生可以借助外界材料或事先准备好的材料。
③图案的花色不能过度复杂，应简单、易懂。
④结合音乐的效果，活动会更加富有趣味性。
⑤学生需要通过自身的努力才能顺利完成任务。

五、安全事项

①活动场地要宽阔、平整。
②借助身体以外的材料时，不能使用破坏环境、对人的身心有潜在影响的材料。
③拼图的过程中发现危险时，主讲人应立刻阻止。

六、项目控制

①在一个空旷的场地上，学生需要将事先确定的图案拼出来。

②拼图的过程分为三个阶段：讨论、练习、展示。

③在讨论阶段，学生可以自由交流。

④在练习阶段，组长能讲话，其他人不能发出任何声音，如有违反者，减少其活动时间或表演节目。

⑤在展示阶段，全体学生不能发出任何声音，在规定时间内展示事先确定的图形。

⑥完成任务后，学生保持10秒即拼图成功。

七、回顾分享

①当你意识到你对整个团队的重要性时，你的反应是什么？

②时间的限制对你的能力有什么影响？

③当有团队成员可以并且愿意帮助你时，会对完成任务有什么影响？

④你是否明白看似简单的问题，也需要从整体上去看待，从细节上去考虑，从大局上去解决？

⑤体会团队之间加强合作的重要性，合理处理人际关系。

⑥使团队从“纸上谈兵”实现现实操作。

第十节 命运共同体

一、项目概述

项目性质：大型团队建设

项目难度：★★★★

项目时间：80分钟

项目人数：30人以上，越多越好

“命运共同体”项目需要学生共同努力制作各国人民的命运紧密相连的一幅巨画，坚持“同一个世界、同一个梦想”的理念，做维护世界和平、保护环境、尊重文化多样性等的传承者（见图11-10）。学生是国家的栋梁，是中国梦的践行人，要为祖国的繁荣昌盛挥洒青春与汗水。

图 11-10 命运共同体

坚持和平发展道路，推动构建人类命运共同体。人类命运共同体是指在追求本国利益时兼顾他国的合理关切，在谋求本国发展中促进各国共同发展。人类只有一个地球，各国共处一个世界，要倡导“人类命运共同体”的意识。人类命运共同体这一全球价值观包含相互依存的国际权力观、共同利益观、可持续发展观和全球治理观。我们来绘制一幅自己心中的命运共同体的巨画。

二、场地器材

画布（画板）、胶水、水彩、毛笔、水、剪刀、任务书、创可贴等。

三、学习目的

①培养学生的爱国主义和集体主义意识。

②让学生形成正确的集体使命观。

③培养学生团队的集体荣誉感、自豪感。

四、项目要求

①主讲人要给予各组一定的讨论时间，明确分工。

②材料的用量较大时，应考虑后期的循环利用。

③用画布作画的过程中，如果需要进入画布，学生不能穿鞋底有钉、刺的鞋子。

④绘画的颜料可以清洗。

⑤画布可以换为画板，或可以在大型墙面上进行绘画。主讲人可以事先给学生提供样稿，也可以让学生自由发挥。

⑥主讲人随时提醒学生完成任务所剩余的时间。

五、安全事项

①场地要宽阔、平整。

②主讲人提供的材料安全，无尖锐物品。

③学生不能在画布上打闹、奔跑等。

六、项目控制

①学生利用颜料、画笔等在画布上绘出心中的命运共同体蓝图，并以蓝图为背景进行大合影。

②各组根据任务书的要求完成自己的任务。活动开始前，各组应充分讨论。

③一部分学生根据某个特定的主题在画布上做剪贴画，充分发挥自己的想象力。

④一部分学生按照任务书的要求将图形按比例复原在画布上。

⑤学生将所有制作好的画布拼接到一起，从而完成巨幅画的制作。

七、回顾分享

①找到个人的明确定位。
②做好自己的同时可以成就团队。
③对命运共同体有什么认识?
④制作的图画的含义是什么?
⑤主讲人让学生结合自己的专业谈谈应该怎样去践行命运共同体。
⑥主讲人对任务的完成情况进行评价。

第十一节　集体雕塑

一、项目概述

图 11-11　集体雕塑

项目性质：大型团队建设
项目难度：★★★★
项目时间：80 分钟
项目人数：30 人以上，越多越好

“集体雕塑”是学生用沙子堆积浮雕的项目（见图 11-11）。学生雕塑出来的浮雕，不仅是团队付出的见证，而且是团队协作的见证。该项目旨在让学生感受团队的伟大，享受团队合作的乐趣，体验团队合作的信心。

鲁班奖是 1987 年由中国原建筑业联合会设立的一项优质工程奖，1993 年随联合会的撤销转入中国建筑业协会。1996 年根据建设部关于“两奖合一”的决定，将国家优质工程奖和建筑工程鲁班奖合并，奖名定为中国建筑工程鲁班奖（国家优质工程）。该奖是中国建筑行业工程质量方面的最高荣誉奖，由建设部和中国建筑业协会颁发。

二、场地器材

沙子、水桶、小铲、喷壶、铁锹、卷尺等。

三、学习目的

①树立学生的全局意识和全局观念。
②让学生明确核心领导的重要性，了解在实际生活中统一指挥及相互配合的重要性。

③让学生体验团队的领导艺术和技巧。

④培养学生的集体荣誉感和为团队勇于奉献的精神。

四、项目要求

①主讲人根据沙雕的造型安排活动。

②主讲人可以在学生制作沙雕的过程中安排其他活动。

③主讲人根据需求设计相当于5～10倍的造型尺寸的活动场地。

④活动场地离水越近越好。活动需要考虑海水涨潮、落潮的影响。

⑤使用的铁锹不宜过多，以防学生被扎伤。

⑥水桶越多越好。

五、安全事项

①使用器材的过程中需要严格控制，以保证学生的安全。

②夏天注意防暑、降温。

③主讲人要从工具和结构上考虑，保证每个人都能投入活动。

六、项目控制

①学生利用身边的沙子雕刻底座为20°斜角的正方形沙雕。其最低高度为10cm，上表面的长宽均为1.4m，下表面的长宽均为1.5m。

②每个沙雕的间隔为50cm。

③雕刻的过程中，学生铺一层沙子，浇一次水（浇透为止），拍实一层。

④成形后，学生根据图案斜切出需要的形状。

⑤学生把图案刻在沙雕上，确保美观、精致。

⑥在规定时间内，完成任务的小组获胜。

七、回顾分享

①怎样提高学生的组织、沟通和协作的能力？

②怎样做到人力资源的合理分配和运用？

③合理地分配和利用时间，集中精力抓主要矛盾。

④提高学生的创新意识，让他们学会运用合理的判断及时进行决策。

⑤提高学生的决策和组织沟通的效率。

⑥提高团队的领导力和执行力。

思考题

1. 简述团队类项目的作用。
2. 阐述 3～5 个团队类项目的整个结构。
3. 简述“百团大战”项目的要求及安全事项。
4. 改编 3～6 个团队类项目的规则。
5. 创编一个团队类项目。

第十二章

挑战类项目

1. 了解大学生焦虑、恐惧、自我否定等负面的心理特征。
2. 熟悉大学生心理舒适区的构建原理。
3. 理解大学生进行挑战训练时的心理演变。
4. 掌握大学生突破心理舒适区的措施和手段。

心理舒适区是指人们习惯的一些心理模式，是人们感到熟悉、驾轻就熟时的心理状态。如果人们的行为超出了这些模式，就会感到不安全、焦虑，甚至恐惧。在生活中，当我们面对新工作、接受新挑战时，内心会从原本熟悉、舒适的区域进入紧张、担忧，甚至恐惧的压力区。制定具有挑战性的目标，意味着突破舒适区。心理学研究表明，走出舒适区，进入新的目标领域，会增加人们的焦虑程度，从而产生应激反应，其结果是提升人们对工作的专注程度。新的目标领域，促使人们构建新的舒适区，这个区域被称作最佳表现区。在这个区域中，人们的工作表现将会得到改善，工作技巧也会被优化。本章挑战类项目共编写了“高空断桥”“空中单杠”“垂直天梯”等 11 个项目。每个项目从项目概述、场地器材、学习目的、项目要求、安全事项、项目控制、回顾分享 7 个环节做了详细介绍。

第一节　高空断桥

一、项目概述

图 12-1　高空断桥

项目性质： 个人挑战 / 高空项目

项目难度： ★★★★

项目时间： 90 分钟

项目人数： 15～30 人

"高空断桥"是一个以个人挑战为主的项目，属于心理冲击较大的高空通过类项目，需要学生独立完成（见图 12-1）。"断桥一小步，人生一大步"浓缩了这个项目的精华。

> 一艘发生意外的船，在下沉前的那段时间，另一艘船前来救援。由于两艘船无法完全靠在一起，船舷相距 1.4m 左右，甲板在风浪中摇晃，人多路窄，我们别无选择，只能选择跨越才能获救。你会怎么办？

二、场地器材

8～12m 高的连接好"路绳"的专项训练架，足够数量的铁锁、滑轮、安全带、扁带与头盔，2 段分别略长和略短于上方钢缆到桥面距离的动力绳，上升器 1 把，止坠器 1 把，护腿板 2 副。

三、学习目的

①培养学生克服恐惧、勇于面对困难的态度。

②让学生学习认识自我、挑战自我和战胜自我的方法。

③让学生认识到自我说服与自我激励、鼓励他人与获取鼓励的重要性。

④培养学生面对困难时的互助精神和团队意识。

⑤培养学生的领导力，让学生能够观察并分析团队角色与整体统筹。

⑥培养学生分析风险和化解风险的能力。

四、项目要求

①所有学生必须掌握头盔、安全带、止坠器、主锁与护腿板的使用方法。

②学生连接好安全装备，接受组员的激励后，沿立柱爬上高空的断桥桥面，换好连接保护装备后，沿板走到桥板的板头，将两臂侧平举，然后大声地问组员："准备好了吗？"当听到"准备好了"的回答之后，自己大声喊"1，2，3"，同时跨步跳到桥板的另一端。

学生单脚起跳，单脚落地，然后按同样的要求再跳回来。

③学生在桥面上不允许助跑，跳跃时最好两手不抓保护绳，感到紧张时可以一只手轻扶绳子以维持身体的平衡，但不允许紧拽保护绳。完成任务后，学生换连接保护装备，沿立柱慢慢爬下，落地时避免下跳。

④休息片刻，学生解下安全带并开始帮助其他组员穿戴头盔与安全带，随后加入加油助威的队伍。

五、安全事项

①学生如果有严重的外伤病史或心脑血管、精神病、慢性病及相关并发症等，可以不参与此类项目。

②学生要摘除身上穿戴的所有硬物，穿安全带、戴头盔、连接止坠器时要进行多遍检查，指定一位组员帮助，另一位组员负责检查，同时组长再做一遍全面检查。

③学生上断桥后，主讲人应先挂连接保护绳的铁锁，再摘取止坠器上的铁锁；学生完成任务后也要先挂后摘。

④任何人爬上断桥时都必须戴头盔。学生向前跨出前要戴保护胫骨的护腿板。

六、项目控制

①主讲人找最先接受挑战的学生参与，边演示边讲解，做到语言精练，重点突出，按照时间与空间的顺序讲解。

②主讲人按照“挑战基于选择”的原则鼓励所有学生参与挑战。

③桥面的间距要有针对性，适合个体跨越能力的差异。

断桥的桥面过低或桥板的距离太近时，给学生造成的心理压力过低，最终的活动效果不好。主讲人通过观察学生的反应，合理设置桥板的距离，并让学生在 3 分钟左右能够有勇气通过。

④心理辅导的时机与方式要适时和正确。例如，运用层递效应鼓励学生不断接近目标。

⑤主讲人利用成功导向的方法对学生进行鼓励。

⑥所有人必须把安全放在首位。

对于脸色发白，呼吸急促，动作僵硬迟缓，双眼盯住木板、不敢看其他地方，两腿颤抖，想呕吐或表现出呕吐状，眩晕无法站立，声称自己已无法坚持，因个人原因强烈抵触的学生，主讲人不能强求其完成。

⑦主讲人在学生受到阻力时，除了自己对其进行心理辅导外，一定要让其他学生参与鼓励，让其在最佳时机跨越。

七、回顾分享

①主讲人对完成挑战任务的学生给予鼓励。

②主讲人鼓励每位学生讲述自己的感受并给予肯定，注意鼓励完成得不够出色的学生。

③主讲人按照学生的分享要点，对已提出的理念或学生未讲清的内容给予补充。

④主讲人从团队学习与发展的角度，讲述榜样和激励的作用。

⑤在地上和高空中跨越的感觉不同。学生在高空中跨越时的心态是怎样的？

⑥当学生想要放弃时，是什么让他们完成任务的？为什么说时间是战胜困难（恐惧）的最好良药？

⑦有人喜欢同学的鼓励；有人喜欢在相对安静的情况下自己激励自己。假如你一个人参加这种活动，你会怎样做？

⑧人生一步步前进的路途中难免会出现困难和意外，你会用什么心态去面对？

⑨主讲人让学生讲一讲身边的人渡过难关的故事。

第二节　空中单杠

一、项目概述

项目性质：个人挑战 / 高空项目

项目难度：★★★

项目时间：90 分钟

项目人数：15～30 人

“空中单杠”是一个以个人挑战为主的项目，属于心理冲击较大的高空跳跃类项目，需要学生独立完成（见图 12-2）。

图 12-2　空中单杠

> 一根树枝或者救生飞机放下的小单杠，都是极具危险情况下的机会。我们别无选择，要在最后的关头抓住它，因为这是救命的最后一根稻草。你会怎样抓住它？

二、场地器材

足够大的场地和海面垫，8～12m 高的专项训练架，足够数量的铁锁、全身式和半身式安全带、扁带与头盔，动力绳 2 根，8 字环 2 个。

在摇摇欲坠的原木梯上，我们必须依靠彼此间的相互合作才能爬到更高的原木梯以逃离越来越高的海水。时间越来越紧，海水不断上涨，至少需要爬上5根这样的原木梯才可以保证安全。我们应该怎么办？

二、场地器材

8～12m高的组合训练架或专项训练架，不小于25m长的动力绳2～3条，足够数量的铁锁，可以供两组学生使用的安全带与头盔，用于保护的扁带、铁锁和8字环各2～3套，手套6副。

三、学习目的

①培养学生相互协作、不离不弃的集体意识。

②让学生体会团队合理分工对实现整体目标的价值。

③让学生了解阶段性目标对于实现最终目标的重要意义。

④让学生认识到共同探索、总结经验与彼此传授经验对提高工作效率的重要性。

⑤让学生能够珍惜别人的帮助，学会感恩。

四、项目要求

①所有学生学习头盔、安全带和主锁的使用方法。

②保护组共同学习“五步收绳保护法”，主保护人员演示。每组设两位副保护人员。如果采用下方保护的方法，保护人员要站在主绳的左侧，将右手放在8字环下面。

③连接好安全装备、接受激励后，2人或3人一组按照要求向上攀登，到达要求的高度后即完成任务。

④在攀登的过程中，学生可以利用的只能是横木和组员的身体以及团队的智慧。

⑤保护人员在不影响学生活动的情况下适当收紧保护绳，但不能将绳绷紧。

五、安全事项

①学生如果有严重的外伤病史或心脑血管病、精神病、慢性病及相关并发症等，可以不参与此项目。

②学生要摘除身上穿戴的硬物。穿安全带、戴头盔、检查连接保护点时，学生可以指定一位组员帮助穿戴，另一位组员负责检查，由组长再做一遍全面检查。如果直接用8字绳圈连接，可以通过更换安全带来换人，最好不要不停地解结绳子。

③在学生开始攀爬之前，保护人员必须要收紧保护绳；在学生攀上第一根横木之前，保护人员应站在学生身后进行保护。

④主讲人提醒学生做出合理的踩踏动作。学生的攀爬由静态转入动态时，保护绳应当跟紧。

⑤主讲人确认学生攀爬前的位置。攀爬时，如果绳子交叉，需要在静态状态下进行梳理绳子。

⑥天梯下禁止站人。学生完成任务后，要逐个下降。

⑦学生要做好充分的准备活动，在休息片刻后参加挑战活动。

六、项目控制

①主讲人找最先接受挑战的学生参与，边演示边讲解，做到语言精练，重点突出，逻辑清楚。

②主讲人鼓励所有学生参与挑战，确认不适合参与此项目的学生的身体状况。

③主讲人适当调整人员的搭配，尽量不要把身体素质较好的人分在一组。

④最好由学生之间进行相互指导，主讲人适时地给予鼓励和指导。对于安全问题，主讲人必须在发现问题时及时指正。

一个人踩着另一个人的腿先上去时，应踩在大腿的根部；上面的人抱横木十指交叉扣紧；两个人站在同一条垂直线上；提拉时交腕相握，不能出现手臂拧转；可以先把脚搭到横木上等。

⑤主讲人利用层递效应设定阶段性目标，让准备放弃的学生进行尝试。

⑥主讲人必须将确保学生的安全放在首位。当学生不适合继续挑战时，主讲人不可强求。

七、回顾分享

①主讲人对所有完成任务的学生给予鼓励。

②主讲人鼓励每位学生讲述自己的感受并给予肯定，注意鼓励完成得不够出色的学生。

③学生要理解分组和完成任务之间的关系，了解相互合作的重要性。

④主讲人对先接受挑战的学生给予肯定。先接受挑战的学生总结的经验对于随后接受挑战的学生有很重要的意义。

⑤分析学生爬上去的先后顺序与技巧分析以及信心和鼓励对于完成任务的影响。

⑥分析阶段性目标对于实现最终目标的重要意义。

⑦感恩别人的帮助是能够继续前进的无形助力。

⑧分享经过努力完成任务时的成就感。

⑨互相帮助有时是基于共同利益的，有时是基于彼此的需要。有时又会是因为什么呢？

⑩分享故事。一个人想要了解天堂和地狱的差别。他通过地狱的窗户看到里面的人围坐在一桌的美味佳肴前，每个人手持一根长筷，夹起饭菜却无法送入自己的口中；天堂里的每个人都在吃着对方用长筷递到自己嘴里的饭菜。

第四节 合力过桥

一、项目概述

项目性质： 高空项目 / 团队配合

项目难度： ★★★★

项目时间： 90 分钟

项目人数： 15～30 人

“合力过桥”是一个典型的个人挑战与团队合作相结合的项目（见图 12-4）。个人挑战想要获取成功的最佳方法就是融入团队。该项目经常用于拓展训练团队组建初期，以便让学生认识到生活中的每一步都与默默支持自己的人分不开。

图 12-4 合力过桥

毫不相连的几块木板，成为我们脱离危险的唯一依靠。几根下垂的绳子是这些依靠的保证，为什么呢？我们先来尝试，再来回答这个问题。

二、场地器材

专项训练架，25m 长的动力绳 2 根，足够数量的铁锁，全身安全带 2 套，半身安全带 2 套，头盔 2 个，8 字环 1 个，60cm 的绳套 2 条，足够数量的手套。

三、学习目的

①增强学生团队内部的相互信任。

②增强学生克服恐惧、勇往直前、挑战自我和激发潜能的勇气。

③培养学生的团队意识和面对困难时相互帮助的精神。

④培养学生换位思考的意识。

⑤培养学生用积极的心态去争取和获得机会的能力。

⑥让学生了解挑战顺序与团队组织方法的关系。

四、项目要求

①学生学习安全带、主绳、锁具和头盔的使用方法。

②保护组共同学习五步收绳保护法，由主保护人员演示，并安排两位副保护人员。

③主讲人讲解拉拽吊板下方的保护绳的方法，并让学生尝试以上方的吊索为支点寻

求平衡。

④主讲人讲解安全要求，包括摘除穿戴的硬物、活动中需要注意的事项和影响心理安全的沟通方式等。

⑤学生穿戴好保护装备、接受激励后，由地面通过扶梯爬到起点，要顺利通过3块30cm宽的不同长度的吊板；其他学生分组抓住吊板垂下的绳子，掌握平衡，让高空的学生顺利通过。

⑥学生通过后从另一侧的扶梯爬到地面；在下一位学生完成任务后，参加保护。

五、安全事项

①学生如果有严重的外伤病史或心脑血管病、精神病、慢性病及相关并发症等，可以不参与此项目。

②学生要摘除身上的所有硬物，穿安全带、戴头盔、检查连接保护点时要确保安全，学习安全护具的穿戴方法和保护方法。

③保护组应该跟随桥上的学生，并在与其相对平行的位置进行保护。

④拉绳的学生中要有一位机动人员，以防止个别学生无法坚持时及时给予帮助。

⑤主讲人要通观全局，既关注桥上的学生，也要注意保护人员和拉绳的学生的情况，当出现不合理的动作时及时提醒与叫停。

⑥主讲人提醒学生不要用脚踩绳索，不要让锁具跌落到地面上。

⑦主讲人不能强求学生参与项目。

六、项目控制

①主讲人找最先接受挑战的学生参与，边演示边讲解，做到语言精练，重点突出，逻辑清楚。

②主讲人鼓励所有学生参与项目，确认不适合参与项目的学生的身体状况。

③学生要有合理的轮换顺序。主讲人适当提醒桥上的学生积极努力，避免在桥上停留太长时间，防止拉绳的学生产生疲劳。

④主讲人要对所有顺利完成任务的学生给予鼓励，调动拉绳的学生的积极性，防止学生产生消极情绪。

⑤主讲人要密切注意保护器械的状况及学生的动作，观察并简单记录学生的表现，便于回顾总结。

⑥主讲人要合理使用不同风格的语言对学生进行指导。

七、回顾分享

①主讲人鼓励每位学生讲述自己的感受并给予肯定，并让他们将其与生活相联系进行分享。

②主讲人要让学生分享挑战前后的心理变化。

③自信和互信的分享。信任问题已经在生活中受到越来越多的关注和认可。

④学生要想通过桥板，不能仅靠个人的力量和勇气。只有团体齐心协力才能成功完成任务。学生从中体会到一个人成功的背后会有很多人的默默付出。

⑤当够不到前面的吊索时，学生只有将一边放开了，才有机会抓住另一边，从中理解取与舍的关系。

⑥如果学生在上面逗留太久，下面的人就会因为疲劳而增加完成任务的困难。所以，时间对于我们来说也是完成任务的重要影响因素。

第五节 狭路相逢

一、项目概述

项目性质：中空项目 / 团队配合

项目难度：★★★★

项目时间：70 分钟

项目人数：15～30 人

图 12-5 狭路相逢

“狭路相逢”是让学生利用高空训练架进行练习的中空项目（见图 12-5）。该项目能够让学生体验由轻松到紧张，再到轻松的过程。该项目主要是让学生敢于挑战自己，克服恐惧感，特别是在团队的帮助下，缓解压力，战胜困难，迎难而上。

湍急河水之上，来自两岸的两棵藤蔓互相交叉，长到对岸并紧紧地缠绕在树上。由于要完成特殊任务，我们需要沿着藤蔓过河，我们需要克服艰险与风险，如果坠入河中将随滚滚河水流向远方。

二、场地器材

湖泊，固定的离地面 7～10m 的平台等。

三、学习目的

①培养学生勇于挑战、克服困难的精神。

②增强学生化解和应对危机的能力。

③培养学生用积极的心态克服恐惧的能力以及在关键时刻坚持不懈的精神。

④通过团队间的相互鼓励和帮助，让学生获得经验，不断进步。

四、项目要求

①学生学习保护与辅助保护的动作，防止组员跌落在垫子以外。

②学生准备好后接受组员的激励，踏上平台，慢慢通过终点。

③在出现不稳定的情况时，学生要尽量坚持。

④单人进行时，双手伸开。

⑤双人或单人可以从前后或相反的方向进行。

⑥为了保护学生，主讲人应在下方设置足够的安全保障设施。

⑦主讲人可以选择在水域上开展此项目。

⑧主讲人可以通过蒙眼过桥、提重物过桥等增加学生完成任务的难度。

五、安全事项

①主讲人检查立柱是否牢固可靠。

②学生要把身上所带的硬质物品放在收纳箱内。

③活动前需要充分热身。

④活动要有充足的保护人员。

⑤学生需要缓慢通过平台，不宜过快。

六、项目控制

①学生最初会认为项目比较简单。主讲人需要及时提醒学生注意安全。

②主讲人根据学生的特点给予语言激励。

③完成任务的过程要流畅。

④对于个别有困难的学生，主讲人可以适当给予辅助。

⑤主讲人要对学生进行鼓励和表扬，使他们始终保持高昂的情绪。

七、回顾分享

①主讲人要对顺利完成任务的学生给予鼓励和肯定，在学生没能完成任务时慎用溢美之词。

②主讲人要鼓励每位学生谈谈自己的感受，并对他们发表的意见给予肯定。

③当本组组员完成任务时，我们的第一感受是什么？

④寻找方法与总结经验对于学生完成任务有什么作用？

⑤生活有时候就像这个项目，整个过程就是“易、难、易”，就像突破瓶颈。主讲人让学生结合生活谈谈此问题。

第六节 绳索网阵

一、项目概述

项目性质：中空项目/团队配合/个人挑战

项目难度：★★★★

项目时间：90分钟

项目人数：12～14人一组

图12-6 绳索网阵

“绳索网阵”是在密林或人工搭建的设施中学生将锁链、绳梯等器械与安全带连接起来进行挑战的体验项目（见图12-6）。该项目涵盖绳网挑战、飞跃丛林、丛林探险等，以其运动性、挑战性、趣味性等特点受到青睐。

> 我国土地辽阔且类型多样。山地多是我国土地构成的显著特点。我们在山地中开发了许多项目，你们敢去挑战吗？

二、场地器材

绳索、网阵、铁锁、全身式和半身式安全带、扁带与头盔、动力绳等。

三、学习目的

①培养学生挑战自我的精神。

②增强学生之间的相互信任。

③培养学生独立处理事情的能力。

四、项目要求

①学生尽可能参与项目。

②项目可以采取单人或分组进行。

③项目选择的器材、场地等要符合国家标准。

④主讲人要对项目需要的绳索、挂件等进行严格检查。

⑤当学生对项目表现出恐惧、退缩等情况时，主讲人要及时对其进行心理疏导，不能强迫其完成任务。

五、安全事项

①严禁把麻绳作为安全绳来使用。

②如果安全绳的长度超过 3m，主讲人一定要加装缓冲器，以保证高空人员的安全。

③两个人不能同时使用一条安全绳。

④学生在系好安全带的同时，并将其挂在安全绳上。

⑤学生要把身上的硬质物品放在收纳箱内。

六、项目控制

①学生要接受安全带的穿戴、铁锁的挂法、上下高空架的步骤等培训。主讲人要对其培训效果进行考核。

②主讲人要对学生的装备进行检查，并让他们佩戴安全防护用具，做好高空的安全防护。

③当发现学生有危险动作时，主讲人要及时提醒。

七、回顾分享

①主讲人要对顺利完成任务的学生给予鼓励和肯定。

②主讲人要让学生谈谈自己的感受。

③你们在活动中遇到了什么问题？是怎样解决的？

④你们在地面与空中的感受是怎样的？

⑤为什么不敢或敢于突破自己？

⑥哪些因素对于我们完成任务有帮助？哪些因素会干扰我们完成任务？

第七节　挑战珠穆朗玛峰

一、项目概述

项目性质：中空项目 / 团队配合 / 个人挑战

项目难度：★★★★

项目时间：60 分钟

项目人数：20～30 人

“挑战珠穆朗玛峰”是一个挑战个人心理和体能的项目（见图 12-7）。学生穿戴好安全保护设备后，依次沿着用铁塔模拟设计的珠穆朗玛峰爬到顶端，站在最顶端大声呼喊，与下面的同学呼应，体验成功的感觉。该项目在挑战个人心理和身体的同时，还能培养团队的凝聚力，无论对于个人还是团体都极具价值。

图 12-7　挑战珠穆朗玛峰

珠穆朗玛峰是喜马拉雅山的主峰，位于我国与尼泊尔的边境线上。它的北部在我国西藏定日县内（西坡在定日县扎西宗乡，东坡在定日县曲当乡，有珠峰大本营），南部在尼泊尔境内，而顶峰位于我国境内，是世界最高峰，是我国跨越4个县的珠穆朗玛峰自然保护区和尼泊尔国家公园的中心所在。你们敢挑战珠穆朗玛峰吗？

二、场地器材

50～300m高的铁塔，铁锁、全身式和半身式安全带、扁带与头盔、动力绳、8字环若干个。

三、学习目的

①培养学生敢于突破心理障碍、挑战自我的精神和能力。

②培养学生不怕困难、不畏艰险的精神。

③培养学生战胜困难、完成任务的能力。

④增强学生之间的相互信任。

四、项目要求

①主讲人要对学生的服装、设备进行检查。

②学生要根据安全装备的要求学习安全方面的相关知识。

③主讲人要检查绳索与学生的安全带的连接情况。

④主讲人自己挂铁锁时要保证两个铁锁开口相反。

⑤如果遇到严寒、高温、大风等天气，不能进行此项目。

五、安全事项

①主讲人要检查铁塔攀爬的路径，确认没有尖锐的突起物和可能造成伤害的物品。

②学生要把身上所带的硬质物品放在收纳箱内。

③主讲人向学生讲述清楚所有的安全事项，并进行提问，合格后准予攀爬。

④主讲人根据项目要求讲解安全保护事项：全身安全带、安全帽的穿法以及学生和保护人员的位置等。

⑤主讲人要强调项目的规则和要点。

⑥对于不适宜参与该项目的学生，主讲人不能强行要求其参与。

六、项目控制

①学生准备不适合参与该项目的疾病说明（习惯性脱臼、心脏病、近期手术等）。

②攀爬人员不允许抓保护绳；不允许在上面做动作，如引体向上、空翻等。

③学生违反规则后，主讲人应及时制止，要求其重新开始。

七、回顾分享

①最大的敌人是自己，不要埋怨外界的条件。

②团队的鼓励对于学生来说很重要。

③机遇与风险并存时，我们应该如何做？能够接受发生的事实，就能克服随之而来的不幸。

④我们应怎样战胜心理恐惧？

⑤在生活中，我们应该保持积极向上的心态。当有机会出现时，我们应尽力抓住它，无论能否得到自己最终想要的结果。

第八节 沿绳下降

一、项目概述

项目性质：中空项目 / 团队配合 / 个人挑战

项目难度：★★★★

项目时间：60 分钟

项目人数：15～30 人，也可以自由分组

“沿绳下降”又称为“下降”或“速降”，是很多极限爱好者喜欢的运动项目（见图 12-8）。我们有时会看到有人在城市高耸的建筑物上挑战这项运动。

图 12-8 沿绳下降

> 我们在一个摩天大楼的圆顶舞厅聚会上，突然接到警报，大楼的中部一侧着火了，火势凶猛并且浓烟弥漫在所有的楼道中，已经确认无法从楼中下去。由于火势越来越猛，我们需要适当抓紧时间撤离。正好我们可以使用楼上一些户外高手练习的装备，我们必须穿戴好安全保护装备，才能下降到地面。

二、场地器材

①户外活动场地，包括人工岩壁、山崖或训练架。

②足够长度的登山绳 2 根（直径大于 10mm），其中 1 根备用。

③丝扣主锁 4 把，钢锁 4 把。

④ 40cm 的绳套 4 根。

⑤ 8 字环 6～8 个，主锁 10～12 个。

⑥半身式安全带 6 条，安全头盔 6 顶。

⑦手套 12 副，毛巾 1 条，医用胶布若干个。

三、学习目的

①让学生学习沿绳下降的技能。

②让学生克服恐惧，勇往直前，挑战自我，激发潜能。

③让学生以积极的心态迎接挑战。

④培养学生的团队意识和面对困难时的互助精神。

四、项目要求

①学生在场地的顶端连接好安全装置后，自己控制绳索和身体下降到地面。

②学生要学习安全带、安全头盔、8 字环与主锁的使用方法。

③学生要学习保护方法。在学生失控或速度过快时，保护人员可以适当拉紧绳子。

④学生要学习下降的技术要领。比如，蹬踩岩壁，两腿略分开，防止身体向两边倾倒；身体后倾，略为顶髋；双手在 8 字环后握住绳索，虎口向前，松紧适度。

⑤空降时学生要抓住 8 字环后面的绳子，保持双腿分开，上身微后倒，不能趴在前绳上，脸部要离开绳子，前手协助后手握住 8 字环后面的绳子。

⑥学生接近地面时的速度不可过快，保证双脚主动触地。

⑦主讲人可以对常见的操作错误及危害进行讲解。

⑧主讲人为学生连接保护装置。

⑨双绳下降时，学生不可以在圆管上直接对折挂绳，防止绳子出现滑动。学生要使用安全扁带（绳套）、钢锁连接绳子或用双套结固定绳子。

⑩长距离下降时，学生可以戴两副手套，或在食指、中指与无名指上粘两层医用胶布；可以在拇指内侧和手掌易磨的地方做些保护，不宜使用护掌。

⑪主讲人要准备外伤药品，在学生出现擦伤时要及时处理。

五、安全事项

①如果必须有严重的外伤病史或心脑血管病、精神病、慢性病及相关并发症等，可以不参与此项目。

②所有学生摘除身上佩戴的硬物，学习安全护具的穿戴方法和保护方法。

③学生必须严格按照要求进行操作。

④主讲人必须检查学生是否正确穿戴安全带、安全帽。

⑤在学生下降之前，主讲人要连接保护装置，检查完毕，挂好下降的装置后才可以拆除保护装置。

⑥项目所需的器材要有备份，符合器材备份原则。

⑦ 3 位学生要进行保护，必须戴上头盔；保护时不要站在下降学生的正下方。

⑧放绳子前，绳头必须打 8 字绳结。上方的保护点最好比站立点高一些。

⑨下降的距离较长时，上方和下方的保护点必须各有一位保护人员。

六、项目控制

①主讲人要做到语言精练，讲解清楚，及时反馈，确保学生了解任务要求并激起学生挑战的兴趣。

②主讲人要鼓励所有学生参与项目。

③主讲人要提示学生相互帮助，确保护具的穿戴正确。

④主讲人要密切注意学生的表现，尽量使学生全力以赴，克服恐惧，完成任务。

⑤主讲人要合理使用不同风格的语言对学生进行指导。

⑥主讲人要及时表扬学生，树立榜样，并让他们相互鼓励和帮助。

⑦主讲人要关注典型学生的表现，回顾总结时进行点评。

七、回顾分享

①主讲人要对所有顺利完成任务的学生给予鼓励。

②主讲人要对项目中出现的困难和学生发现的问题进行回顾。

③主讲人要鼓励学生讲述自己的感受并给予肯定，回顾学生在下降过程中的心态。

④当你一个人参与此项目时，你会怎样做？

⑤按照学生的分享要点，主讲人对已提出的理念和未讲清的内容给予补充。

⑥欲速则不达，合理的控制可以确保最好的前进。

⑦主讲人介绍相关的生活案例。

⑧在这个项目中，我们的注意力在不断变化。我们寻找和关注脚下的支点、手中的绳、前后方的路等，并将其与生活联系后进行总结。

⑨团队的鼓励和支持对于学生来说很重要。

第九节 攀 岩

一、项目概述

图 12-9 攀 岩

项目性质：高空项目 / 个人挑战

项目难度：★★★★★

项目时间：60 分钟

项目人数：15～30 人，也可以自由分组

"攀岩"是从登山运动中衍生出来的竞技运动项目（见图 12-9）。它在 20 世纪 50 年代起源于苏联，是军队中的一项军事训练项目。"攀岩"是培养学生坚韧不拔的意志，使学生敢于挑战自己，突破和超越自我的项目。该项目应当营造热烈的气氛，让学生处于一个奋发向上的团队中，减少畏难的情绪。

> 相传阿尔卑斯山区的悬崖峭壁上，生长着一种珍奇的高山玫瑰，只要拥有这种玫瑰，就能获得美满的爱情。当然，只有那些强壮而勇敢的小伙子才能攀上岩壁，将花朵摘下献给心上人，攀岩由此而来。事实上，这仅仅是一个美丽的传说而已。为了实现这个传说，你敢挑战自己吗？

二、场地器材

组合训练架或专项训练架；绳套 4 个；登山绳 1 根 ；铁锁 6 个；8 字环 1 个 ；手套 4 副；镁粉 1 袋；安全带 3 条（2 条半身自锁式的，1 条半身开放式的）；头盔 2～3 个；指甲刀 1 个；眼镜绳 1 个；擦伤药品；创可贴。

三、学习目的

①培养学生认识自我、挑战自我、不断进取的精神。

②引导学生体会充分利用和合理配置资源的重要性。

四、项目要求

①学生在安全护具的保护下，尽力向上攀爬，争取摸到岩壁的顶峰。

②学生在攀岩前，根据自己的实际情况设定一个目标，并将其报告给主讲人。

③学生的攀岩时间不能超过 10 分钟；攀爬的过程中原则上只能脱落两次。

④攀到顶点者为 100 分；攀到岩壁三分之二以上（包括三分之二处）但未到顶者，以 90 分为基数；攀到三分之一至三分之二处者（包括三分之一处），以 80 分为基数；攀

到三分之一以下者，以 70 分为基数。

⑤学生学习安全护具的穿戴方法和保护方法。

⑥学生在攀爬的过程中，其安全绳的另一端系在主讲人的身上。主讲人用手拉住安全绳的一端，以防在出现意外时起到双重保护的作用。

⑦学生为自己设定一个目标，然后竭尽所能登到最高处。

五、安全事项

①学生攀岩前，主讲人要挂铁锁系保护绳，检查学生是否正确系好安全带、戴好安全帽。另外，学生的指甲不宜过长。

②非攀爬学生应站在距岩壁的 2～3m 处，不能站在岩壁下，防止高空坠物。

③学生做主保护人员时，必须使用 8 字环，并且身后至少有 2 名副保护人员。主讲人时刻提醒他们注意收绳。

④保护人员必须经过主讲人的同意后方可换人。

⑤学生双脚离开地面时，保护绳索还未起作用。这时主讲人安排保护人员在其下方做托扶保护，直至其攀登高度超过 2m。

⑥主讲人要监督保护人员随学生上升及时收紧保护绳，必须保持学生胸前的保护绳的松紧程度。

⑦体重较小的学生做主保护人员时，要与固定点连接。

⑧学生的攀登路线不能过于偏向左右两边，否则脱手时会有大幅度的摆荡，易受伤。

⑨夏天建议使用护膝保护膝关节，并事先准备好足够的外伤药品。

⑩在攀岩前，主讲人要确保岩点的安全。

⑪学生如果有头、颈、肩、背、腰、骶等部位的伤病史的，或有严重的心脑血管病、精神病、低血糖等病史的，不能参与此项目。

六、项目控制

①主讲人应适时进行团队鼓励，让其他学生为攀登的学生指引路线。

②主讲人时刻提醒学生注意运用攀登的技术要领，如贴紧岩壁，三点带动一点，多用腿部力量，多观察，不断用手试探，甩手休息等。

③主讲人尽量使学生竭尽全力体验到体能的极限。

④主讲人对表现好和意志坚强的学生进行表扬，树立榜样，并让他们鼓励、指导其他学生。

⑤主讲人记录典型学生的成绩和表现，便于总结和作为案例分享。

⑥有些学生会轻易放弃。若有时间，主讲人可以安排其重新攀登。

七、回顾分享

①在做事情之前，一定要给自己设立一个合理的目标，多给自己找一个成功的理由，不要给自己找失败的借口。

②理解生理极限和心理极限的关系。许多时候，事情不成功，往往不是生理的问题，而是心理的问题。

③路线的选择，也是人生道路的选择。吸取别人的经验教训，用有限的资源获得最好的效果。

④攀岩需要体能的储备。我们做任何事情时都要有一个事先的准备。

⑤主讲人对任务完成顺利和不顺利的学生的情况进行重点回顾。

⑥主讲人引导学生回顾攀登过程中的心态。

⑦主讲人引导学生回顾对团队气氛的感受。

⑧主讲人让学生对别人的表现进行评价并发表自己的看法。

第十节　攀　树

一、项目概述

项目性质： 高空项目 / 个人挑战

项目难度： ★★★★★

项目时间： 90分钟

项目人数： 4~6人1组，可分为5~10组

“攀树”是类似攀岩的运动，其所用专业装备以一套绳索与吊带为主、其他攀登器材为辅（见图12-10）。“攀树”非“爬树”，而是借助一些专业的户外运动器材沿绳而上。该项目可以培养学生克服恐惧、战胜自己等意志品质，还可以培养学生的生存技能，更重要的在于激发他们的探索精神，增强他们的自信心、韧性等。

图12-10　攀　树

> 爬树可能是你我共同的记忆——偷摘邻居家的芒果与木瓜，或是学人猿泰山吊在树梢上摆荡。现在，我们来回忆童年中最喜欢扮演的角色“蜘蛛侠”是如何“攀树”的。

二、场地器材

安全帽；静力绳；上升器（用于沿主绳攀爬上升的器材，有胸式上升器、手握式上升器和脚式上升器）；扁带（用于架设固定保护点，连接树枝与主锁的软性带子，呈扁状）；

主锁（用于扁带与主绳、主绳与安全带、保护器之间的连接）；安全带。

三、学习目的

①培养学生认识自我、挑战自我、不断进取的精神。

②引导学生学会规划，确定目标。

③引导学生学会与大自然相处，拉近人与自然的距离。

四、项目要求

①学生必须学习攀登技术和转换技术，学会如何使用上升器械、下降器械。

②选好枝杈是攀树的关键一步；枝杈要高、粗壮才能够保障安全。攀树所用的绳索不宜直接与树枝接触，应在树枝与绳索之间套上一层橡皮管，再套上树枝。面对大树，不是抱着树干手脚并用爬上去，而是靠绳索在身体不接触树木的情况下爬上树梢。

③攀树不同于普通的爬树，不是简单的徒手爬树，其形式和攀岩较为相近。

④攀树时，学生通过自身与绳索间的运动，达到向上运动的效果。

⑤攀树时，学生需要穿戴宽松衣裤、头盔等，避免在上升、下移、旋转的过程中与树枝发生刮擦。

⑥攀树所用的绳子必须是专业静力绳。学生用专业静力绳穿过树杈，将其固定在树干上，然后通过攀爬器材，沿绳逐步爬升。

⑦攀树时，学生必须对树木充满敬意，不要把它们当成要被征服的障碍。

五、安全事项

①学生必须在专业人士的指导下攀树。

②学生不要穿钉鞋或用铁钩来帮助攀树。

③在树上的任何时候，学生都不能解开身上的绳索。

④学生尽量避开鸟巢和虫穴。

⑤准备攀树前，学生不要在树下乱走，以免踩坏地面植被和把泥土踩实，影响树根的生长。

⑥清理树上危险的枯枝之前，学生必须先确保树下没有其他人，尽量不要让大根的枯枝砸到其他的树枝。

⑦攀树的过程中，学生如果发现树木有任何受损害的迹象，应立即停止。

六、项目控制

①在没有学习攀登技术之前，学生不能私自攀树。主讲人需要检查学生对攀登技术的掌握情况。

②主讲人进行技术讲解时要边演示边讲解，做到语言精练，重点突出，逻辑清楚。

③主讲人要鼓励所有学生参与项目，确认不适合参与的学生的身体状况。

④学生要有合理的轮换顺序。主讲人要安排好保护人员，禁止学生打闹、开玩笑。

⑤主讲人要避免攀树过程中学生停留太长时间，防止他们产生疲劳、精神不振和出现意外。

⑥主讲人要密切注意每位攀树的学生的动作是否规范、正确。

⑦主讲人要合理分配组员，提高学生的警惕性。

七、回顾分享

①对主讲人所有完成任务的学生进行鼓励和表扬。

②主讲人让学生谈谈攀树前后的心理变化。

③主讲人让最初不敢攀树的学生谈谈自己克服恐高的心理过程。

④主讲人让学生敢于挑战自我，并给学生讲解突破自我防线的心理知识。

⑤从不敢攀到攀到顶端的过程中，你经历了什么？

第十一节 蹦 极

一、项目概述

项目性质：高空项目 / 团队配合 / 极限挑战

项目难度：★★★★★★

项目时间：90 分钟

项目人数：20～30 人

“蹦极”是跳跃者站在高处，把一端固定的一根橡皮条绑在踝部，然后伸开两臂，并拢双腿，将头朝下跳下去的项目（见图 12-11）。绑在跳跃者踝部的橡皮条很长，足以使跳跃者在空中享受几秒钟的“自由落体”，反复多次直到橡皮条停止伸缩为止。

图 12-11 蹦 极

> 在一般情况下，个体总是想看到自己的长处，因而会尽力表现以维持正向的自我评价。但在一些威胁到个体自我评价的情境中，个体不能确定自己能否获得成功，因而为了避免可能的失败对自我价值感的损害，往往会采取一些自我保护的策略，其中之一就是自我设限策略。所谓自我设限就是指个体针对可能到来的失败威胁而事先设计障碍的一种防卫行为。大学生是最具活力的一个群体，作为未来经济社会发展的主力军，特别是在大众创业、万众创新的时代要求下，大学生应该敢于突破思维定势，打破常规，突破自我。

二、场地器材

蹦极台、弹跳绳、扣环、绑腰装备、绑脚装备、抱枕等。

三、学习目的

①培养学生挑战自我的勇气。

②使学生克服恐惧，增强自信心。

四、项目要求

①学生要严格遵守规则，在没有收到主讲人的提示前，不能自行调整绳子或做其他违规操作。

②不同体重的学生使用不同的绳索：50kg以下的用细绳，50～80kg的用中绳，80kg以上的用重绳。

③学生一定要佩戴好防护用具并且学习标准的蹦极动作，绝对不能在高空中做危险动作。

④在进行蹦极运动之前，主讲人一定要做好安全保障。

五、安全事项

①蹦极所用的器材要符合国家标准。蹦极教练要有资格、常识和经验。

②主讲人要确定绳子是否被系好。

③学生在跳下前应充分活动身体的各部位，以防扭伤或拉伤。学生的着装要尽量简练、合身，不要穿易飞散或兜风的衣物。

④学生在跳出后要注意控制身体，不要让脖子或胳膊被弹索卷到。

⑤主讲人要在决定蹦极之前确保天气状况良好。如果风力很大，会影响弹跳的方向，带来安全隐患；如果当地在下雨或最近一段时间经常下雨，绳子可能会受潮，也会造成安全隐患。

⑥主讲人要确保所有设备都能安全使用。蹦极一般用竖钩或弹簧来保证安全，这些设施应该被牢牢地固定在正确的地方。

⑦主讲人要确保绳子能够让学生安全弹跳。

⑧如果绳子看起来磨损得厉害，不要进行蹦极。绳子有使用期限，超出期限必须更换。

⑨蹦极最好在早晨或在绳子完全处于暴晒和高温之前进行。

⑩学生患有心脏病、高血压、脑血管病、癫痫病、哮喘病、精神病、骨折等不宜参加此项目。

六、项目控制

①学生要树立安全第一、挑战第二的意识。

②主讲人在进行技术讲解时要做到精练、突出、清楚。

③学生参与挑战时，如果主讲人发现他们出现脸色惨白、反应迟钝等情况时，应立刻停止活动。

④主讲人要给予学生一定的自我选择空间，避免时间仓促，缺乏心理准备，出现意外。

⑤主讲人要密切注意每位学生的行为，不能出现违反操作规范的行为。

七、回顾分享

①主讲人充分肯定完成任务的所有学生。

②主讲人让学生谈谈蹦极前后的心理变化。

③主讲人让之前不敢蹦极的学生谈谈自己是如何克服恐惧的。

④主讲人让学生讲讲自己是怎样突破自我防线的。

⑤主讲人让学生谈谈自己在生活中是如何克服困难的。

思考题

1. 简述挑战类项目的作用。
2. 阐述3～5个挑战类项目的整个结构。
3. 简述“高空断桥”项目的要求及安全事项。
4. 改编3～6个挑战类项目的规则。
5. 创编一个挑战类项目。

第十三章

激励类项目

1. 了解激励的概念。
2. 熟悉大学生激励的现状和特点。
3. 理解大学生学习激励的重要性。
4. 掌握大学生激励的方法及措施。

激励就是组织通过设计适当的外部奖酬形式和工作环境，以一定的行为规范和惩罚性措施，借助信息沟通来激发、引导、保持和规范组织成员的行为，以有效地实现组织及其个人目标的过程。有效的激励会激发学生的激情，促使他们的学习动机更加强烈，让他们产生超越自我和他人的欲望，并将潜在的内驱力释放出来，为自己的远景目标奉献自己的热情。本章激励类项目共编写了“魔王关”“压力木板”“巧立鸡蛋”等8个项目。每个项目从项目概述、场地器材、学习目的、项目要求、安全事项、项目控制、回顾分享7个环节做了详细介绍。

第一节 魔王关

一、项目概述

项目性质：激励 / 挫折 / 抗压

项目难度：★★★★

项目时间：60 分钟

项目人数：10～15 人一组，分为 3～5 组

“魔王关”是一个能激发学生对成功的渴望的挑战项目（见图 13-1）。该项目要求所有学生依次通过魔王关。现场设置两道关卡：第一道关卡是背诵一段指定的“成功誓言”。主讲人会根据学生追求成功的心态是否坚定决定是否放行。第二道关卡是用各种不同的方式通过一段距离到达终点。通关为限时任务，超出通关时间，学生须受罚。

图 13-1 魔王关

在追求成功的道路上，每个人都必须要通过“意愿关”与“方法关”。在前进的道路上，我们将遇到种种关卡和挑战，就像是一个个考验我们前行的魔王一般，我们需要不断战胜难题，实现目标。也许你可以承受体力上的重担，也许你能忍受旁人的冷嘲热讽，也许你能顶住工作上的压力，但你不一定能接受眼前魔王对你的身心打击。你能否感动魔王，顺利过关呢？

二、场地器材

话筒、音响、任务卡。

三、学习目的

①让学生认识到成功需要依靠意愿和方法。

②培养学生的集体精神。

③让学生突破自我，调整心态。

四、项目要求

①学生需要通过“意愿关”和“方法关”。

②过“意愿关”的条件包括说话大声响亮；表述清晰无误；态度坚毅有力；意愿发自内心。

③过“方法关”的条件包括可以采取任何方法通过；方法不能与前面的过关者相同。

④学生需要面临两位魔王的考验，分别是语言魔王和行动魔王。每位魔王都会进行一定的考验，学生只有一次通过两位魔王的考验后，才算成功。

五、安全事项

①活动前，学生应做相似的练习，以防一时难以承受。

②活动过程中，主讲人要注意观察学生的心理反应。

③主讲人面对男女学生时应区别对待，要特别关注心理承受能力较差的学生。

六、项目控制

①学生过“意愿关”。

报告魔王：我叫某某，我不是为了失败才来到这个世界的，在我的血管里也没有失败的血液。我有无限潜能，我为成功而来，勇敢面对每一次挑战，不断提升自我、超越自我。我深信只要生命不息就要坚持到底。

②学生过“方法关”。

学生以组为单位。小组成员依次到魔王处进行挑战，与魔王的距离不能超过0.5m。学生的语言要清晰、准确，声音大而满含激情，将声音和肢体语言相结合。

当魔王下达回去的口令后，学生不要有任何的质疑、抱怨，重新回去练习，再次开始挑战。当魔王和学生握手、拥抱，并发出过关的指令后，学生在通关榜上签下自己的名字，休息后回归本组，帮助未通关人员。或者魔王用向后的手势表示闯关成功，用向前的手势表示需要退回去，被惩罚则说明闯关失败。

前30分钟魔王不能让任何人过关，30分钟后进行第二次导入。魔王根据学生的情况让他们通关；要留5人左右让其他人帮助通关。

打击话术：你根本不会成功，放弃吧，放弃了就不需要如此的辛苦！

放弃吧，你根本不会成功，看看身边的人，他们不努力也过得很好！

放弃吧，放弃了就可以过上舒服的生活！

放弃吧，放弃了就自由了！

七、回顾分享

①你能否用尽全力迎接挑战？

②面对不断的拒绝，你是否经得住不断的打击，经得住一个个残酷的考验？

③你的意愿、激情、信心是否已经到达巅峰？

④决心决定成功。

⑤成功一定有方法。

⑥我们应该明白活动的真正意义不是在于能否过关。当我们面对打击、挫折、失败、嘲笑、讽刺时，有些人会彻底放弃，但有些人仍然选择坚持。当遭遇人生低谷、身边的亲朋好友纷纷离去时，有些人能够承受许多常人所不能承受的压力、痛苦、磨难。

第二节 压力木板

一、项目概述

图 13-2 压力木板

项目性质：激励 / 挑战 / 辨识

项目难度：★★★★

项目时间：70 分钟

项目人数：10～15 人一组

“压力木板”又称为“疯狂突破”，是学生徒手劈开一块厚 3cm 的实木木板的项目（见图 13-2）。该项目旨在让学生重新审视个人能力，不轻言失败，培养学生积极进取的心态，让学生突破潜能，敢于挑战，敢于突破，怀着一颗感恩的心，形成与团队共同进步的意识及全局观念。

在激烈的竞争和社会变革的环境下，大学生的压力表现在如下几个方面：就业压力、学习压力、家庭与经济压力、人际关系压力、异性交往压力、重大与突发性压力，以及对立与自主压力等，尤其是就业和学习压力特别突出。一方面，适度的压力引起的紧张反应加上强烈的成就动机，可以促使大学生注意力集中、思维活跃，进而提高学习效率，增强其克服困难和环境应变的能力；另一方面，过度或长期的压力反应加上对学校氛围、社会环境、幸福感、成就感等方面的心理需求不满，则导致大学生情绪低落、兴趣丧失、反应迟钝，进而怀疑自己，对大学生的身心健康产生破坏作用，严重时还会伤害自己或者攻击他人。如何帮助大学生正确认识压力并有效管理压力，提高大学生整体的压力管理能力和心理健康水平，除了需要学校、家庭、社会的关注外，更重要的是，大学生要学会自我调节和解决生活中的系列压力问题。

二、场地器材

正方形木板、手套、创可贴等。

三、学习目的

①让学生突破思维的限制，塑造成功的信念。

②让学生能够克服生活中的恐惧，化恐惧为力量，化不可能为可能。

四、项目要求

①活动中应选择平整、光滑的木板，以防划伤。

②举板人的站姿要稳，要有足够的力量抵抗劈板人的力量。

③举板人的左右不能有人，以防木板伤到别人。

④分组参与时，没有参与的组，不能在场地内随意走动。

⑤举板人、劈板人应戴手套。

⑥木板的厚度要适中。

⑦学生根据自身力量的大小，劈不同厚度的木板。

五、安全事项

①劈木板前，主讲人应告知学生动作要领，并进行演示，如右手握拳、快速进攻等。

②活动区与讨论区分开进行。

六、项目控制

①主讲人要根据学生的人数进行分组，分别安排学生上台挑战。

②挑战的内容是学生徒手劈开一块厚 3cm、长 25cm 的正方形实心木板。

③挑战的过程中，学生不能徒手劈开时，其他学生可以给予场外的鼓励和指导。

④如果挑战失败，全组学生需要接受惩罚。

七、回顾分享

①当面对突如其来的木板时，我们没有退路。如何克服这突如其来的压力，是我们需要共同面对的。各组都会面对一些不同的挑战，我们应该如何接受挑战呢？

②鸡蛋，从外部打破是食物，从内部打破是生命；人，从外部打破是压力，从内部打破是成长。

③影响执行力的因素包括文化、定位、规划、心态、流程、沟通、考核和协作。学生需要理解是什么影响了执行力的发展。

④在现实生活中，我们有太多的顾虑、担心、恐惧……人生是一次自我挑战、自我超越的历程。我们需要打破限制我们进一步成长的条条框框，勇敢地面对生活中的种种困难。当能真正给自己一次机会，抛开所有杂念，用心去奋斗、拼搏的时候，我们会发现其实很多的困难都能克服。

第三节 巧立鸡蛋

一、项目概述

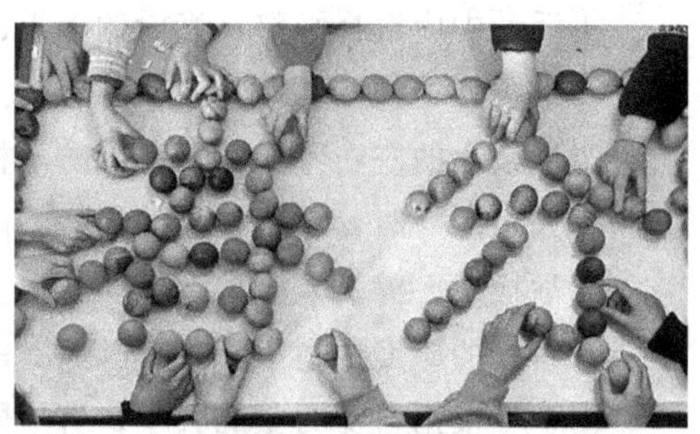

图 13-3 巧立鸡蛋

项目性质：激励 / 挑战 / 耐心

项目难度：★★★★

项目时间：60 分钟

项目人数：10～15 人一组，可分为 3～5 组

“巧立鸡蛋”项目是让学生在不借助任何外力的情况下，能够单手把鸡蛋立起来（见图 13-3）。该项目旨在让学生认识到人生的道路有时会不平坦，我们需要不急不躁，踏踏实实，才能走得好，走得远。

> 在春分这天，太阳将会从正东升起，正西落下。常言道：“春分秋分，昼夜平分。”此时太阳光直射地球赤道，南北两半球所得到的太阳热量一样多，昼夜时间一样长，所不同的是，北半球是春天，南半球是秋天。在古老的传说中，每年春分这天可以很容易地把鸡蛋立起来。立的是心境，许的是愿景，有了将蛋立起来的恒心与思考，何愁人生难事阻路？

二、场地器材

桌子、鸡蛋若干。

三、学习目的

①培养学生的耐心、恒心和毅力以及仔细观察的能力。

②让学生能够控制情绪。

③让学生能够心平气和地做事。

四、项目要求

①学生要把鸡蛋握在手里，来回甩几下，用力要合适，目的是把鸡蛋的蛋清和蛋黄甩到充分融合。

②学生甩大概 4～5 秒之后，把鸡蛋轻轻放在桌子上，直到立起，把手松开。

③立蛋过程中，学生保持呼吸均匀，心态平和，反复用手寻找立足点。

④在规定时间内，立蛋数量最多且鸡蛋始终呈立住的状态的组获胜。

五、安全事项

①鸡蛋的表面要光滑，不能太粗糙。

②桌面要保持水平、光滑。

③活动不宜在下雨、暴晒等天气下进行。

六、项目控制

①立蛋时，蛋黄的成分起了很大的作用，蛋黄的下沉会降低鸡蛋的重心，加上蛋壳本身凹凸不平，学生只要找到 3 个突出点，平衡后鸡蛋就能够立起来。

②蛋壳虽然是曲面，但它与桌面接触的部位却并不是一个点。蛋壳大头一端的曲率比较小，这样对于一个很小的面积，它近似于一个平面。这个极小的平面作为支承点足以使鸡蛋稳稳地立住。

③学生需要静下心来，将精力集中在指尖上，直到把鸡蛋立起。

④立蛋的过程中，非本组人员不能随意乱动。

七、回顾分享

①你们是怎样成功的？有什么秘密？

②在立蛋的过程中，你们之间有什么分歧吗？

③你们掌握了快速立蛋的技巧了吗？

④能不能结合生活实际谈谈立蛋给你们带来什么启发？

⑤什么原因导致你们失败？

⑥如果再有机会，你们会怎么做？

第四节　极限举原木

一、项目概述

项目性质：激励 / 挑战 / 意志

项目难度：★★★★

项目时间：70 分钟

项目人数：8～10 人一组

“极限举原木”是根据训练士兵的方法改编而成的项目（见图 13-4）。该项目强调学生的训练要轻体能，重意志。该项目不仅考验学生的体能水平，而且注重对学生心理、意志等的训练。

图 13-4　极限举原木

在2004年的雅典奥运会上，刘翔以12秒91的成绩夺得金牌；2006年，刘翔又以12秒88的成绩打破了世界纪录。在2008年的北京奥运会上，博尔特（Bolt）在代表人类最快、最经典的100m跑中创造了世界纪录9秒69。可以看出，无论常人还是经过专业训练的运动员都拥有某种潜能，只是没有被激发出来。许许多多的事例向我们证明，往往在我们的生命受到威胁或者潜意识一定要做某件事时，爆发的潜能是不可估量的。

二、场地器材

原木、手套、秒表等。

三、学习目的

①让学生突破体能和心理的极限。

②让学生学会自我激励。

③让学生愿意为目标付出代价。

四、项目要求

①原木的重量在100kg左右，长度为6～8m，表面不能过于光滑。

②原木可以就地取材，原木的树枝等部位要修平。

③原木两端的切口要锯下，不能留锋利的尖角。

④学生在将原木从地面抬上肩膀的过程中要用力一致。学生按照从高到矮的顺序站位，不能两端高、中间低。

⑤学生将原木扛上肩后，不能有左右摇晃、前后摆动、暗中抱木等动作。

⑥学生要始终抱着原木。

⑦学生行走的步伐要一致。

⑧主讲人可以把扛原木换为压在腰间集体做仰卧起坐、爬行等活动。同类项目还有举轮胎、冲水枪、搬轮胎等。

五、安全事项

①原木不宜过重，控制在100～150kg。

②活动开始前，学生需要进行上肩、下肩及换肩的动作训练。

③主讲人严格要求纪律，不能打闹等。

六、项目控制

①学生一起把原木扛在肩上，确保男女的搭配、高矮人数的搭配要合理。

②学生要共同行走500～1000m。

③学生在行走的过程中可以换肩，但要保证肩不离木，全部换好后方可行走。

④在平整的场地上进行时，组与组之间要保持至少大于原木长度的距离，并安排专门的人员进行观察并及时提醒。

⑤如果学生的体力不支，需要休息时，他们要按照上肩的动作要领放下原木，原地休息，但计时不停止。

⑥最后一位学生到达终点时，原木放下时要统一，不能随意卸力。

⑦用时最少的小组获胜。

七、回顾分享

①你们对自己的成绩满意吗？

②途中经历了什么痛苦的事吗？

③任务完成前后有什么感受？

④只要心中有梦，困难是可以克服的。

⑤分享故事。一个灰心丧气的青年人，因科举落榜，便颓废不堪，一蹶不振，整天关在屋子里，抱头痛哭。有一天，一位老者跨进门，语重心长地说："假如山上滑坡，你该怎么办？"青年人喃喃地说："往下跑。"老者仰头大笑："那你就葬身山中了。你应该往山上跑，你只有勇敢地面对它，才有生还的希望，天下事皆然。"说完，老者便离开了。启示：我们需要告诉学生的是，只有勇敢地面对挑战和困难，才能战胜它。

⑥成功在于坚持。

第五节　东山再起

一、项目概述

项目性质： 提升自我 / 应对挫折

项目难度： ★★★★

项目时间： 70 分钟

项目人数： 单人进行，全体参与

"东山再起"是指退隐后再度出任要职，也比喻失势后重新恢复地位。它出自《晋书·谢安传》："隐居会稽东山，年逾四十复出为桓温司马，累迁中书、司徒等要职，晋室赖以转危为安。"该项目旨在提升学生的信心（见图 13-5）。

图 13-5　东山再起

据说，李纲在北宋抗金争论中属于主战派，力举岳飞挂帅，使得岳飞得以施展宏图。岳飞被秦桧以莫须有的罪名迫害致死后，李纲也受到牵连，被革职流放到今海南岛。当时的经济条件极为落后，路途之艰辛难以想象。李纲来到海南东山岭时大病一场，无法继续前行，遂暂时在东山岭山脚下暂住，一次闲时上山，进到当地著名寺庙潮音寺请高僧算卦，以占卜未来前途。高僧指点说，施主乃贵人天命，虽暂时受挫，但不久即会逢凶化吉，前途不可限量。于是李纲决定上山修行，不久，宋孝宗继位，李纲也接到朝廷赦免并返回的圣旨。李纲回到朝廷后，仕途通达，官至宰相，他对海南东山岭念念不忘，常常和人提起此事，后人便在民间流传“东山再起”之说。

二、场地器材

镜子、屏风等。

三、学习目的

①使学生重新认识自己，提升自信心。

②激励学生，提升学生的挫折应对能力。

四、项目要求

①假如学生的人数不多，主讲人可以给每人发一个镜子，不告诉他们用途。

②当学生把困难都写出来后，主讲人再让学生自己看看镜子。

③假如学生的人数比较多，主讲人准备一面大镜子，放在明显的位置，先用布遮挡起来。等学生列出很多问题并思考讨论后，主讲人把布掀开，让学生看看镜子。在看镜子的过程中，主讲人可以加重语气，反复询问“镜子里是谁”，学生都会答“我自己”。

④活动适合在室内进行。

五、安全事项

①镜子应摆放在安全的位置。

②主讲人要安排专人看护镜子。

六、项目控制

①主讲人给每位学生发一张白纸，让学生写出 10 个自己遇到的问题。

②学生写完后将白纸放在桌子上。主讲人告诉学生有秘诀告诉他们。

③主讲人让学生到有镜子的屋子里寻找秘诀，时间只有 30 秒。

④ 30 秒结束后，学生快速回到座位上。

⑤等最后 1 人回到座位上，学生共同思考 1 分钟。

⑥主讲人询问学生是否找到了秘诀。

⑦主讲人给学生讲下面这个故事。

战争的突然爆发，使一个名叫萨义德的中年男人一夜之间身无分文。他用全部财产投资的工厂被无情的炸弹炸毁了。没过多久，妻子也离开了穷困潦倒的他。一连串的打击，让萨义德变得日益消沉沮丧。在别人的眼中，他似乎已经崩溃了。

一个偶然的机会，他看到一本名为《绝地反击》的书。这本自传体的书给他带来了勇气和希望，让他决定找到作家，请作家帮助自己东山再起。

经历了一番波折，萨义德终于找到了他心目中的“贵人”。作家耐心地听完他的故事之后，说道：“萨义德，我非常同情你的遭遇，不过很抱歉，我不是那个能帮助你东山再起的‘贵人’。”

听到此话，萨义德原本充满希望的眼睛，一下子失去了神采。

停了几秒钟，作家随后说道：“虽然我不能帮助你东山再起，但我相信有一个人可以。”

萨义德问道：“真的吗？请马上带我去见那个人吧。”

作家说道：“好吧，请跟我来。”

作家将萨义德带到一个屋子前，对他说：“能帮助你的人，就在屋子里面，我就不进去了。”

萨义德进了屋子，环绕四周后发现屋内空无一人，刚想出门问个究竟，却在转身的一瞬间，看到镜子中的自己。他明白了作家的用意：真正能让自己东山再起的，不是别人，正是自己！

几年后，萨义德在当地成为远近闻名的商人。每当别人问起他“如何在这么短的时间内神奇般地改变人生”时，他一定会提到那面镜子以及镜子前的领悟。

⑧主讲人讲完故事，开始引导和提问学生。

七、回顾分享

①听完这个故事，你们有哪些感想？

②你们如何看待萨义德在镜子前的感悟？

③这个故事对于你们来说有什么意义？

④自信心是一个人做事情与活下去的支撑力量。拥有了自信心，逆境对于自己来说就不再是苦难，而是历练与成长的契机。

⑤《易经》上有一句著名的话：天行健，君子以自强不息。

第六节 匍匐前进

一、项目概述

图 13-6 匍匐前进

项目性质： 激励 / 挑战 / 意志

项目难度： ★★★★

项目时间： 70 分钟

项目人数： 10～15 人一组，可分成 3～5 组

“匍匐前进”来源于军事训练及实战，是让学生将躯体贴近地面，用手臂和腿的力量攀爬，使身体整体前进的运动项目（见图 13-6）。“匍匐前进”也是适用于拓展训练、户外活动、火灾逃生的运动方式。匍匐前进分为低姿、高姿、侧姿和仰姿。学生可以根据所要越过的障碍物来选择前进的姿势。

据说，贝多芬从小就生活在一个不幸的家庭里：父亲终日嗜酒，碌碌无为；母亲在他 17 岁时便去世了。正是在这种艰苦的环境下，他逐渐成长起来，受到了人们的尊敬。然而，不幸还是再一次降临到了他的身上。他的听力日渐衰弱。尽管如此，他却给后人留下了 100 多部作品。正是因为他没有向命运屈服，在无尽的黑暗中找到了光明，从而取得了巨大的成就。

二、场地器材

固定在地面上的钢构框架，固定在框架内的绳网，长方形通道等。

三、学习目的

①加强学生之间的团队合作。

②锻炼学生制定决策、团结合作、时间管理及领导管理的能力。

③培养学生身体的协调性以及体能和智能的协调性。

④增强学生自我挑战的能力与勇气，培养学生克服困难的毅力。

四、项目要求

①地面固定的钢架的高度要适宜，焊接要牢固。

②地面应为软质的泥沙或草坪等。

③活动开始前，主讲人要仔细检查地面是否有坚硬的石头、玻璃块等。

④活动可以在泥潭、水坑中进行。

五、安全事项

①学生必须在专业人员的指导和保护下训练。

②学生要穿松紧适度的运动服装。

③学生要合理使用安全装置，身上不能携带硬物。

六、项目控制

①学生在前进时，要屈回右腿，伸出左手，用右腿和左臂的力量使身体前移，同时屈回左腿，伸出右手，再用左腿和右臂的力量使身体继续前移，依照此方法交替前进。

②学生需要从钢架下方的入口，匍匐前进到出口。这段距离为 10～15m。

③在学生爬行前，主讲人询问各组完成此项任务的最短时间，根据经验给出各组的参照时间。

④讨论好后，活动开始。如果学生没有在规定时间内完成，需要重新开始。

⑤各组用 3～5 轮完成任务。每一轮结束后可以讨论 5 分钟。

⑥所用时间最短、完成人数最多的组获胜。

七、回顾分享

①你们成功或失败的原因是什么?

②哪一个阶段是最痛苦的?

③主讲人让学生结合生活实际谈谈如何克服痛苦。

④当你绝望的时候，不要认为这个世界就是你所想象的样子；当你痛苦的时候，你已经被你的内心给蒙蔽了。所以你要行动起来，一点点地突破自己，做那些你能做而又从来没有做过的事情，渐渐地，你就会发现，原来真的有很多事情是你能够做到的。

⑤不论遇到什么样的挫折，只要你愿意，你都有足够的力量让自己站起来。这种力量来源于你的内心，来源于你是否真正想让自己站起来，并坚定执着地挑战阻挡你的一切。

⑥你认为自己不够好，这是对你自己最大的欺骗。你要做的就是打破你的固执、错误的想法，将你的时间与精力用于能够让你最终走向自由与幸福的事情上。

第七节　蒙眼抓活物

一、项目概述

项目性质： 激励 / 挑战 / 意志

项目难度： ★★★★

项目时间：70 分钟

项目人数：10～15 人一组，可分成 3～5 组

“蒙眼抓活物”是进行胆量训练的项目（见图 13-7）。学生将利用视觉系统接收到的恐怖信息加工后储存在大脑中，在任何时刻只要接收到与此相关的信息，仍会感到恐惧。如果在蒙眼后，学生利用肢体进行感触，只要触碰到类似的物体，内心会表现出极度的紧张、不安、焦躁等。

图 13-7　蒙眼抓活物

> 恐惧症是以恐怖症为主要表现的一种神经症，是指对特定的人、物或场景有按捺不住的恐惧、紧张心理。恐惧症的主要表现为：第一，对某些客体或处境有强烈的恐惧，恐惧的程度与实际危险不相称；第二，发作时有焦虑和自主神经紊乱的症状；第三，出现反复或持续的回避行为；第四，明知恐惧是过分的、不合理的、不必要的，但仍无法控制。我们检查自己是否患有恐惧症。

二、场地器材

活体动物、立体容器等。

三、学习目的

①让学生学会打破心理防线。

②加强学生对新环境的适应能力。

四、项目要求

①主讲人可以在活动的前几周调查学生害怕的动物。

②活体动物的选取要就地选材，或者到本地的实体店购买、租借，体积不宜太大，成本不要过高；也可以用仿真动物。

③活体动物的展示意在加深学生的害怕印象，不宜让学生长时间观察或肢体接触。

④替代品要与活物相似，特别是在触觉上。

⑤看护人员在引导学生接触时，尽量表现得夸张。

⑥摆放活体动物的立体容器，只能有一面可以让学生看到实物，与参与活动的学生呈相反方向。

五、安全事项

①立体容器的旁边应安排专人看守，保证摆放得牢固。

②学生如有心脏病等不适宜参与该项目时，可以作为活动的工作人员。

③活动要坚持爱护动物、保护动物的原则。

六、项目控制

①活动开始前，主讲人向学生展示活体动物。

②主讲人需要对活体动物进行编号。

③活动区域分为活体动物摆放区和学生休息区。两个区域应间隔 10m 左右，并用档板或屏障分开。

④活体动物展示完后，主讲人将其放到活体动物摆放区的座椅上。学生讨论好出场次序后，活动开始。

⑤学生到活体动物摆放区后，在旁边的木箱中抓号，本人不能看编号，将其交给负责看护活体动物的看护人。看护人会根据号码提示学生所在的位置。

⑥活动开始后，学生需要戴上眼罩，在 60 秒内不能抓取活体动物算失败。完成任务后，学生可以摘下眼罩。

⑦一人完成后，下一人继续。完成任务的学生可以在附近进行言语上的指导。

⑧所有学生完成任务后，活动结束。

七、回顾分享

①你们恐惧的原因是什么？

②你们对未来恐惧吗？

③心若在，梦就在；用心灌溉，梦想之花终会开。

第八节　找借口

一、项目概述

项目性质：个人成长 / 激励 / 提升自我

项目难度：★★★★

项目时间：70 分钟

项目人数：单人进行，全体参与

“找借口”是人们总会找出理由来证明自己的选择是对的。该项目旨在让学生不再为自己的行为找借口，能够有效地思考和行动（见图 13-8）。

图 13-8　找借口

心理学家做了一个有趣的实验：研究者随机找个人，在他的附近铺上沙滩浴巾，助理故意躺在上面听收音机音乐，过了一会儿离开浴巾到海边散步。研究者会装成小偷，来拿走浴巾上的收音机。“偷窃”事件上演了20回，旁边的人出手阻止的只有4次。稍加更改，助理在离开浴巾前，请求旁边的人帮忙看着他的东西，旁边的人答应了。20回中有19回成功阻止了偷窃行为，甚至出手拦住小偷，不让他拎着收音机逃跑。从上面的例子中可以看出，在正常情况下，一般人都不会自找麻烦为别人看护东西，但是答应了别人的请求，就会不自觉地为别人充当警卫的职责。这就是心理学上的承诺一致原理。这种原理反映了人类的一种机械反应，因为大多数情况下言行一致备受称道，否则就会被人看成背信弃义。也正是我们有这样的机械反应，总是喜欢为自己的行为找很多借口，以此来证明哪怕不合理的行为都是有道理的。

二、场地器材

室内场地、问卷（每人1份）、笔等。

三、学习目的

①让学生认识到为自己的失败找借口的原因。

②让学生克服懒惰习惯，能够更有效地思考和行动。

四、项目要求

①在阐述时，主讲人可以讲一些自己的经历及心得体会。

②主讲人带领学生针对“限制成功的30条原因”展开讨论。

③主讲人要逐条找出解决对策，制订行动方案。

④主讲人要根据对象提前设计或改进问卷。

⑤主讲人应多准备一些问卷和笔。

五、安全事项

①主讲人要注意学生之间的观点冲突，合理引导他们，不能与学生发生冲突。

②室内要摆放足够多的座椅。

六、项目控制

①主讲人对学生说：“各位，我们每个人的心中都有梦想，都对成功有着一种发自内心的渴望。但在现实中，大多数人都对自己的现状感到不满意，因为各种各样的原因限制了我们迈向成功。”

②主讲人发给每位学生一张清单。清单上列有“限制成功的30条原因”。

③主讲人让学生仔细阅读这 30 条原因，在符合自己情况的条目旁边做个标记。

④几分钟后，主讲人让学生谈谈自己都找出了哪些限制自己成功的原因以及为什么自己会这样选择。

⑤随后，主讲人开始进行引导性的阐述。

七、回顾分享

①你找到了多少条限制自己成功的原因？

②你如何理解“原因的背面是借口”这句话？

③“危机即转机，困难即机会。”你现在能够从限制成功的原因中找到机会与解决对策吗？

④你从这个项目中还获得了哪些启发与收获？

⑤如果我们换个角度来看，就会发现这 30 条原因其实是 30 个借口。大多数无法获得成功的人都有一个共同的特点，就是认为能力和机遇的不足导致失败，同时为失败找出各种各样的借口。

思考题

1. 简述激励类项目的作用。
2. 阐述 3～5 个激励类项目的整个结构。
3. 简述“魔王关”项目的要求及安全事项。
4. 改编 3～6 个激励类项目的规则。
5. 创编 1 个激励类项目。

第十四章

感恩类项目

1. 了解感恩的概念。
2. 熟悉大学生对待生活的态度和价值取向。
3. 理解感恩在生活和学习中的重要性。
4. 掌握感恩的方式、方法。

感恩，是对他人所给的恩惠表示感激，是对他人帮助的回报。感恩是一种处世哲学，是生活中的大智慧。人的一生不可能一帆风顺，不管遇到什么事情，都需要勇敢地面对、旷达地处理。英国作家萨克雷说："生活就是一面镜子，你笑，它也笑；你哭，它也哭。"常怀感恩之心，我们便能够生活在一个感恩的世界，这个世界一定是美好的，我们的人生也会因此变得更加美好。本章感恩类项目共编写了"穿越电网""坎坷人生路""潮起潮落"等11个项目。每个项目从项目概述、场地器材、学习目的、项目要求、安全事项、项目控制、回顾分享7个环节做了详细介绍。

第一节 穿越电网

一、项目概述

项目性质： 感恩/责任/奉献

项目难度： ★★★★

项目时间： 50 分钟

项目人数： 30 人以上

“穿越电网”是一个户外项目，是幻想和挑战的完美融合（见图 14-1）。该项目用来创建团队，培养团队合作精神，学习冲突处理技巧，培养沟通能力等。它要求每个人付出最大的努力，因为某个人的放松会给别人造成很大的麻烦，甚至会让所有的人前功尽弃。

图 14-1 穿越电网

> 据说，在一次战争中，十几位战士决定趁着夜色突围逃生，他们小心地连续穿越了两道封锁线。当他们到达最后一道封锁线时，后方突然响起了激烈的枪声，追兵到了。此时横在他们面前的是一张漫天大网，上面的高压电闪着火花，他们已经没有了退路，接下来怎么办呢？

二、场地器材

平坦场地；专用电网设施或利用固定立柱（树桩）临时编织；1 张 3m 宽、1.5m 高的绳网；网内设有用于学生通过的网眼（网眼的数量为学生人数的 120%），在较低处留 2 个相对容易通过的网眼；眼罩。

三、学习目的

①让学生确立方案，明确分工，有效地组织协调。

②让学生有效地利用和分配资源。

③让学生通过相互协调和精心操作保障项目的顺利实施。

④让学生感受面对困难时应有的态度和做事的方式。

⑤让学生摆正自己在团队中的位置。

四、项目要求

①学生在规定时间内从网洞中穿过，到达电网的另一边。

②每个网眼只能通过一人，通过后即封闭。

③任何人、任何物品不可以触网。触网后，所在网眼将被封闭。正在通过的人退回并蒙上一段时间的眼罩，此后在合适的时机重新选择网眼通过。

④学生过网的唯一通道就是未封闭的网眼。

⑤学生身体的任何部位触网均视为违规。

⑥如果学生被抬起，一定要确保他们的安全。

五、安全事项

①主讲人检查场地上是否有尖锐物体，确认绳网与立柱牢固、可靠。

②学生要把身上所带的硬物放在收纳箱内。

③学生被托起后，任何情况下其他人不能将其抛起或松手；放下学生时先放脚，待其站稳后，其他人才可松手。

④主讲人要注意站位，要站在人少的一边，时刻做好保护的准备。

六、项目控制

①主讲人应提前确认参加的人数和观察学生的体型特征，检查和封闭多余的网眼。

②主讲人应准备好封网眼的挂件，最好是带夹子的小铃铛或模拟蜘蛛，将其放置在固定的地方。

③主讲人可以在网下或对面放一块海绵垫。

④主讲人应对学生贸然尝试、蹿跃、触摸电网等做相应的惩罚，如封网洞或让学生戴一会儿眼罩等。

⑤封网洞时，主讲人的动作要轻，态度要严肃，不要用手碰网洞边缘的绳。

⑥主讲人应注意保护学生的安全，坚决制止违反安全规则的动作和行为。

⑦学生完成难度较大的穿越后，主讲人对其进行鼓励和表扬，使其始终保持高昂的情绪。

七、回顾分享

①主讲人应对顺利完成任务的学生给予鼓励和肯定，对没能完成任务的学生慎用溢美之词。

②主讲人应鼓励每位学生谈谈自己的感受，并对发表的意见给予肯定。

③当面对这张网时，我们的第一感觉是什么？有没有可以通过的信心？

④我们可以利用的资源是什么？对于时间、身体、智慧，我们如何分配和利用这些资源？主讲人让学生说说自己心中选择的网眼与团队分配的网眼的异同。

⑤在被人抬起后，我们的感觉如何？需要做的事情是什么？

⑥主讲人引导学生对讨论、决策、执行的各个环节进行分析，结合实际生活进行分享。

⑦在活动中，我们遇到了哪些问题？哪些因素有助于我们完成任务？

⑧我们应如何化解产生的冲突？

⑨细节决定成败，尽量减少各种不利因素；培养完成任务的细心与耐心，重视良好的监督机制对完成任务的价值。

第二节　坎坷人生路

一、项目概述

项目性质： 感恩 / 责任 / 奉献

项目难度： ★★★

项目时间： 80 分钟

项目人数： 2 人一组，多组同时进行

“坎坷人生路”项目是在规定时间内，让蒙上眼睛的学生在组员的帮助下，通过障碍物到达目的地（见图 14-2）。该项目旨在让学生在团队中体验别人的支持、关心，提升学生的感恩意识。

图 14-2　坎坷人生路

“羊羔跪乳”语出《增广贤文》。相传很早以前，一只母羊生了一只小羊羔。羊妈妈非常疼爱小羊，晚上睡觉时让它依偎在身边，用身体暖着小羊，让小羊睡得又熟又香。白天吃草，羊妈妈又把小羊带在身边，形影不离。小羊知道是妈妈用奶水喂大自己的，跪着吃奶是感激妈妈的哺乳之恩。这就是“羊羔跪乳”。

二、场地器材

事先布置的“人生路”，眼罩、感人音乐等。

三、学习目的

①让学生体验友爱的作用和协作的必要性。

②培养学生的坚持与相互支持、相互信任。

③提高学生感恩别人、回馈团队的意识。

四、项目要求

①主讲人让学生严格按照预定的路线前进，在翻越或钻的过程中，要派专人保护。

②主讲人可以适当指导学生，不断强调安全注意事项。

③活动开始前，主讲人提醒学生取拿物品要彻底。

④活动结束后，主讲人提醒学生摘掉眼罩后不要马上睁开眼睛。

⑤选择的路线应该远离悬崖峭壁、水域和有尖锐物体的地方。

⑥主讲人可以不让学生有任何语言提示。

五、安全事项

①主讲人和助教人员需要随时跟随，保障学生顺利完成任务。

②一些“危险”的障碍处，必须有助教人员协助。

③学生必须按照预定的路线前进。

④学生要自行行走，不能出现拖、拉、拽等危险动作。

六、项目控制

①主讲人将学生随机分组。一组学生按照要求佩戴眼罩，扮演盲人；另一组学生在组中不能发出任何声音。

②扮演盲人的学生，不能偷看或者摘下眼罩。

③前进过程中，主讲人时刻提醒学生注意安全。

④针对动作较为缓慢或遇到困难一时难以克服的学生，主讲人可以协助其通过。

⑤主讲人注意控制场面和氛围，根据现实情况把握活动的进展。

⑥完成任务后，每组学生互换角色回到出发点。

七、回顾分享

①我们可以回顾自己的人生道路，找到那些曾经被我们忽略却又真实的爱。

②我们要学会以一颗感恩的心面对身边的人，感谢父母给予我们生命；感谢国家给予良好的生活环境，能够让我们实现人生的价值；感谢老师传授我们知识；感谢朋友在自己最无助的时候给予我们支持和鼓励。

③在经历艰苦和磨难，领略自然的魅力和险峻后，我们要感谢团队，体会友情的珍贵。

④生活给予我们挫折的同时，也赐予了我们坚强。对于热爱它的人来说，它从来不吝啬，就看我们有没有一颗包容的心来接纳生活的恩赐。

⑤我们要学会感恩，为自己已有的而感恩，感谢生活的赠予。这样我们才会有一个积极的人生观和健康向上的心态。

第三节 潮起潮落

一、项目概述

项目性质：感恩 / 责任 / 奉献

项目难度：★★★★

项目时间：80 分钟

项目人数：至少 20 人

“潮起潮落”是一个无道具的感恩项目（见图 14-3）。整个团队分两列纵队站立，选

图 14-3　潮起潮落

队列前面一位学生作为“旅行者”，让其他学生将其举过头顶，沿他们排成的两列纵队传送到队尾。这是一个能真正体现“人多力量大”的项目。

《日知录》提出：“保国者，其君其臣肉食者谋之；保天下者，匹夫之贱与有责焉耳矣。”梁启超将其归纳为“天下兴亡，匹夫有责”。当前，身处新时代的大学生已不能再困于“象牙塔”之内，“两耳不闻窗外事，一心只读圣贤书”。大学生应该要有为中华之崛起而读书的恒心，要践行习近平同志提出的坚持中国特色社会主义道路自信、理论自信、制度自信、文化自信以及立志报效祖国的责任感、使命感，为早日全面实现中国社会主义现代化奋斗终生。

二、场地器材

平整开阔的室外场地或室内。

三、学习目的

①增进学生之间的相互信任，培养学生的感恩意识。

②使学生发扬团队精神合作完成任务。

③让学生能够自然地进行身体接触和配合，消除害羞和扭捏感。

四、项目要求

①作为托举人的学生的分配要合理，特别要考虑男女、高矮、力量均衡等，以防“旅行者”在通过的过程中跌到地面。

②托举人接到“旅行者”后，要自始至终不离手、不换手，直到移交给下一位托举人时方可放手。

③托举人的间隔不宜太远。

④如果参加的人数较少，让排在队列前面的学生传送“旅行者”后，立即移动到队尾。这样也能使“旅行者”被转移到指定地点。

五、安全事项

①主讲人多安排一些监护人员。

②肩部、背部、腰部等有过骨折的学生不适宜参与该项目。

③学生身上不能佩戴任何首饰。

六、项目控制

①学生分两列纵队站立。两列的学生要肩并肩站齐，彼此尽量靠近，接着原地头对头躺倒，呈仰卧状态，将双手自然举起。

②如果学生的总人数是奇数，主讲人可以让其中一位学生做助手。

③主讲人可以选队列前面的一位学生作为“旅行者”，让其他学生把这位“旅行者”举过头顶，沿他们排成的两列纵队传送到队尾。

④“旅行者”到达队尾后，后面的学生举着其身体下落时，应保证其双脚安全着地。

⑤“旅行者”到达目的地后躺下，交换原来躺下的学生为“旅行者”，以此循环进行。

七、回顾分享

①你们对该项目的最初感觉是怎样的？

②活动结束后你们感觉如何？

③当你被别人举着传送到队尾时，感觉如何？

④当你获得成功的时候，是不是也有类似的感受？

⑤在你辉煌的时候，是否记得那些曾经帮助过你的同学？

第四节 领袖风采

一、项目概述

项目性质： 感恩 / 责任 / 奉献

项目难度： ★★★

项目时间： 80 分钟

项目人数： 10～15 人一组，多组交错进行

“领袖风采”是通过学生的连续报数来确定小组的成绩，最后完成任务的一组组长须按照规定做俯卧撑的项目（见图 14-4）。如何具备较强的人格魅力和领导力？怎样才能拥有良好的人际关系？该项目旨在引导我们找到解决问题的途径。

图 14-4 领袖风采

有人说，我们来到世上便开始了一次人生苦旅。准确地说，是自从我们出生，我们的心灵就开始了探寻之旅。我们探寻自我，探寻家族，探寻社会，探寻人生。在路上，你是否完全清晰自己的目标方向或每一个决定？行动是否有效？

二、场地器材

1～30 的数字卡片多套，绳索、音响等。

三、学习目的

①让学生能够承担带领团队的责任。

②培养学生的责任感，让学生为自己负责。

四、项目要求

①每位领袖只负责建设团队，所有学生参加报数比赛。

②误报、漏报、错报、抢报都算失败。报数过程中学生的声音要洪亮，语言要清晰。

③一组在参与比赛时，其他组必须保持肃静。在领袖做俯卧撑时，任何一方包括组长发出声音，如掌声、笑声，其组长必须接受做 10 个俯卧撑的惩罚。

④组与组的间隔应合适，便于学生讨论。

⑤主讲人可以让一部分人先练习报数或代替组长接受惩罚等。

五、安全事项

①助教人员要有威严，声音要洪亮。

②主讲人一开始就要训练组长，让其严格遵守做俯卧撑的标准，不合格就重做。

③活动开始前学生应做好足够的心理认同训练。

六、项目控制

①各组从头开始报数，报数最快、最准确，中间没有停顿，不说话、谈笑和打报告的小组为获胜者。

②组与组之间的报数按 ABAB 顺序交替进行。

③主讲人在两组的成绩出来后宣布比赛结果。

④慢的组要受到惩罚。受惩罚的是每组的组长（可以要求同组学生分担），并且组长必须自愿接受惩罚。

⑤活动共分 6 次进行，每次的活动时间为 5 分钟。1 次活动结束后，学生可以讨论。

七、回顾分享

①在活动中，我们能做的、正在做的和应该做的都是什么？你会为了团队的理想和目标去努力奋斗吗？

②把每一件简单的事做好就不简单，把每一件平凡的事做好就不平凡。

③当一个人能在任何时候默默地工作、默默地获得，他就能理直气壮地说这是他应得的，那么他将是一个活得很精彩的人。他的每天过得很踏实，他也能够承担更大的责任，创造更多的价值。

④在活动中，你亲身体验了一个领导应具备的心态和做事的风格。经过和同学的简单交流后，团队开始比赛，你们最终遭遇了什么？

⑤面对失败和失败后的惩罚，你能坚持下去吗？面对现实中的挫折，你又应该如何做？

⑥每次我们认为自己做得够好了，可是最后发现我们还有很多地方可以做得更好。

第五节 红黑游戏

一、项目概述

项目性质：感恩/责任/奉献

项目难度：★★★

项目时间：80分钟

项目人数：分两组进行

“红黑游戏”项目是将学生分成A、B两组，让他们分别到两个房间里，两组不能进行交流，在经过内部讨论、投票之后向对方出红黑两色的牌（见图14-5）。该项目要求安排一位助教，以便在两组之间公布对方的出牌；助教必须在确认A或B组的出牌结果有效之后，才能公布对方的出牌。

图14-5 红黑游戏

> 据说，康熙皇帝第一次举行千人大宴，即席赋《千叟宴》诗一首，故得宴名。千叟宴是清朝宫廷的大宴之一，始于康熙，盛于乾隆时期，是清宫中规模最大、参与人数最多的盛大皇家御宴，在清代共举办过4次。

二、场地器材

红黑游戏牌、黑板、笔、纸等。

三、学习目的

①让学生充分认识双赢、合作、与人为善、包容的重要性。

②让学生学会感恩对手的帮助。

四、项目要求

①两组要分开进行活动。主讲人宣布开始之后，组与组之间不能交流，但小组内部

人员可以充分沟通。

②主讲人要确保两组的房间有较好的隔音效果，让组内人员充分讨论。

③组内的投票方式由小组自行决定。组内人员商量好结果后，说出结果。

④主讲人将规则告诉各组后，助教人员不能进行任何解答。

⑤活动可以不限轮次或时间等。

五、安全事项

①活动适宜在室内进行。

②主讲人要避免不同组内、组间的学生因观点不同而产生肢体、语言的冲突。

六、项目控制

①各组选出组长。组长组织投票，统计红牌和黑牌的数量，以少数服从多数的方式报告本组的投票结果。

②各组只要有一人弃权，则该次投票无效。投票的有效性由助教进行确认。

③得分规则：如果双方都出黑牌，各得 3 分；如果有一方为红牌，另一方为黑牌，则出黑牌方扣 5 分，出红牌方得 5 分；如果双方都出红牌，各扣 3 分。

④活动要进行 5 轮的投票，其中第 2 轮的得分要乘 2，第 4 轮的得分要乘 3，最后是累计得分最高者获胜。

⑤ 红黑游戏记录如表 14-1 所示。

表 14-1　红黑游戏记录

组别	1	2	3	4	5
A 组					
B 组					
双方得分规则： 黑＋3 分　　红＋5 分　　红－3 分 黑＋3 分　　黑－5 分　　红－3 分					

七、回顾分享

①真正的胜利者应秉持着双赢的态度。为自己着想，也不忘他人的权益，谋求两全其美之策。人一般用两种方式看待事情：非强即弱，非胜即败。其实世界之大，人人都有足够的生存空间，他人之得不必就视为自己之失。我们需要在忙碌中记住人与人之间最根本、最重要的是什么。

②我们能否意识到什么是双赢、共赢？在整个活动中，我们扮演了什么角色？是否

心里有想法没有说出来？我们的想法能否说服别人？我们又做了什么？各组谈谈感受和启示。

③经历最初的无序状态之后，有三种人的面目基本清晰。让我们近距离地看一看他们的眼睛和内心世界。

第一种人：坚决要求出红牌。他们代表了人性深处的好斗、攻击、自私和自我至上。他们的口号是，要么赢得整个世界，要么彻底失去，这是非常典型的赌徒心态。

第二种人：他们是温和的、包容的，他们希望达到双赢。他们是理性的，但更多的是理想主义。他们凭什么认为自己的宽容、和气、与人为善，就一定能得到对方相同的回应，他们怎么知道一定就能双赢呢？他们的理想是有条件的，他们需要生活在适宜的环境里。

第三种人：他们是盲目的，缺乏足够的智慧去明辨是非。他们不知道自己应该出什么牌，很容易受到诱导。可以说，他们的心智基本不成熟，或者他们是不负责任的。因此，他们要么随大流，要么不表态，要么干脆放弃。

在这个项目中，有没有既是理性的，也是现实的、充满智慧的人？有没有既知道积极进取，又知道宽容、适时放弃的人？因此，集中暴露人性的弱点，正是这个项目设计的精妙之处。

④活动结束后，主讲人播放节奏缓慢的轻音乐，让学生闭上眼睛，深深地吸口气，慢慢地吐气；让学生回顾自己在活动中的表现以及生活中的表现。

第六节 生命云梯

一、项目概述

项目性质： 感恩 / 责任 / 奉献

项目难度： ★★★

项目时间： 80 分钟

项目人数： 20～30 人一组

图 14-6　生命云梯

“生命云梯”项目是让学生面对面站成两队，每两人为一组，每一组人齐腰握住一根木棒组成云梯，让每位学生轮流爬过云梯来带动整个云梯的前进；每过一个人，云梯向前移动一步，以此类推，从起点到达终点视为胜利（见图 14-6）。该项目要求学生之间相互配合，因为任何一人的任何一步出现错误都会直接影响到任务的完成。

2013 年，某商场发生火灾，在 300 多名消防队员的努力下，大火逐渐熄灭，没有群众受伤。然而，两名年轻的消防战士，却永远地留在了火场中……

二、场地器材

10～12 根木棒或水管（长度约 1m，直径约 32mm）等。

三、学习目的

①让学生感悟沟通协作的重要性。

②让学生学会换位思考、助人助己。

③让学生学会感恩。

四、项目要求

①主讲人要确保木棒或水管的表面光滑，避免划伤或扎伤爬梯者。

②每位学生都要牢牢抓住木棒，不能在组员经过的时候失手。

③学生不能将木棒举到比肩膀还高的位置。

④主讲人可以调整队形，让学生形成一个弧形的梯子。

⑤在木棒上的学生只能爬行，不能站立。

⑥主讲人可以把爬梯者的眼睛蒙起来，但是不要蒙住做“梯子”的学生的眼睛；可以用软绳子代替木棍。

五、安全事项

①场地要宽阔、平整。

②两根木棒之间的距离要控制在 0.5～1m。

③单根木棒承受的重量在 100kg 左右。

④主讲人根据需要多安排一些监护人员。

六、项目控制

①主讲人让每位学生找一个搭档。在参加的人数为奇数的情况下，主讲人让余下的一个人第一个爬云梯。

②如果参加的人数为偶数，那么主讲人随意叫出一对搭档，让其中一个人爬云梯，另一个人做监护人员。

③主讲人给每对搭档发一根木棒（水管），让每对搭档面对面站好，排成两行。

④每对搭档要握住木棒。木棒要与地面平行，其高度介于肩膀和腰部之间。这样就

形成了一个类似水平摆放的木梯。

⑤学生将每根木棒举起的高度可以略有不同，以形成一定的起伏。

⑥主讲人把选好的爬梯者带到云梯的一端，让其从这里开始爬到云梯的另一端。

七、回顾分享

①爬梯之前，你有什么感受？

②爬梯之后，你有什么感受？

③在云梯上的时候，你有什么感受？

④做云梯的时候，你有什么感受？

第七节 众志成城

一、项目概述

项目性质：感恩 / 责任 / 奉献

项目难度：★★★★

项目时间：70 分钟

项目人数：10～15 人一组，可分成 3～5 组

“众志成城”又称为“心灵马拉松”或“蹲马步”，是学生之间通过相互鼓励来共同完成任务的项目（见图 14-7）。该项目会让学生在酸痛、烦躁中度过的。看似简单的任务，需要大家共同努力完成。

图 14-7 众志成城

“杂交水稻之父”袁隆平依据对遗传学已有的较深的认识，对试验田里的退化植株仔细进行观察和统计分析，不仅论证了“鹤立鸡群”的稻株是“天然杂交稻”，而且通过第一代的良好长势充分证明水稻存在明显的杂交优势现象。试验结果使他确信进行杂交水稻的研究，具有光明的前景。多年来，在团队的共同努力下，世界纪录被一次次刷新。可见，袁隆平的成功是知识、汗水、灵感、机遇换来的。

二、场地器材

室内场地、音响等。

三、学习目的

①让学生学会感恩。

②让学生认识感恩在团队中的作用。

四、项目要求

①活动应在隔音效果较好的室内进行。

②各组的间隔应合理。

③各组之间形成的圆圈不能靠墙太近，男女分开排列。

④主讲人要提醒学生注意蹲马步的细节要领，如身体重心的位置、两腿分开的距离、两脚的角度等。

⑤主讲人应在不同的阶段给予学生语言激励。

⑥活动中学生需要注意力高度集中。

⑦如果遇到炎热的天气，活动可以在水中进行。学生可以戴上眼罩接受挑战。

五、安全事项

①学生应摘除佩戴的首饰，以防刮伤。

②活动要在软质材料的场地上进行。

③学生如果有腿伤、腰伤等情况，不适宜参与此项目。

六、项目控制

①学生围成圆圈，将双手搭在组员的肩上，呈马步姿势下蹲。

②学生之间可以相互借力，但下蹲姿势要标准。哪一组下蹲的时间长则获胜。

③一般而言，蹲马步要经历如下几个阶段：双腿酸痛层层加码阶段；双腿酸痛趋于平稳阶段；酸痛难忍，双腿发抖阶段；麻木酸痛升华阶段。

④各组确定一个目标，看看哪个小组坚持的时间最长。

七、回顾分享

①认准团队的目标，跟随团队的脚步，可以让我们做出自己意想不到的事情。

②活动进行到 20 分钟时，开始出现一种可怕的现象：双腿发抖。通常情况下，蹲到双腿发抖说明酸痛达到一个高点，而这个时候则是一个随时会倒下的阶段。是什么力量让你坚持到最后的？你想感谢谁？

③预期目标与实际完成的任务的差距在哪里？完成任务的最大动力是什么？

第八节 信任背摔

一、项目概述

项目性质：感恩 / 责任 / 奉献

项目难度：★★★

项目时间：45 分钟

项目人数：15～20 人

图 14-8 信任背摔

“信任背摔”是经典的拓展训练项目之一（见图 14-8）。倒向“人床”的瞬间是本能的突破，也是人性的释怀。学生之间的信任来源于彼此的责任和关爱，团队的支持是个人敢于挑战的基础。在生活中，我们对别人的不信任，一方面是来源于自我设限；另一方面是他人的行为不值得信任。要让别人信任自己，我们需要在实际行动中做到言行一致。

> 随着我国经济社会的发展，大学生的社会信任问题日益成为全社会关注的一个热点问题。对于正处在社会转型时期的中国，正经历着一定程度的社会诚信和信任危机，大学生也不例外。如果对信任没有正确、科学的认识，许多潜在的风险会加速滋生蔓延。

二、场地器材

1.4～1.6m 的标准背摔台，背摔绳 1 根，海绵垫 1 块。

三、学习目的

①增强学生之间的相互信任。

②增强学生挑战自我的勇气和良好的心理素质。

③发扬学生的团队精神，培养学生的团队责任感。

④让学生认识到突破本能的重要意义。

⑤让学生感悟制度的制定与保障对完成任务的价值。

⑥培养学生换位思考的意识。

四、项目要求

①个人挑战部分的学习。

学生调整好心态后接受同学的激励，然后沿着梯子慢慢爬上背摔台，站到指定的安全区域。

学生将两臂前举、双手外旋、十指交叉相扣，然后紧紧地靠向身体。主讲人给其绑上背摔绳。

在主讲人的引导下，学生移向台边，背向“人床”站立，将脚后跟超出台面、两脚并拢、脚尖相靠、膝关节绷紧、臀肌收紧、下颌微收略含胸。

学生调整呼吸，大声地问同学：“准备好了吗？”当听到同学齐声回答“准备好了”以后，喊“1，2，3”，同时向后倒向人床。

②团队接人部分的学习。

身高、体重比较接近的两个人伸出右脚呈前弓步面对面站立，将脚尖内侧相抵、膝关节内侧相触，保持重心稳定。

学生将双臂向前平举与肩同高，将双手搭在同学的右肩前，将掌心与肘窝都向上，伸直手指，将手臂自然伸展进入用力状态。

学生抬头看着向后倒的同学的背，当倒下时将其接住。

③当接住同学后，学生慢慢地将其放下，先放脚，在其站稳后才可以松手，然后解开背摔绳后换另一位同学。

五、安全事项

①学生如果有腰背外伤的病史或心脑血管病等，可以不参与此项目。

②主讲人检查“人床”的承受力，尽量将“人床”搭平。

③学生站上背摔台后，应靠护栏站立，移向台边时要稳。

④学生必须摘除身上的所有硬物，雨天时必须脱下雨衣。

⑤学生要将两肘加紧。为确保背摔绳牵引时比较稳定，主讲人帮助学生调整方向。

⑥学生在任何时候都不能从 1.6m 以上高度的背摔台向后倒。

六、项目控制

①主讲人一边安排学生练习，一边讲解。

②主讲人要按照“挑战基于选择”的原则，鼓励所有学生参与挑战。

③主讲人在观察学生的同时，注意接人的队形。

④主讲人要及时了解学生挑战后的身体反应。

⑤学生按照“近、快、低、稳、准”的要求完成任务。

近：接人的学生的脚、膝、肩等部位靠得要近；“人床”离背摔台要近；主讲人抓背摔绳的手要靠近学生的手；主讲人离学生的距离要近。

快：主讲人选好松手的时机后松开背摔绳的速度要快；主讲人下蹲的速度要快；主讲人扶学生后倒的脚的动作要快。

低："人床"的平面要以低处为准找齐，避免学生踮脚尖或耸肩提升"人床"的高度；主讲人解背摔绳或者观察学生时要蹲低。

稳：背摔台必须摆稳；"人床"的平面一定要稳；接住学生后放下时一定要稳；活动进程要稳。

准：学生站得要准，必须站在"人床"正中间的位置；主讲人松手前的微调一定要准；扶脚的时机一定要准。

七、回顾分享

①主讲人对所有完成任务的学生给予鼓励。

②主讲人鼓励每位学生讲述自己的感受并给予肯定，注意鼓励完成不够成功的学生。

③主讲人让学生谈谈自信和互信的问题以及如何能够增加信任。

④主讲人让学生谈谈本能是什么以及如何突破本能。

⑤主讲人让学生谈谈活动中运用背摔绳、手臂接人、海绵垫等多重保护对于增加信心的价值以及监督、保障制度对于增加信任的作用。

⑥主讲人让学生谈谈躺在他人手臂上的感觉以及接人的感受。

⑦榜样和激励对于团队完成任务有什么帮助？

⑧主讲人要让学生认识到分工协作与关键岗位的重要价值。

第九节 美丽的光环

一、项目概述

项目性质：感恩 / 责任 / 奉献

项目难度：★★★

项目时间：80 分钟

项目人数：15～20 人一组

图 14-9　美丽的光环

"美丽的光环"项目是将一个用细绳制作成的卓越圈，从每位学生的身上套一次，计算个人平均所用时间，直到完成任务为止（见图 14-9）。该项目旨在让学生学会珍惜现在拥有的，学会感恩，学会更好地处理人际关系和感受团队成员的默默付出与支持。

在一个居民楼内，一开始，大家把垃圾倒在巷口的空地上，日子长了，环卫部门建了一个垃圾箱。一位盲人想得很简单，也很坚定：垃圾是应当进箱的，否则就会脏了环境。所以他每天默默地数着脚步，开始由老伴搀着，后来独自摸向垃圾箱，正确无误地将垃圾倒进去。居民楼内的人们的善心因为受到这种外来善举的影响而被激发出来，在潜移默化中慢慢转变着自己的行为，都把垃圾倒进箱内，整个居民楼都变干净了。这就是榜样的力量。

二、场地器材

绳子、剪刀、创可贴等。

三、学习目的

①培养学生的团队合作、彼此信任、相互协调的能力。

②让学生重视感恩意识在学习和生活中的运用。

四、项目要求

①主讲人让学生站成两个圆环，并站成同心圆；让学生按提示做出相应的动作。

②各组之间要有一定的距离。

③活动开始前，主讲人给予各组一定的讨论时间。

④主讲人发给各组的绳子的长度应一致，可以准备不同颜色的绳子。

⑤绳子不宜太短，过短则使较胖的学生不能穿过。主讲人应准备长绳，也可以现场制作。

⑥学生在穿过绳子的过程中不能有拉、提等动作，只能由指定人员来决定卓越圈移动的方式。

五、安全事项

①学生在主讲人的监控下进行练习。

②主讲人观察学生的练习情况，视情况给予指点，尽量消除他们的紧张感。

③主讲人要观察活动的进程及各组的状况。

④学生身上的首饰应全部摘除。

六、项目控制

①活动开始前，主讲人要让各组的组长明确自己的责任。

②除了两个手持绳圈的人以外，其他的人要排成一个纵列。持圈人将手心朝上，用

拇指和食指捏住绳子，让绳子呈长方形。这样做有助于保护持圈人的手指）。通过绳圈的学生要大声喊“好”。如果不喊“好”，秒表就不会停止。

③活动分 3 轮进行，用时最短的小组获胜。活动开始前，学生会有几分钟的时间来练习。

④活动只取获得前 3 名的小组的成绩，不将后 3 名的小组的成绩计入。其他的小组要向获得第 1 名的小组鞠躬致敬，还要说“向你们学习”。第 1 名的小组要向致敬的小组回礼并且说“继续努力”，回礼时不用鞠躬。

⑤此外，获得后 3 名的小组还要接受惩罚。组长来接受惩罚，男组长要做俯卧撑，女组长要做深蹲。具体要求为：第 4 名做 20 个俯卧撑或深蹲；第 5 名要做 30 个俯卧撑或深蹲；第 6 名做 40 个俯卧撑或深蹲。

⑥第 2 轮结束后，对最后 3 名的惩罚要在第 1 轮原有的基础上加倍，组长分别做 40 个、60 个、80 个俯卧撑或深蹲（可由组员协助完成）。

⑦在最后 1 轮，后 3 名的惩罚将在第 2 轮的基础上加倍，组长分别做 80 个、120 个、160 个俯卧撑或深蹲（可由组员协助完成）。

七、回顾分享

①为什么组长会受到惩罚？组长在整个项目中做了什么？组长发挥了什么作用？怎样做才能避免组长受到惩罚？

当团队完成一个任务和需要群策群力时，领导者需要带领团队，把团队的智慧和力量凝聚在一起，形成合力。领导者要发挥主导、引领的作用。身为一个团队的领导者，其责任是重大的，需要为这个团队负责。

②在团队中，我们如何获得相互信任？争取同学及朋友对自己的信任，并不是一朝一夕的事情，需要从生活中的点滴做起。用来获得信任的方法有很多，如成为团队的一员、用言语和行动来支持自己的团队。

③主讲人要强调规范和标准的重要性。主讲人提问：在一条路上，许多经过的人都摔了跟头，这是人的问题还是路的问题？这与我们的管理流程有何相似或者共同之处？

小到一个团队，大到一个国家，必须要制定规则和制度，让我们有法可依，形成一个统一的行为规范。这样才能让我们形成一个可行和优化的标准，这是我们实现目标的根本保障。我们通常会把更多的时间和精力花在人员的甄别、选择和培训上。事实上，更重要的是我们需要拥有一套可行和优化的标准。

④主讲人要注重目标激励。主讲人提问：你们都清楚自己的目标吗？如何看待它？你们对组长所接受的惩罚和与其他组的比赛有什么看法？

目标激励是指通过设置适当的目标来激发人的动机，以达到调动人的积极性的目的。

目标在心理学上通常被称为“诱因”，即能够满足人的需要的外在物。由期望理论和目标激励理论可知，个体对目标看得越重要，实现目标的概率越大。因此，设置的目标要合理、可行，与个体的利益密切相关。我们要设置总目标与阶段性目标。总目标可以使人感到工作有方向，但达到总目标是个复杂的过程，有时会使人感到迷茫，影响人的积极性。因此我们要采取“大目标、小步子”的方法，把总目标分成若干个阶段性目标，通过实现几个阶段性目标来实现总目标。阶段性目标可以使人感到工作的阶段性、可行性和合理性。

⑤主讲人要注重竞赛与评比的激励。竞赛与评比对于调动人的积极性具有重要意义。竞赛与评比的心理学意义体现以下几个方面。

第一，它对动机有激发作用，使动机处于活跃状态。

第二，它能增强集体成员的心理内聚力，明确集体与个人的目标，激发人的积极性，提高工作效率。

第三，它能增强人的智力效应，使人的感知敏锐准确、注意力集中、记忆状态良好、想象丰富、思维敏捷。

第四，它能调动人的非智力因素，增强集体成员的劳动积极性。

第五，它能缓和团体内的矛盾，增强集体荣誉感。

⑥细节决定成败。如何看待我们的头、手、脚摆放的位置？如何看待活动中别人所犯的一个个小的错误？

第十节 风中劲草

一、项目概述

项目性质：感恩 / 责任 / 奉献

项目难度：★★★

项目时间：80 分钟

项目人数：8 人一组，多组进行

“风中劲草”是一个在学生团队训练后期专门设计的感恩类项目（见图 14-10）。学生利用对同学的信任，将身体笔直倒在同学的手上。该项目旨在帮助学生建立相互信任的关系，并在信任的基础上学会感恩。

图 14-10 风中劲草

曾经有两个人在沙漠中行走，他们是很要好的朋友。途中不知道是什么原因，他们吵了一架，其中一个人打了另一个人一巴掌。被打的那个人很伤心，于是他就在沙里写道："今天我朋友打了我一巴掌。"写完后，他们继续行走。他们来到一块沼泽地，那个人不小心踩到沼泽里面，另一个人拼了命地去救他……最后那个人得救了，他很高兴，于是拿了一块石头，在上面写道："今天我朋友救了我一命。"另一个人奇怪地问："为什么我打了你一巴掌，你把它写在沙里，而我救了你一命，你却把它刻在石头上呢？"那个人笑了笑，回答道："当别人对我有误会，或者有什么对我不好的事时，就应该把它记在最容易遗忘、最容易消失不见的地方，由风负责把它抹掉。而当朋友有恩于我，或者对我很好时，就应该把它记在最不容易消失的地方，风吹雨打也忘不了。"

二、场地器材

平整场地、音响等。

三、学习目的

①让学生感受到信任对于团队的重要性。

②让学生意识到信任的力量离不开感恩。

四、项目要求

①当学生准备倒下去时，一定要问下面的保护人员是否已经准备好。只有当下面所有人员说"准备好"时，学生才能倒下去。

②无论发生什么，托住学生的人一定要想尽办法不能让其摔倒。

③为避免受伤，所有人不能佩戴手表、钥匙等硬物。

④活动开始前，主讲人安排学生示范练习，在他们熟练后分组进行训练。

五、安全事项

①围圈时，学生的肩要相互靠拢，不能有空隙。

②保护人员将双手张开，呈"O"型。

③学生的注意力应高度集中。

④保护人员要将脚站成前后状。

六、项目控制

①所有学生围成一个圆圈，其中一位学生站在圆圈的中央。

②学生要将双手抱在胸前，将双脚并拢，闭上眼睛，绷直身体倒下去。

③学生在倒下的过程中不能移动脚或将双脚分开。

④倒下之前，学生要问："我是 ×××，我准备好了，你们准备好了吗？"保护人员回答："准备好了。"学生可以选择从任何方向倒下去。学生倒向哪个方向，站在哪个方向的保护人员要伸出双手将其轻轻推向其他方向，保护人员用力不要太猛。

⑤小组的每位学生都要做一次"草"。

七、回顾分享

①你在该项目中感受到了什么？

②你是第几个做"草"的，为什么不是第一个？

③该项目最难的地方在哪里？下次你会怎样改进？

④只有学生信任他人且内心不会感到恐惧时，就会有勇气倒下去。

⑤一旦学会感恩，你就会感觉到团队的气氛是那么轻松和愉快。

第十一节 毕业墙

一、项目概述

项目性质： 感恩 / 责任 / 奉献

项目难度： ★★★★

项目时间： 80 分钟

项目人数： 30 人以上

图 14-11 毕业墙

"毕业墙"又称为"求生墙"或"胜利墙"，因为它经常被安排为最后的项目（见图 14-11）。该项目可以让学生理解个人目标与团队目标的关系。在不失去任何一位亲密伙伴的前提下，只有团队获得胜利才是真正的胜利。

> 游船出事，众人从梦中惊醒，保守估计的逃生时间不会超过 40 分钟，留在原地的人将难逃一劫。除了单薄的没有任何承受力的衣服外，没有任何工具，面对 4m 高的光滑甲板，只有爬上去才能等待获救。如何爬上去？怎样上去？谁先上？是否都能上去？一系列的问题摆在我们的面前，我们应该怎样做？

二、场地器材

高 4m、宽 3m 的毕业墙，墙后的平台低于墙头 1m 左右，平台必须带有围栏；300cm × 200cm × 30cm 的厚海绵垫 2 块。

三、学习目的

①提高学生在危急时刻的生存能力。

②培养团队的协作能力。

③让学生意识到民主与有效的讨论、合理与快速的决策、科学与创新的方案、正确与快速的执行是完成团队活动的保障。

④让学生学会认同差异，合理分工，优化资源配置。

⑤让学生感受到团队成功的快乐。

四、项目要求

①学生要在规定时间内爬上毕业墙，如果有人没有爬上去则视为任务失败。

②雪山不能利用墙的侧边及周围物品爬上去。

③没有爬上去的学生不能事先从旁边爬上去，已经爬上去的学生不能从旁边的梯子上下来帮忙。

④所有学生都要摘除身上的硬物，必须脱掉硬底鞋、胶钉底鞋等。

⑤如果学生要采用搭人梯的方法和马步站桩式姿势，不要将身体靠在墙上，注意腰部用力时要保持挺直，将手臂撑墙固定时保持人梯牢固。

⑥主讲人帮助学生保持稳定，可以屈膝用腿支撑学生。学生在攀爬时不可以踩头、颈椎、脊椎、肩峰，只可以踩肩窝、大腿跟等。

⑦学生在拉人时不可以拉衣服，拉手时将两手交腕相扣；不可以将胳膊搭在墙沿上，只能垂直上提；在肩部高过墙沿时可以靠在墙上，从侧面将腿上提。

⑧学生不能助跑起跳；上爬时不可以采用蹬走上墙等动作；爬上去后翻越墙头时要稳当。

⑨主讲人要注意垫子的大小与软硬程度；注意垫上活动的安全，避免学生扭伤脚踝。学生人数较多时，最外围的人员可以弓步站立，将脚站在垫子下面。

⑩在攀爬过程中，学生如果承受不住时应大声呼叫，保护人员要迅速解救。

⑪所有学生必须参与保护。保护人员应以弓步站立，将双手举过头，将掌心对着攀爬者，抬头密切关注攀爬者；当攀爬者出现不稳时，应随时准备接应。

⑫当攀爬者掉落时，保护人员应迅速在保护自己的同时做出如下动作：当攀爬者顺墙滑下时，应将其按在墙上（不能按头）；当攀爬者在不高的地方屈膝向后坐下或滑落时，应上前托住；当攀爬者从高空向外摔下时，应顺势接住，将其放在垫子上。

五、安全事项

①主讲人要检查海绵垫是否完好无损，上面是否有硬物；检查墙头是否有松动。

②主讲人要让学生要充分热身。

③主讲人不断提醒攀爬者、搭人梯者、墙上提拉者注意安全，做到防患于未然。

④主讲人要保证先爬上去的学生的安全，不能让他们骑跨或站在墙头上；注意墙后平台的范围，保证平台上不能超过 30 人。

⑤主讲人要能保证人梯的正后方及一个侧面的安全；将另一个侧面的安全安排给专人负责。

⑥主讲人要重点关注前 3 名和后 3 名的学生的攀爬过程。

⑦最后一个人已离地，将脚上举或做其他动作时，主讲人应站在其侧面的后方，一方面避免其头朝下坠落，另一方面避免其脸或头磕在墙上。如果学生坠落，主讲人要顺势接住或揽到垫子的中间，让其休息后再次尝试。

⑧主讲人发现安全隐患时，应果断鸣哨叫停。

六、项目控制

①主讲人要大声清晰、重点突出地向学生说明项目规则和安全要求，确保学生了解任务要求。

②学生讨论的时间过长，没有决策和行动时，主讲人可以适当提醒他们注意时间。

③学生尝试多次受挫时，主讲人应予以适当的支持，包括鼓励和提示。

④主讲人要对学生攀爬的时间做好记录。

⑤毕业墙高于 4m 或学生因能力不足而爬上不去时，主讲人可以给他们提供备用绳套并指导他们使用。

七、回顾分享

①主讲人要对共同完成任务的学生给予肯定和表扬。

②如果时间允许，主讲人要鼓励学生谈谈对这个项目的感受和收获。

③主讲人要让学生谈谈榜样对他人的激励作用。

④主讲人要让学生谈谈爬上墙的顺序和角色认定对团队完成任务的积极作用。

⑤甘为人梯的精神值得学生尊重和感谢。

⑥你们完成任务前后的信心有无变化？

⑦主讲人可以让学生分享没有完成任务的遗憾和感悟。

思考题

1. 简述感恩类项目的作用。
2. 阐述3～5个感恩类项目的整个结构。
3. 简述“穿越电网”项目的要求及安全事项。
4. 改编3～6个感恩类项目的规则。
5. 创编1个感恩类项目。

参考文献

[1]［美］盖瑞・凯朗特．户外培训游戏大全[M]．陈平，南雪景，慕英杰，译．北京：企业管理出版社，2003.

[2]［美］哈里森・斯诺．团队建设游戏教练手册[M]．陈飞星，译．北京：企业管理出版社，2005.

[3]［美］凯利・麦格尼格尔．自控力[M]．王岑卉，译．北京：文化发展出版社，2017.

[4]［美］斯蒂芬・罗宾斯，［美］玛丽・库尔特．管理学[M]．第13版．刘刚，程熙镕，梁晗，等译．北京：中国人民大学出版社，2017.

[5]［英］康萨瓦罗．户外培训游戏金典[M]．派力，译．北京：企业管理出版社，2011.

[6]［英］马丁・奥林治．赢在培训：提升培训活力的150个游戏[M]．派力，译．北京：企业管理出版社，2011.

[7] 常智山．沟通——拓展人脉的智慧书[M]．北京：中国纺织出版社，2005.

[8] 崔建华，陈秀丽，王海荣．大学生心理素质拓展教育[M]．厦门：厦门大学出版社，2009.

[9] 厉丽玉．户外运动与拓展训练[M]．杭州：浙江大学出版社，2012.

[10] 丁崇文，黄震华．职业规划与拓展（教师手册）[M]．上海：上海外语教育出版社，2009.

[11] 付贺．企业拓展培训教程[M]．标准版．北京：中国时代经济出版社，2014.

[12] 郭霖．大学生心理素质拓展[M]．武汉：湖北科学技术出版社，2006.

[13] 李冈豳．做最好的拓展培训师[M]．第2版．北京：企业管理出版社，2017.

[14] 李文国，刘庆君，张莉莉．团队拓展训练教程 [M]. 第 2 版．大连：东北财经大学出版社，2015.
[15] 李文志．素质拓展与生存防护 [M]. 郑州：郑州大学出版社，2014.
[16] 刘雪梅．素质拓展（上）[M]. 北京：北京理工大学出版社，2011.
[17] 罗家永．心理拓展游戏 270 例 [M]. 福州：福建教育出版社，2014.
[18] 钱永健．拓展训练 [M]. 第 3 版．北京：企业管理出版社，2016.
[19] 钱永健．自助拓展培训 [M]. 北京：企业管理出版社，2010.
[20] 谭焱良，罗薇．大学生素质拓展活动教育研究 [M]. 长沙：湖南师范大学出版社，2008.
[21] 陶宇平．户外运动与拓展训练教程 [M]. 成都：电子科技大学出版社，2006.
[22] 王维周，王会雪，胡传梅．职业素质教育读本——职业素质拓展 [M]. 青岛：中国海洋大学出版社，2015.
[23] 吴兆方，陈光曙．大学生素质拓展训练 [M]. 上海：同济大学出版社，2010.
[24] 薛仰全，冯黎成．大学生素质拓展 [M]. 天津：天津大学出版社，2011.
[25] 张宏如，王雪峰．拓展训练理论与实务 [M]. 北京：企业管理出版社，2007.
[26] 钟锐．培训游戏金典：贯穿培训全程的 108 个经典游戏 [M]. 北京：机械工业出版社，2006.